高校图书馆
数字特藏资源资产化评估

孙清玉 等◎著

·南京·

图书在版编目(CIP)数据

高校图书馆数字特藏资源资产化评估 / 孙清玉等著.
南京 ：河海大学出版社，2024. 11. -- ISBN 978-7
-5630-9443-1

Ⅰ. G258. 6;G250. 76

中国国家版本馆 CIP 数据核字第 2024D3Q241 号

书　　名　高校图书馆数字特藏资源资产化评估
GAOXIAO TUSHUGUAN SHUZI TECANG ZIYUAN ZICHANHUA PINGGU
书　　号　ISBN 978-7-5630-9443-1
责任编辑　俞　婧
特约校对　滕桂琴
装帧设计　林云松风
出版发行　河海大学出版社
地　　址　南京市西康路 1 号(邮编:210098)
电　　话　(025)83737852(总编室)　(025)83787476(编辑室)
(025)83722833(营销部)
经　　销　江苏省新华发行集团有限公司
排　　版　南京布克文化发展有限公司
印　　刷　广东虎彩云印刷有限公司
开　　本　718 毫米×1000 毫米　1/16
印　　张　13
字　　数　232 千字
版　　次　2024 年 11 月第 1 版
印　　次　2024 年 11 月第 1 次印刷
定　　价　58.00 元

前言

Preface

在建设数字中国的整体战略规划中，数字资源资产化具有重要意义。国务院印发的《“十四五”数字经济发展规划》指出，“数字经济是继农业经济、工业经济之后的主要经济形态，是以数据资源为关键要素，以现代信息网络为主要载体，以信息通信技术融合应用、全要素数字化转型为重要推动力，促进公平与效率更加统一的新经济形态”。在发展数字经济、建设数字中国的进程中，数字资源资产化是融入数字中国建设大局的重要实践。

高校数字资源向数字资产的转化，既需要通过一系列的资产化过程，在“内容”上赋予其资产属性，也需要重视对数字资源资产价值的评估，健全管理制度，规范运行机制，使高校数字资源作为一种生产要素投入到生产活动中去，并为高校发展创造更大价值。

高校图书馆作为知识传播和学术研究的重要基地，其特藏资源包括历史文献、珍贵手稿、稀有书籍等，不仅具有学术研究价值，还承载着丰富的文化和历史信息。高校图书馆数字特藏资源资产化评估是一个多学科交叉、理论与实践相结合的复杂过程，它不仅关系到图书馆资源的有效管理和利用，也关系到文化传承和知识创新的长远发展。开展这一评估过程不仅要具备深厚的图书馆学、信息科学等相关学科知识，还需要对市场价值、法律保护、知识产权等方面有深入的理解。

本书以高校图书馆数字特藏资源资产化评估为主题，旨在通过深入分析数字特藏资源的资产化过程，以期为高校图书馆数字特藏资源的资产化提供理论指导和实践参考。第一章对数字资源资产化的概念进行阐述，分析数字资源资产化的必要性，并提出数字资源资产化的三个阶段。第二章对高校图书馆数字特藏资源进行介绍，分析高校图书馆数字特藏资源的资产和资产化过程。第三章进行数字特藏资源资产评估框架的论述，涉及评估主客体、评估原则、评估要素与评估依据等。第四章对高校图书馆数字特藏资源资产质量评估进行探讨，包括评估内涵和目标、评估流程、评估内容、评估方法及其应用等。第五章对高校图书馆数字特藏资源的资产价值评估进行分析，包括评估目的、价值评估与定价、资产价值、评估流程、评估方法、评估保障等。第六章探讨高校图书馆数字特藏资源资产化评估的机制制度，包括评估管理体系、评估机制构建等。第七章对数字经济时代不同领域资源资产化探索、资源数字化转型需要新的评估机制、国家大数据战略对资源资产化的战略要求等进行研究，并提出政策建议与实践策略。本书由孙清玉老师策划和确定各个章节的内容框架并进行统稿和修改，孙清玉、梁美宏、刘飞、陈晓华、张友华、沈昕等老师分别进行了相关章节的写作。

本书对于高校图书馆数字特藏资源资产化评估进行了深入的研究和探讨，对于推动我国高校图书馆数字特藏资源的资产化、提高其利用效率，具有一定的参考价值。我们期待，本书的出版对我国高校图书馆数字特藏资源的资产化评估工作能够提供实用的指导与参考。

本书在写作过程中，参阅和引用了很多参考文献，这些文献为本书的完成提供了大量帮助，在此对相关作者表示真诚的感谢，同时因作者水平有限，如有疏漏之处，敬请读者批评指正。

作者

2024 年 4 月

目录

Contents

1 数字资源资产化

1.1 数字资源资产相关概念的发展与演变

数字资产本质上是数字资源的资产化,数字资源资产可简称为数字资产①。"数据资产"的概念由 Peterson 于 1974 年首次提出,是指政府债券、公司债券和实物债券等资产,当时并未引起太多关注②。随着信息技术的发展和"数字地球"概念的提出,又相继产生了"信息资产""数字资产"等相关概念③。进入大数据和数字经济时代后,"数据资产"和"数字资产"受学术界广泛关注,并产生了一系列卓有成效的研究。

学者们对数字资产的研究是从资产信息数字化开始的。资产的数字化存在形态就是数字资产④。随着音乐、影像、数字出版物等数字产品的不断涌现,数字资产的概念应运而生。Meyer 在《维护数字资产的技巧》一文中最早提及"数字资产"(digital assets)的概念⑤。Goldfinger 认为,当前经济的构成将逐渐从实体性转变为虚拟性,未来的经济发展必定将由无形的数字化资产进行推动。他也是最先提出将数字、音频以及图像等虚拟化资产纳入无形资产研究中的学

① 袁润,梁爽.高校数字资产的形成与管理策略[J].图书情报工作,2012,56(23):43-49.

② PETERSON R E. A cross section study of the demand for money: the United States, 1960-62[J]. The Journal of Finance, 1974(1):73-88.

③ 朱扬勇,叶雅珍.从数据的属性看数据资产[J].大数据,2018,4(6):65-76.

④ 王力.关于数字资产的若干思考[J].银行家,2020(10):4-5.

⑤ MEYER H. Tips for safeguarding your digital assets[J]. Computers and Security, 1996, 15(7): 576-588.

者①。2004年，Yakel指出，图书馆、档案馆和博物馆等已不再把数字图像等视为对象，而更多的是将其作为数字资产对待②。在数字经济时代，所有人们可以传递以及接收的信息都可以被数字化，且被数字化后的信息可以发生交易，并能为拥有者带来预期经济利益，从而形成资产。

何为数字资产？迄今为止，学术界尚未形成一致的看法。Gladen等人从内容管理的角度，将"数字资产"定义为互联网技术进步背景下，具有多次重复传播和价值增值特性的，可以为其产权归属者带来经济价值流入的资产，如多媒体内容、软件内容等③。吕玉芹等人认为，电子报纸、歌曲、电子图书以及企业的数据库都以数字的形式存在，因此它们都属于数字资产，数字资产是无形的，但能给企业带来预期收益④。Altman等人将"数字资产"定义为包含元数据嵌入的内容资产，即内容创建者通过搜集元数据，将其以数字方式嵌入资产当中所形成的资产⑤。Niekerk给"数字资产"下的定义是："被格式化为二进制源代码并拥有使用权的文本或媒介等任何事物。"⑥张启望提出数字资产的产生是在信息技术不断发展的背景下生产方式改变的结果，并在此基础上将"数字资产"定义为以数字代码形式存在于虚拟环境中的、具有资产性质的数字化商品⑦。2011年，McKinnon认为在日益数字化的世界中，数字资产将成为一种新的遗产类别，在做遗产规划时需要充分了解数字资产的相关性质及变化规律⑧。Toygar等人指出，数字资产是"以二进制形式存储在电脑、网络云端等处的任意类型数据的所有权"⑨。可见，数字资产的范畴扩大，泛指一切以二进制形式存在的信息，如数

① GOLDFINGER C. Intangible economy and its implications for statistics and statisticians[J]. International Statistical Review. 1997，65(2)：191-220.

② YAKEL E. Digital assets for the next millennium[J]. OCLC Systems and Services：International Digital Library Perspectives，2004，20(3)：102-105.

③ GLADEN P J，HARDING C H，SHEDD E. Digital age unlocks true value of intellectual property[J]. International Tax Review，2002(8)：19-25.

④ 吕玉芹，袁昊，舒平. 论数字资产的会计确认和计量[J]. 中央财经大学学报，2003(11)：62-65.

⑤ ALTMAN E，GOYAL S，SAHU S. A digital media asset ecosystem for the global film industry[J]. Journal of Digital Asset Management，2006(2)：6-16.

⑥ NIEKERK A V. A methodological approach to modern digital asset management：an empirical study[C]//Allied Academies International Conference，International Academy for Case Studies，2006：1-13.

⑦ 张启望. 数字资产核算[J]. 财会通讯(学术版)，2006(2)：112-114.

⑧ MCKINNON L. Planning for the succession of digital assets[J]. Computer Law and Security Review，2011，27(4)：362-367.

⑨ TOYGAR A，ROHM C E T，ZHU J. A new asset type：digital assets[J]. Journal of International Technology & Information Management，2013，22(4)：113-119.

字图像、音频和视频等文件，这些资产既包含货币价值，也包含个人价值。在2013年英特尔信息技术峰会上，有专家学者将包括银行、医疗、教育、信用、地理信息等在内的30个领域归纳为新型数字资产类别。2014年，美国出台了《统一受托人访问数字资产法》，该法案对个人数字资产的访问、管理、继承等相关问题作出了明确规定。2015年，《福布斯》杂志等媒体将比特币归为数字资产类别，这意味着比特币等虚拟货币将带动社会进入数字资产时代。Genders和Steena在文章中指出，数字资产包括任何可以在线访问和持有的数字形式的资产①。2018年1月，俄罗斯出台了《数字资产联邦监管法(草案)》，该草案将数字资产(数字金融资产)定义为"使用加密方式创建的电子形式财产"，包括加密货币、代币等，并对数字资产的"采矿"规则、首次代币发行(Initial Coin Offering，简称为ICO)等相关问题作出了明确规定②。2018年6月，泰国颁布《数字资产法》，包括《2018年数字资产企业法》和旨在监管相关税务的《2018年税收法修订案》两部分，法令将数字资产类型分为加密货币和数字代币(其他相似用途的电子数据单位也将被证券交易委员会授权指定为加密货币或数字令牌)③。

区块链技术的出现实现了数字资产价值的唯一性与其所有权的排他性，数字资产的外延再次得到拓展，学者们对数字资产的内涵也有了新的看法。林扬等人认为，数字化的资产不等于数字资产，数字资产是真实世界资产在数字世界中的"孪生资产"，是基于真实资产或真实贸易合同项下形成的数字资产，其在数字世界中也拥有代表唯一身份标识的DNA④。王力认为，数字资产即经济主体在参与社会生产活动中所创造、获得、积累、交易，具有明确的权属关系，能为拥有者带来预期经济利益，并以数字形态存在的经济资源⑤。

在图书情报领域，袁润等基于对资产内涵以及数字资产概念的理解，将高校数字资产表述为：高校拥有并能够控制的，因学校或其成员开展教学、科研、管理等活动而积累的各种有保存和利用价值的数字化内容⑥。余其凤等在文章中指

① GENDERS R, STEENA A. Financial and estate planning in the age of digital assets: a challenge for advisors and administrators[J]. Financial Planning Research Journal, 2017(1): 75-80.

② 胡晓玲. 数字资产研究综述与展望[C]//中国旅游研究院. 2023中国旅游科学年会论文集(下), 2023: 211-219.

③ 朱扬勇，叶雅珍. 从数据的属性看数据资产[J]. 大数据，2018，4(6)：65-76.

④ 林扬，白士泮，张治. 分布式数字资产监管科技平台的研究与实现[J]. 科技智囊，2020(10)：10-17.

⑤ 王力. 关于数字资产的若干思考[J]. 银行家，2020(10)：4-5.

⑥ 袁润，梁爽. 高校数字资产的形成与管理策略[J]. 图书情报工作，2012，56(23)：43-49.

出，图书馆有各类电子文件，包括文本、图形、图像、音频、视频等。这些以数字化形式存储的多媒体信息都可以称为图书馆的数字资产①。

综上可知，在数字资源资产的概念解释和界定方面尚未形成统一意见。随着大数据、云计算、物联网、区块链和人工智能等技术的飞速发展，在数字资源资产概念的演化进程中，其包含的类别在不断拓展，“数字”的属性不断被弱化，“资产”的属性不断被强化，同时存在将“数字资产”与“信息资产”“数据资产”等相关概念混淆和混用的情况②。而有关高校图书馆数字资源资产的概念的研究和表述相对而言较少，更多的只是将图书馆信息资源数字化，强调的只是资源的数字化，资产的属性被弱化。

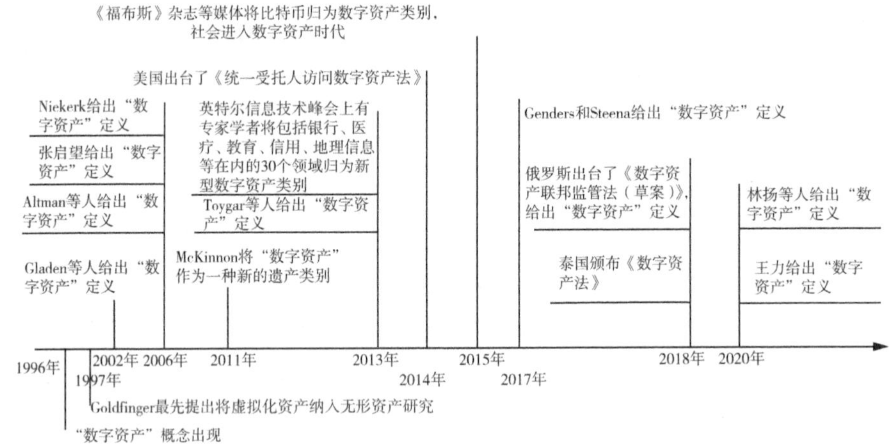

图 1-1 数字资源资产概念的演变历程

1.2 数字资源与资产

“数字资源”一词于 1981 年由 IEEE 通信学会（IEEE Communications Society）在《记录》（*Record*）中提及。2006 年，美国加州大学伯克利分校高等教育研究中心的 Harley 等认为数字资源包括使用富媒体和跨文本、图像、声音、地图、视频和

① 余其凤，陈振标，刘敏榕. 区块链技术在图书馆数字资产管理中的应用探讨[J]. 数字图书馆论坛，2018(7)：30-36.

② 胡晓玲. 数字资产研究综述与展望[C]//中国旅游研究院. 2023 中国旅游科学年会论文集（下），2023：211-219.

许多其他格式的对象①。

在我国,“数字资源”一词由国外学术界相关成果翻译而来。1998 年,贾贵仁在一篇译文《数字领域的保护工作》中首次提到“数字资源”一词,主要用来指现有信息的数字化形式。1999 年,许绥文在一篇名为《漫笔之四:数字资源的创建——SGML 与元数据》的文章中首次正式论述数字资源,但此时的数字资源仍以馆藏资源的数字化为主要形式。此后,“数字资源”一词开始在我国学术界频繁使用②。《英汉信息技术大辞典》中将数字资源定义为:“采用现代数字技术和手段,将各种自然和人文资源以文字、图像、图形、声音等形式记录下来的所有信息。”③《图书馆学情报学大辞典》一书中提及的数字资源,是指“为计算机设备操作而编码的资源(数据或程序)”④。目前国内学者普遍认为,数字资源是以数字形式发布、存取和利用的信息资源。数字资源包含文本、图像、音频、视频等不同形态,按来源不同分为外采资源、自建资源和网络资源等⑤。

关于资产的定义,美国会计学会在 1957 年发布的《公司财务报表所依恃的会计和报表准则》中明确指出:“资产是一个特定会计主体从事经营所需的经济资源,是可以用于或有益于未来经营的服务潜能总量。”⑥国际会计准则理事会(IASB)在《财务报告概念框架》中将“资产”定义为“主体因过去事项而控制的现时经济资源。经济资源是具有产生经济利益潜力的权利”⑦。

2014 年,《财政部关于修改〈企业会计准则——基本准则〉的决定》对资产作出定义:“资产是指企业过去的交易或者事项形成的、由企业拥有或者控制的、预

① 叶雅珍,刘国华,朱扬勇. 数据资产相关概念综述[J]. 计算机科学,2019,46(11):20-24.

② 徐青梅,陶蕊,叶继元. 数字资源与电子资源:概念辨析及术语规范探讨[J]. 图书情报工作,2021,65(18):3-14.

③ 白英彩,章仁龙. 英汉信息技术大辞典[M]. 上海:上海交通大学出版社,2014:652.

④ 丘东江. 图书馆学情报学大辞典[M]. 北京:海洋出版社,2013:764.

⑤ 向安玲,高爽,彭影彤,等. 知识重组与场景再构:面向数字资源管理的元宇宙[J]. 图书情报知识,2022,39(1):30-38.

⑥ American Institute of Accountants. Accounting and reporting standards for corporate financial statements: 1957 revision[J]. The Accounting Review, 32(4):536-546.

⑦ International Accounting Standards Board. Conceptual framework for financial reporting[R/OL]. (2018-03-29)[2024-07-01]. https://ifrs. org/content/dam/ifrs/publications/pdf-standards/english/2021/issued/part-a/conceptual-framework-for-financial-reporting. pdf.

期会给企业带来经济利益的资源。”[①]

同时满足以下条件时，确认为资产：

①与该资源有关的经济利益很可能流入企业。

②该资源的成本或者价值能够可靠地计量。

财政部2006年发布的《企业会计准则第6号——无形资产》对无形资产的定义进行明确，指出，“无形资产，是指企业拥有或者控制的没有实物形态的可辨认非货币性资产”，并明确资产满足下列条件之一的，符合无形资产定义中的可辨认性标准[②]：

①能够从企业中分离或者划分出来，并能单独或者与相关合同、资产或负债一起，用于出售、转移、授予许可、租赁或者交换。

②源自合同性权利或其他法定权利，无论这些权利是否可以从企业或其他权利和义务中转移或者分离。

同时，无形资产同时满足下列条件的，才能予以确认：

①与该无形资产有关的经济利益很可能流入企业。

②该无形资产的成本能够可靠地计量。

基于此，可将资产的定义归纳为包括四方面的特征：一是从资产的来源角度，资产由过去的交易或事项形成，是对企业历史信息的反映，未来预期中的交易和事项不形成资产；二是从资产的法律属性来看，企业需拥有某项资产的所有权或控制权，从而使得该资产产生的经济利益能可靠地流入该企业；三是从资产的经济属性来看，资产不管是有形的还是无形的，必须能够为企业提供未来经济利益，这是资产确认的本质要求；四是该资源的成本或价值能够可靠计量[③]。

1.3 数字资源资产的内涵界定与特点

1.3.1 数字资源资产的概念

数字资源资产首先是一种数字资源，该资源要转化为数字资源资产，还需要

① 财政部.财政部关于修改《企业会计准则——基本准则》的决定[EB/OL].(2014-07-23)[2024-05-16].https://www.gov.cn/gongbao/content/2014/content_2775514.htm.

② 财政部.企业会计准则第6号——无形资产[EB/OL].(2006-03-01)[2024-05-16].https://www.mof.gov.cn/zhengwuxinxi/zhengcefabu/2006zcfb/200805/t20080519_23149.htm.

③ 瞭望智库，中国光大银行.2023商业银行数据资产估值白皮书[EB/OL].(2021-08-08)[2023-09-13].https://www.docin.com/p-4522116367.html.

符合会计学中对资产及无形资产的定义。通过对数字资源和资产的分析，可以发现：

第一，从资产的法律属性来看，企业需拥有某项资产的所有权或控制权，从而使得该资产产生的经济利益能可靠地流入该企业。会计资产定义中限定主体为企业，数字资源资产则不同，其拥有者或控制者可能是企业，也可能是高校、科研院所等其他组织。因此，数字资源资产定义的主体应该是包括企业在内的各种组织。

第二，从资产的来源角度来看，资产由过去的交易或事项形成，是对企业历史信息的反映。资产有两种形成渠道，一种渠道是企业内部形成，另一种渠道是通过交易外购形成。上文中提到，数字资源按来源不同分为外采资源、自建资源和网络资源，关于数字资源资产，也可以按照这两种渠道约束其形成方式，包括由组织内部生成（包括自建资源和网络资源）和外购形成。

第三，从资产的经济属性来看，资产不管是有形的还是无形的，必须能够为企业提供未来经济利益，也就是能为企业创造价值，这是资产确认的本质要求。

根据马克思价值创造学说，数字资源资产同样具有使用价值和价值。数字资源资产的使用价值即满足拥有者、使用者某种需要的属性，这种属性不会凭空存在，而是通过实践应用效果体现出来。数字资源资产本身不能直接创造价值，而是通过数据作用于生产或服务过程，使其在创造收益、降低成本中获得更加突出的价值体现，这就是数字资产使用价值的本质所在[①]。如高校、科研院所，其非营利性决定了其产生的经济效益并不直接体现，而是通过学校教学、科研、管理等活动间接体现，但这种间接性不应影响其作为资产的属性[②]。

第四，该资源的成本或价值能够可靠计量。数字资源资产作为一种资产类型，其成本或价值必须是可计量的，这是作为资产的一种必要属性。传统资产一般以货币计量，数字资源资产则可以直接评估和计量。数字资源资产评估是数字资源资产量化的重要步骤，这一步骤能够以量化方式评估数字资源的质量、成本和价值，并可以准确地计量[③]。数字资源资产价值量化面临的问题在于：现有研究以计量模型为主要估价工具，一方面，因其过于理论化和复杂化而不具备可

① 王力.关于数字资产的若干思考[J].银行家，2020(10)：4-5.

② 李斌，王宁，张赟玥.高校图书馆电子书资产化管理策略探究[J].图书馆工作与研究，2021(6)：69-73+88.

③ 中国电子技术标准化研究院.数据资产评估指南[M].北京：电子工业出版社，2022：19.

操作性;另一方面,因缺乏市场检验而不具有公允性。以资产评估为基础的估价方法,由于没有考虑数字资源资产的网络效应以及不同组织对数字资源资产挖掘和运用能力的巨大差异,将导致关于数字资源资产价值的会计信息缺乏一致性和可比性①。

数字资源资产目前尚未在财务处理中设立一级会计科目进行核算。确认为无形资产的,按照成本进行初始计量,如果预期不能带来经济效益的,财务账面价值则被转销;未确认为无形资产的,制度和准则鼓励将其作为知识产权分项披露来源、成本、收益等②。

综合上述分析可知,数字资源符合资产及无形资产的定义,同时满足了前文所述的无形资产的两个必要条件,是没有实物形态的非货币性资产,应视为无形资产。因此,基于对数字资源概念以及资产定义的理解,对数字资源资产的概念可做如下表述。

数字资源资产是企业和组织合法拥有并能控制的、能进行计量的、能为企业和组织带来经济利益和利用价值的数字化信息资源。数字资源资产的定义明确了数字资源资产本身首先是数字资源,是各种数字资源的集合。企业和组织进行数字资源资产化管理的最终目的是要实现数字资源的价值,使数字资源从资源转变为资产。当数字资源可以变现或可以进行有效利用时,数字资源资产管理也将完成整个周期的运行。在数字经济时代,随着数字资源包含类别的不断拓展,数字资源越来越丰富,企业和组织应将数字资源作为一种生产要素投入企业和组织的生产活动中,从而为其创造更多效益,提高企业和组织的竞争力。

1.3.2 数字资源资产的特点

从上述定义可以看出,并非所有数字资源都可以被认定为数字资源资产,只有当数字资源具有资源和资产的双重含义时才能被认定为数字资源资产。2002 年,我国学者王刊良首先总结了数字资源资产的特点,他认为数字资产具有特殊成本结构、依赖个人偏好、局部外部性、无磨损性、易变性以及可复制性六大特征,这些特征导致其与传统的有形物理商品有截然不同的营销与定价策略,

① 胡晓玲.数字资产研究综述与展望[C]//中国旅游研究院.2023 中国旅游科学年会论文集(下),2023:211-219.

② 中国电子技术标准化研究院.数据资产评估指南[M].北京:电子工业出版社,2022:20.

并且他针对每一个特征都做了数字资产定价策略的深入分析[①]。2004 年，Yakel 研究了数字资产的性质，认为数字资产同其他类型的资产一样具有可重用性和长期价值，可被识别并且识别和使用对象可以是非特定主体，同时数字资产也是持久的，不能被快速消耗，因此存储库应该停止将数字图像作为对象考虑，而是将其视为数字资产[②]。2006 年，张启望则进一步总结出数字资源资产具有以下八大基本特征：价格昂贵、依附性高、互动性强、数量无上限、成本递减、非排他性、生产过程不可见和销售方式多样性[③]。2020 年，王力认为数字资产生产者也是数字资产消费者，数字资产与传统资产存在本质区别，其中最关键的是确权和定价问题。首先，数字资产没有外部物理形态，它存在于各类介质中，边际复制成本近乎为零。其次，数字资产如果没有明确的产权保护，将会被各类使用者无偿使用，初始创造者无法获得资产出让的价值收益，也无法进行产业化和商品化。再次，数字资产缺少公开的交易渠道，内容形态高度异质化，交易主体之间存在严重的信息不对称，导致数字资产缺乏有效的价格形成机制。最后，数字资产的部分内容涉及个人隐私和商业机密，不仅牵涉交易双方的利益，也涉及交易之外广大第三方的利益，诸如生物基因数据、地理信息数据等，某种程度上还关系到国家安全[④]。

由上述文献研究可以看出，相比于传统的实物资产，数字资源资产具备若干特殊属性。

(1) 非实体性和无消耗性

相比于传统有形资产，数字资源资产具有非实体性和无消耗性。数字资源资产是没有实物形态的无形资产，是一种非实体性资产。传统有形资产通常具备消耗性，只能由一个使用方用于某一种用途。例如，生产设备会随着使用次数增加而产生磨损、消耗，以至于报废，原材料在加工后即转变为新的产品。数字资源资产价值并不会因为正常的使用频率增加而磨损或消耗，数字资源资产的无消耗性，确保了其在存续期间可以被无限循环使用，不管其使用多长时间或是否经常使用。

---

① 王刊良. 数字化产品的经济特征、分类及其定价策略研究[J]. 中国软科学，2002(6)：58-62.

② YAKEL E. Digital assets for the next millennium[J]. OCLC Systems and Services：International Digital Library Perspectives, 2004, 20(3)：102-105.

③ 张启望. 数字资产核算[J]. 财会通讯(学术版)，2006(2)：112-114.

④ 王力. 关于数字资产的若干思考[J]. 银行家，2020(10)：4-5.

（2）海量化和形式多样性

21 世纪以来，随着人工智能、大数据分析、云计算等现代信息技术的发展，数字资源资产的范畴随之扩大。各国政府和不同组织除了可采集内部业务数据，还可利用手机终端、传感器、网络、日志等途径获得大量的外部第三方数字资源。数字资源作为一种资产，呈现出海量、多样、多元化等特点。金融、电信、政府、医疗、教育等各行业存在海量的数字资源资产。

和传统实物资产相比，数字资源资产呈现出形式更加丰富多样的特点。不同数字资源消费者对数字资源的需求不同，数字资源资产可以通过运用各类数字处理软件技术，被多样化地展示、应用以及在多种形式中转换，从而满足不同数字资源消费者的需求。例如，可以通过各类报表对财务数字资源进行统计以满足财务管理与记账的需求；而对于各类管理指标数据，则可通过各类可视化工具，以图形等方式展示，便于各组织管理层更加直观地了解组织的整体情况①。就高校、科研院所图书馆而言，除传统图书馆的文本、图像、音频、视频等数字资源以外，还包含关联数据、知识图谱、预印本、VR、人工智能生成内容等新型资源类型，网络资源、口述历史、社交媒体资源等新兴数字资源，以及用户数据资源、业务数据资源和管理数据资源等多源异构数字资源。海量的多源异构数字资源，对高校科研院所图书馆数字资源资产精准管理提出了新要求②。

（3）零成本复制性

数字资源资产的成本主要在于前期的数字资源获取，研发时使用区块链、物联网等新兴技术，因此数字资源资产的初始成本较高，但后期由于能够被无限制地简单复制，其边际成本趋于零。数字资源资产的零成本复制性也使其能被更多人使用，产生大量的潜在交易需求和价值。但数字资源的零成本复制性，也会使数字资源资产更易外泄、被非法下载使用，如何构建完善的数字资源安全体系，解决数字资源安全保护问题，是企业和组织需要着重和迫切考虑的问题。

（4）增值性

数字资源资产可增值是因为数字资源资产的价值易发生变化，随着应用场景、用户数量和使用频率的增加，其使用价值也会持续增长。

---

① 瞭望智库，中国光大银行. 2023 商业银行数据资产估值白皮书[EB/OL]. (2021-08-08)[2023-09-13]. https://www.docin.com/p-4522116367.html.

② 魏大威，李志尧，刘晶晶，等. 基于区块链技术的智慧图书馆数字资源管理研究[J]. 中国图书馆学报，2022，48(2)：4-12.

企业资产的基本特征是会给企业带来经济利益，而数字资源资产作为一种全新的资产类型，也必须为企业和组织带来持续增值服务。一方面，数字资源资产作为一种无形资产，其价值并不会因为正常的使用频率增加而磨损或消耗，数字资源资产的无消耗性、零成本复制性，为企业和组织带来数字资源资产的增值；另一方面，企业和组织业务的丰富性以及数字资源收集量的增加，会促使数字资源资产在原有的基础上，不断增加数字资源的维度，帮助企业和组织进行多层次、多维度数字资源资产潜在价值的挖掘。例如，对于原始用户数据，可以通过汇总加工，形成数据平台中可供各类应用系统反复使用的数据，业务部门也可在此基础上进一步挖掘分析，衍生出对用户行为习惯等偏好的分析与画像，进而使得企业和组织自身的数字资源资产不断增值。

（5）价值易变性

数字资源资产的价值易变性体现在：数字资源资产的价值往往会随着数字技术的发展、相关政策的变化，以及数字资源使用对象、应用场景等因素的变化而产生明显的差异。例如，随着机器学习算法的发展，某企业以往制定的算法模型的准确率将远远低于运用最新技术的模型，其价值也将受到技术因素的严重影响①。相同天气的气象数字资源，在不同的应用场景下价值差异非常明显，电商企业会将气象数据资源的预测与分析结论运用到商品的采购、物流及营销促销等领域，而房地产行业的销售对天气就相对没有这么敏感，因此对于房地产销售应用场景，气象数据资源的价值就相对较低。

（6）共享性

数字资源资产共享性是指在权限可控的前提下，数字资源资产可被授权给组织内外的多个用户所共享和使用。

因为数字资源资产是一种数字化、虚拟性资产，所以它是一种可以简单共享的资产，能够被无限制地复制和反复地利用，同一数字资源资产可以同时支持多个用户使用。这是数字资源资产作为一种无形资产区别于传统有形资产的特征。传统资产如企业中的一条自动化生产线，其生产能力是固定的，在同一时间点它不能被随意共享给多个生产商进行产品的生产。而数字资源资产没有这方面的限制，它可以同时被多个经过授权的用户所使用。来自相同数字资源资产

① 瞭望智库，中国光大银行. 2023 商业银行数据资产估值白皮书[EB/OL].（2021-08-08）[2023-09-13]. https://www.docin.com/p-4522116367.html.

的不同数字资源产品可以同时服务于多个群体，这是数字资源资产共享性的充分体现[①]。

（7）可控性

数字资源资产可控性是指为满足风险可控、运行合规的要求，企业和组织的数字资源资产需要具备可控的能力。

数字资源资产具有可控特性，只要成为企业和组织的数字资源资产，无论是自建资源或是外采数字资源，企业和组织除成为数字资源拥有者之外，还要有能力可以控制和使用数字资源资产。例如，高校对其拥有的数字资产具有一种排他的、独占的权利，高校及其师生员工依法对这些智力成果享有支配的权利。未经权利人的许可，任何组织或个人不得擅自使用，否则即构成侵权[②]。

（8）可量化

数字资源资产作为一种资产类型，其成本或价值必须是可计量的，这是作为资产的一种必要属性。传统资产一般以货币计量，数字资源资产则可以直接评估和计量。数字资源资产评估是数字资源资产量化的重要步骤，这一步骤能够以量化方式评估数字资源的质量、成本和价值，并可以准确地计量[③]。

目前主要分两种情况进行分析。第一种是自建数字资源资产的计量。在现行会计实务中，按历史成本原则计量的一般做法是将商品化软件的研究开发费用及其他相关费用计入产品价值。如果开发失败，则应在终止研究的当期确认为“费用”。其原始价值不仅包括研究开发阶段发生的全部费用，还包括产品开发成功后使其商品化之前发生的评审费、注册费、鉴定费、版权处理费等费用。这种按原始价值计价的方法具有客观性和可验证性，便于进行会计确认，账务处理也有凭证，有利于资产保管责任的履行，但其缺陷也很明显：不适用于做经营和投资决策；不能反映企业的财务状况；缺乏计量方法和时间上的一致性；不能反映资产置存所获得的收益。因此，对数字资产的计量可分为两方面。一方面是初始计量，即以该资产的取得成本（购入成本或自创成本）作为入账价值，借“数字资产”，贷“银行存款”等科目。另一方面，由于数字资产的价值经常发生变化，为了反映数字资产的真实价值，应按未来现金流量进行重新评估，以其重估价作为再次计量的入账价值，数字资产重估次数应根据其公允价值的波动情况

① 中国电子技术标准化研究院. 数据资产评估指南[M]. 北京：电子工业出版社，2022：18.

② 袁润，梁爽，王正兴. 高校数字资产过程管理研究[J]. 图书馆学研究，2013(1)：68-72.

③ 中国电子技术标准化研究院. 数据资产评估指南[M]. 北京：电子工业出版社，2022：19.

而定，当被重估的数字资产公允价值波动较大时，必须进行频繁的重估。若重估价比账面余额要大，则按其差额计量盈余；若重估价比账面余额要小，则视为资产减值，其差额计入当期损益。第二种是外购数字资源资产的计量。与自建数字资源资产相比，外购数字资源资产的计量较为简单。企业购入数字资源资产主要是为了使用，以提高其经营和管理效率，可采用原始价值计量，将其买价和投入使用过程发生的相关费用计入该项数字资源资产①。

1.4 数字资源资产化的必要性

随着大数据、云计算、物联网、区块链和人工智能等技术的不断发展，数字经济成为引领各国经济增长的新动力，正在重塑全球经济竞争格局。当前的数字经济已经深刻改变了人类的生产生活方式，数字化、智能化场景持续推动着我国传统行业的转型升级，数字孪生理论和实践的发展促使物理世界和数字世界日益走向融合，加快推进我国新质生产力的创新和发展。

在建设数字中国的整体战略规划中，数字资源资产化具有重要意义。2021 年 3 月，《中华人民共和国国民经济和社会发展第十四个五年规划和 2035 年远景目标纲要》专门部署“加快数字化发展，建设数字中国”任务。《“十四五”数字经济发展规划》也指出：“数字经济是继农业经济、工业经济之后的主要经济形态，是以数据资源为关键要素，以现代信息网络为主要载体，以信息通信技术融合应用、全要素数字化转型为重要推动力，促进公平与效率更加统一的新经济形态。”在数字经济这一新的经济形态中，全要素数字化转型成为重要推动力，可见数字化资源具有重要作用，而数字资源资产化是发挥数字资源作用的重要基础。2022 年 10 月，习近平总书记在党的二十大报告中提出，推进教育数字化，建设全民终身学习的学习型社会、学习型大国。2023 年 2 月，中共中央和国务院印发的《数字中国建设整体布局规划》明确表示，“建设数字中国是数字时代推进中国式现代化的重要引擎，是构筑国家竞争新优势的有力支撑。加快数字中国建设，对全面建设社会主义现代化国家、全面推进中华民族伟大复兴具有重要意义和深远影响”。同时在文化教育领域，要求深入实施国家文化数字化战略，建设国家文化大数据体系，形成中华文化数据库，大力实施国家教育数字化战略行动。可

① 张启望. 数字资产核算[J]. 财会通讯(学术版)，2006(2)：112-114.

见，在发展数字经济、建设数字中国的进程中，数字资源资产化是不可或缺的环节。对数字资源进行资产化是融入数字中国建设大局的重要实践。

数字资源资产化的另一重要意义在于助力数字资源价值持续释放。数字资源资产化是数字资源进入市场流通，全面释放数字资源要素价值的重要前提。基于数字资源生命周期视角，在数字资源价值链中，原始业务数据在经历初步加工或清洗之后成为数字资源，数字资源经过资产化形成数字资源资产，数字资源资产再经过加工形成数字资源产品，并进入市场流通交易，全面释放数字资源要素的价值。在这一数字资源价值链中，数字资源资产化是承前启后的一个关键环节，为畅通数字资源大循环、连通数字资源价值链提供了有力保障①。

具体来说，数字资源资产化的意义包括但不限于以下几方面。

(1) 数字资源资产化有利于构建数字资源资产的所有权、使用权、控制权等权利体系

由于资产的权利体系已经十分健全，因此数字资源一旦成为资产即能够被合法占有，并明确产权和利益归属，这是数字资源被合法利用的前提。只有将数字资源纳入资产化管理，才能保证数字资源不被非法占有或非法使用。

随着区块链技术的快速发展和应用，有学者提出，依托区块链技术将资源的数字指纹、权利信息、流通环节、数量、价格、其他约束条件等各种信息进行封装，能够确保每一种数字资源在每个流通环节、面对每个流通和交易对象，均可以固化成不可分割、不可替代、唯一的数字资产个体，对数字资产个体进行全流程跟踪管理，利用区块链技术保障每一个环节有不可更改的记录，避免数字对象被非法地无限复制使用和盗用，实现权利人对资源的可查、可溯源②。

(2) 数字资源资产化使数字资源的流转传递更加有法可依

知识产权等无形资产的一个重要特性是可以复制和共享，这与数字资源能够无成本分发和复制的性质相同。数字资源资产化，有助于建立有关无形资产在独占使用、排他使用和一般使用等方面的权利分割体系，使数字资源的自行使用和分发使用具有公认的规则③。只有将数字资源纳入资产管理，才能够既保证数字资源被授权的组织内外多个用户所使用，又保证数字资源被合法地流转

① 汤珂. 数据资产化[M]. 北京：人民出版社，2023：1-4.

② 魏大威，李志尧，刘晶晶，等. 基于区块链技术的智慧图书馆数字资源管理研究[J]. 中国图书馆学报，2022，48(2)：4-12.

③ 中国电子技术标准化研究院. 数据资产评估指南[M]. 北京：电子工业出版社，2022：10.

传递与共享。

(3) 数字资源资产化能够提高数字资源利用效率

在数字资源资产化之前，数字资源往往被视为无序的数据，其价值难以被挖掘。然而，随着数字技术的成熟，企业和组织可以利用这些数字资源进行深度挖掘与分析，从而提高数据利用效率。同时，数字资源资产化也有助于企业之间、组织之间的数字资源共享，使得企业和组织可以更好地利用外部数字资源，提高数字资源利用效率。

(4) 数字资源资产化有利于优化决策管理

通过大数据分析，企业和组织能够做出更加精准和高效的决策，数字资源资产化能显著优化决策管理。在传统决策管理中，决策者往往依赖经验和直觉，而数字资源资产化使得决策可以基于实时数据和深度挖掘分析。例如，对于企业来说，数字资源资产化能使企业快速响应市场需求和变化，及时调整销售策略；对于高校、科研院所等组织来说，数字资源资产化有助于实现数字资源精准投放，更好地了解用户的多样化需求，提高服务质量的深度和广度。

(5) 数字资源资产化有利于提供个性化定制服务

数字资源资产化有利于提供个性化定制服务，满足用户多样化的需求。这种个性化定制服务的核心在于利用用户行为习惯等数据来定制产品和服务，以满足消费者的个性化需求。例如，电子商务平台通过分析用户的浏览内容和购物历史，能够推荐符合其需求的商品。多媒体服务平台根据用户的观看记录来推荐相关视频。这种服务模式不仅提升了用户体验，也给企业和组织带来更大的市场竞争力。

(6) 数字资源资产化有助于促进各行业创新

在数字化时代，数字资源已成为推动创新的关键资源。数字资源资产化，即将数字资源资产变为可量化、可管理、可交易并产生价值的资产。数字资源资产化是推动各行业创新的重要动力，尤其在人工智能、大数据分析等领域。通过数字资源资产化，企业和组织机构能够获得前所未有的洞察市场趋势、用户行为和提高运营效率的能力，从而推动新产品、新服务和新流程的开发。例如，在医疗领域，通过数字资源资产化，医生可以更好地了解患者的病情，从而制定出更有效的治疗方案；在自动驾驶领域，自动驾驶出行服务平台离不开大量的数字资源资产，通过对交通状况、用户行为等大量原始数据的收集、处理和分析，从而更好地服务和加速自动驾驶出行技术的发展。

（7）数字资源资产化有助于提高企业竞争力

在数字经济时代，数字资源已经成为企业竞争的重要资源。通过数字资源资产化，企业可以更好地利用数字资源，提高生产效率，降低成本，从而提高竞争力。同时，数字资源资产化也有助于企业进行商业模式的创新，从而提高企业的竞争力。对于高校等组织而言，数字资源可以作为一种生产要素投入教学科研等生产活动中，使已有的数字资源能够更多、更广泛地为教学、科研服务，有利于驱动高校创新发展，提升学科软实力，为高校的双一流建设创造更大价值。

1.5 数字资源资产化的三个阶段

数字资源只有经过资产化才能成为数字资源资产。数字资源资产发展至今经历了不同的发展阶段，大致可以分为三个阶段（图 1-2）：原始业务数字化、数字资源化、数字资源资产化。在原始业务数字化阶段，业务数字资源仅仅是对公司业务和事物的描述；而对原始业务数字资源进行进一步的加工、清洗处理，做进一步价值挖掘与分析后，就实现了数字资源化；数字资源经过资产化的过程，成为数字资源资产。

图 1-2　数字资源资产化的发展阶段

（1）原始业务数字化阶段

在原始业务数字化阶段，业务数字资源仅仅是对业务和事物的描述，并将这些描述信息转换为数字格式。

原始业务数字化阶段主要是生成大量业务数字化资源，提供数字资源素材。绝大部分是企业或组织通过自身生产活动直接获取的数字资源，是企业或组织所拥有或控制的。这类资源主要来源于企业或组织本身，如高校图书馆数字资源，按照生产服务环节的不同，分为元数据和对象数据资源、用户数据资源、业务数据资源和管理数据资源四种类型。元数据和对象数据资源主要为图书馆采购或自建的文献信息资源，以及知识图谱、关联数据、口述史、预印本、社交媒体资源、人工智能生成内容等新型数字资源；用户数据资源，是指用户在利用图书馆资源和服务过程中产生的数据资源，包括用户的个人基本信息、用户创造的原生数字资源及用户行为数据等资源；业务数据资源，是指图书馆运行所产生的业务数据资源，包括文献信息资源的采访数据、编目典藏数据、流通与使用数据资源等；管理数据资源，指图书馆运转和服务中产生的各类管理数据，包括项目建设数据、合同数据、室内环境数据、实体空间数据等资源①。

（2）数字资源化阶段

在数字资源化阶段，数字资源不再只是业务数字化资源，而是在原始业务数字资源积累到一定规模之后，经过必要的加工、清洗处理，做进一步价值挖掘与分析后，形成的有价值的、能被进一步利用的数字资源。该阶段包括数字资源管理、数字资源整合、数字资源挖掘和应用等。

业务数字化资源往往具有海量、多样、多元化等特点，需要对第一阶段的数字资源进行有效的整合与管理，再做进一步的价值挖掘，从而促进数字化资源的增值。比如通过对用户数据资源（用户在利用图书馆资源和服务中产生的数据，包括用户的个人基本信息、用户创造的原生数字资源及用户行为数据等资源）的深入挖掘与分析，实时了解不同读者的需求，及时向读者推荐满足不同需求的个性化精准服务。

（3）数字资源资产化阶段

数字资源资产化阶段是在原有数字资源化阶段的基础上，以数字资源价值为导向的进一步发展和提升。将数字资源转变为数字资源资产，能够使数字资源的潜在价值得以充分释放。企业或组织在对数字资源资产的管理中不仅要考虑数字资源的质量、安全和有效利用，更要关注数字资源是否能带来经济效益、应用价值，以及是否具有促进业务发展的能力。

数字资源资产化的流程主要包括数字资源资产登记、数字资源资产核验、数字资源资产质量评价与数字资源资产价值评估四个部分。①数字资源资产登记是数字资源资产化的基础步骤，具体操作是根据数字资源资产的描述框架，对数字资源资产进行全面的盘点并开展登记，深入挖掘数字资源资产间的关联关系，最终汇总为企业或组织机构的数字资源资产清单，从而全面、真实反映数字资源资产的总量、结构、分布等情况。②数字资源资产核验是指对数字资源资产中数字资源来源的合法性、真实性以及是否重复登记进行检查，是保证数字资源资产

① 魏大威，李志尧，刘晶晶，等.基于区块链技术的智慧图书馆数字资源管理研究[J].中国图书馆学报，2022，48(2)：4-12.

真实性及合法性的必要步骤。数字资源资产核验可以采用大数据相关技术和人工查验相结合的方法，同时为了保证核验的客观与公正，可以采用第三方核验服务机构来对数字资源进行核验。③数字资源资产质量评价是指考察数字资源在特定条件下使用时，其特性是否满足数字资源的应用要求。数字资源资产的质量是影响数字资源资产价值的重要因素之一，数字资源资产质量评价的目的是通过一定的评估方法和标准对数字资源质量进行考察，基于评价结果，发现数字资源资产存在的质量问题，为数字资源资产的质量达标和价值提升提供参考。④数字资源资产价值评估是指通过一定的评估方案和技术对数字资源的价值进行估量的过程。数字资源资产的价值评估方法主要包括无形资产评估实践中常用的成本法、收益法和市场法以及基于这三种方法的衍生方法。数字资源资产的价值属性高度依赖具体的应用场景，根据不同的场景设定，数字资源资产价值评估的目的主要包括交易转移、授权许可、会计要求、侵权损失、并购估价和法律要求等。在将数字资源转化为数字资源资产后，还需要进入市场流通交易，全面释放数字资源要素的价值。在数字资源价值链中，数字资源资产化阶段是承前启后的一个关键环节，为畅通数字资源大循环、连通数字资源价值链提供了有力保障[①]。

① 汤珂.数据资产化[M].北京：人民出版社，2023：12-13.

2 高校图书馆数字特藏资源及其资产化

2.1 高校图书馆数字特藏资源

图书馆的馆藏资源通常分为普通馆藏资源和特藏资源两类。普通馆藏资源构成了图书馆馆藏的核心，以其庞大的数量、广泛的受众和相对适中的价值为特点，具体包括以下几类。

图书：图书馆收集的各种学科和领域的图书，包括教材、专著、参考书等。

期刊和报纸：定期出版物，如学术期刊、杂志、日报、周报等。

电子资源：包括电子图书、电子期刊、数据库、多媒体资料等数字格式的资源。

视听资料：包括音乐CD、录像带、DVD、音频文件等视听媒体资源。

学位论文和研究报告：学术研究成果的汇编，通常包括硕士和博士学位论文以及研究机构的报告。

非书资料：如地图、图表、乐谱等特殊形式的资料。

特藏资源是为了收集、保存和利用具有特殊价值的文献资料而建立起来的专门收藏，包括某一形式的文献（如缩微资料、声像资料、线装图书、专利文献、学位论文等）、某一专题领域的文献（如水利资料）、某一时代的文献（如民国时期出版物）、某一地域的文献（如地方文献）、有关某一个人的文献（如鲁迅研究资料）、珍贵文献（如善本）、易损坏的文献、有某种特定价值的文献等[①]。

特藏资源是图书馆、档案馆和博物馆等文化机构资源建设的重要组成部分

① 周文骏. 图书馆学百科全书[M]. 北京：中国大百科全书出版社，1993：468.

之一，由英文"special collections"翻译而来。联机计算机图书馆中心(Online Computer Library Center，Inc.，简称为 OCLC)将特藏定义为具有艺术价值或货币价值、实物形式、独特性或稀有性特征，在单独单元中长期保存并可有限获取、流通的任何格式的图书馆资源和档案材料(如善本、手稿、照片、机构档案)①。

美国研究图书馆协会(Association Research Library，简称为 ARL)认为特藏不仅包括没有复本的手稿和档案资料、独一无二的或稀见的图书，还包括珍稀、价值高昂或与机构的历史、文化、政治、科学、艺术等方面有重要关系的珍贵资料。除纸质特藏外，还包括其他类型的资料，如照片、电影、数字档案等②。

2.1.1 数字特藏资源的内涵与外延

2.1.1.1 数字特藏资源的内涵

在我国，"特藏"一词最早出现于 1929 年《图书馆学季刊》上的《特藏之搜罗与管理》，译自玛丽・鲁德尔・科克伦(Mary Rudel Cochran)发表的 *The Acquisition and Care of Special Collections* 一文，科克伦认为特藏是指专门搜集关于某一项事物之图书，其价值在于完备和稀有。我国最初对特藏的认知也是基于此定义③。

随着我国图书馆事业的发展，学者们对特藏的理解逐渐深入，并对特藏的定义展开了讨论。

2007 年，学者张红扬首次将特藏分为旧特藏和新特藏：旧特藏是指按照一定主题收藏的比较完整的或具有相当数量的藏书，即传统特藏；新特藏是指特色馆藏，即专藏，应与传统特藏区分开来④。此后，国内学者针对特藏与特色馆藏概念展开了热烈讨论，很多学者指出要避免将特藏与特色馆藏概念混淆，应明确

① JACKIE M D，KATHERINE L. Taking our pulse：the OCLC research survey of special collections and archives[EB/OL]. (2010-11-15)[2024-03-26]. http://www.oclc.org/research/publications/library/2010/2010-11.pdf.

② Association of Research Libraries. The unique role of special collections [EB/OL]. (2003-02-06)[2024-03-26]. https://www.arl.org/wp-content/uploads/2003/02/special-collections-statement-of-principles-2003.pdf.

③ 王一心. 从图书馆特藏到特色馆藏的演变考析[J]. 图书馆研究，2016，46(3)：8-11.

④ 张红扬. 弘扬文化传统彰显个性特色——试论近年来高校图书馆特藏的发展[J]. 大学图书馆学报，2007(2)：83-87.

特藏概念内涵。

2012 年，学者王雨卉创造性地按照特藏功能将特藏分为特殊收藏和特色收藏，将数字环境下的特藏定义为图书馆收藏的关于某一特定主题、特定历史时期或具有某种珍贵价值，独具特色且能够对相关领域造成影响的文献资料和数字资源[①]。

2020 年，学者王乐结合前人研究成果将特藏分为广义特藏和狭义特藏，广义特藏具有载体特殊、类型特殊、年代特殊、范围特殊、来源特殊、价值特殊和主题特殊等特征，并指出狭义特藏一般不包括专业又独特的古籍[②]。

2021 年，学者韩松涛从馆藏特藏化的角度将特藏分为珍本特藏、学术特藏和文化特藏三种类型，其中珍本特藏指张红扬提到的“旧特藏”，学术特藏和文化特藏为“新特藏”[③]。

特藏的概念由国外图书馆界提出已有较长时间，上述多种描述具有一定范围内的代表性，但因特藏的界定具有一定的主观性，通常因馆而异，所以业界对特藏的界定并没有统一的认识。

综上所述，特藏的概念一直在与时俱进，从原始的文献资料到数字综合资料，包括珍贵的、历史性的、传统的特色藏品，以及一些有实用意义的、有当代特点的特藏，都是图书馆特有的，因此称为图书馆特藏资源[④]。

由于特藏资源的特殊性，其流通一般是受限的。如何挖掘、利用其价值成为图书馆面临的重要难题。数字化技术的出现及广泛应用，给挖掘、利用特藏资源的价值提供了新的思路。

数字化是指将各种形式的信息，如文本、图像、声音等，转换为数字格式的过程。这一过程涉及使用二进制编码来表达和传输信息，使得信息可以在计算机和其他数字设备中存储、处理和传输。数字化的核心在于将连续的模拟信号转换为离散的数字信号，从而实现信息的高效管理和利用。《缩微胶片数字化技术规范》(DA/T 43—2009)将数字化定义为用计算机技术将模拟信号转换为数字信号的处理过程。《文献档案资料数字化工作导则》(GB/T 20530—2006)将数

① 王雨卉. 图书馆特藏概念廓清[J]. 图书馆论坛，2012，32(5)：105-108+46.

② 王乐.略论高校图书馆特色馆藏建设的价值与发展方向[J].大学图书馆学报，2020，38(3)：12-17.

③ 韩松涛. 特藏建设：新思路、新方法、新实践——以浙江大学图书馆为例[J]. 图书馆杂志，2021，40(11)：57-63.

④ 韩姗姗，赵淑君.高校图书馆特藏数字化建设策略研究[J].国际公关，2023(10)：26-28.

字化工作定义为按科学的方法分门别类地以电子格式加工、处理、存储文献档案资料，并能对这些信息资源进行高效的插入、删除、修改、检索、提供访问接口和信息保护等操作的过程。

特藏数字化是一个将珍贵文化遗产从传统的非数字载体，如纸质文献、照片、音频和视频记录等，转换为数字格式的复杂过程。这一过程融合了扫描、摄影、光学字符识别(OCR)等先进技术，旨在拓宽这些资源的可访问性和应用范围，并确保其得到有效的长期保存。数字化后的特藏资源能够通过网络平台被全球用户广泛检索和使用，极大地促进了知识的传播与共享。此外，特藏数字化的成果不仅为用户提供了便捷的在线访问服务，还支持远程研究的开展，加强了学术界的资源共享与合作，并为数字人文学科的研究提供了坚实的基础。

在深入理解特藏的内涵与数字化实现方式的基础上，我国学者将数字特藏视为“数字”与“特藏”两个概念的融合体。“数字”代表了资源的展现形态，“特藏”则体现了文献资源的深层次内涵与价值。由此，“数字特藏”被赋予了新的定义：它是一种以数字化形式呈现、受到严格版权保护的特色文献资源，由被数字化的纸质特藏资源和具有长期保存价值的原生数字资源两部分组成。数字特藏在数字时代发挥着至关重要的作用，它是图书馆维护人类文化遗产和集体记忆的重要馆藏。目前，数字特藏主要建设路径为图书馆自建或者参与建设具有自己独特风格的数字资源馆藏①。

2.1.1.2 数字特藏资源的外延

目前，数字特藏资源的分类标准多种多样，业界通常根据内容主题、载体形态以及预期成果等维度进行划分。其中，根据资源的内容和表现形式来进行分类是最为普遍和主流的方法，主要有七种。

(1) 物态特藏的数字化成果

数字化成果是数字特藏资源的核心组成部分，尤其在古籍和民国文献领域表现突出。这些领域的数字化工作占据了国内数字特藏的主导地位，并且一度成为被广泛关注的焦点。以国家图书馆主导的“中华古籍保护计划”为例，该计

① 王彦力，杨新涯，冉蔚然. 图书馆数字特藏建设的紧迫性与发展路径研究[J]. 中国图书馆学报，2023，49(6)：15-26.

划对全国范围内的珍贵古籍进行了全面的普查，并建立了综合性的数字资源发布和共享平台——“中华古籍资源库”。截至2023年初，全国已经累计发布超过130 000部（件）的古籍及特藏文献的影像资源。

（2）数字灰色文献

灰色文献，通常指由政府机构、学术团体、商业组织等发布，以电子或印刷形式存在的各种非正式出版物。这些文献因其信息覆盖面广、内容更新迅速、类型多样且各具独到之处而被视为极具学术研究价值的资源。随着数字化的推进，数字灰色文献应运而生，它们指的是未经传统出版流程的原创数字文档，包括但不限于项目规划、宣传资料、用户手册、演讲幻灯片、信息汇编、在线办公文档，以及尚未通过同行评审或编辑校对的预印本论文等。这些文献构成了数字特藏中最具特色和价值的部分，以其庞大的数量、丰富的类别和较高的保存价值而受到重视。

（3）多媒体资源

在原生数字特藏的建设中，此类内容起步较早，随着数码相机、数码摄像机、智能手机等设备的普及而迅速增长，涵盖了机构和个人创作的数码照片、音频和视频。这些数字资料的收集过程简便直观，但其存储需求较高。图书馆可以通过选定特定主题，逐步积累馆藏，并形成完整的体系。例如，广州图书馆自2013年起便开始收藏纪录片，并在2019年与广州电视台合作，共同构建并分享广州地区的本土影像资源。在此基础上，广州图书馆又建立了广州纪录片研究展示中心，为研究者和公众提供多媒体资源。

（4）公开的互联网内容

这类资源涵盖了包括网页、新媒体的相关内容，具有数量巨大、分布广泛、更新频繁和技术迭代迅速等显著特点。图书馆作为记忆机构，其职能却因这类资源的这些特点得到了更广泛和有效的扩展。图书馆可以根据自身馆藏基础和特色方向，制定明确的保存目标和行动计划。例如，自新冠疫情暴发后，全球众多图书馆已经开始积极收集、整理、展示和利用与疫情相关的网页内容，以此来响应社会信息需求和记录历史。

（5）个人社交网络文书

与公开可访问的互联网内容形成鲜明对比的是，个人社交网络文书属于私密性内容。这类资源的建设者众多，数量庞大，且因其个性化特征而独具价值。它们在某种程度上类似于传统时代的书信和手稿，然而目前对于这些社交网络文书的收集、整理和利用尚未受到广泛关注，成功案例亦较为罕见。由于网络平台的不稳定性及个人因素，这些内容面临更高的丢失风险或无法实现长期保存。此外，个人社交网络文书的版权和隐私保护问题尤为敏感，需要特别注意。

（6）科学数据

自 2018 年《国务院办公厅关于印发〈科学数据管理办法〉的通知》实施以来，国家对科学数据的管理和维护给予了高度重视。科学数据不仅涵盖了基础研究、应用研究和试验开发等研究领域生成的数据，也包括通过观测监测、考察调查、检验检测等手段获取的原始数据及其衍生数据，这些数据对于科学研究活动至关重要。因此，科学数据的收集、整理和保护应成为高校图书馆数字特藏建设的重点。例如，复旦大学图书馆就负责管理多个科学数据和城市数据项目，这体现了高校图书馆在科学数据管理中发挥的关键作用。

（7）NFT 数字藏品

随着区块链技术的兴起，非同质化代币（Non-Fungible Token，简称为 NFT）应运而生，为特定物品提供了独一无二的数字凭证。NFT 不仅代表了数字版权，还具备发行、购买、收藏和使用等金融属性，从而在数字艺术和收藏品市场中占据一席之地。目前，一些机构和图书馆已经开始探索将特藏内容转化为 NFT 数字藏品。面对这一新兴领域，图书馆需要积极关注 NFT 数字藏品的发展趋势，并探索相应的管理与服务策略，以适应未来数字资产的管理和利用。

2.1.2　数字特藏资源的特点

特藏资源是图书馆独特身份的象征，它们不仅区别于其他图书馆馆藏，而且凸显了本馆的鲜明特色。这些资源以其独特性、差异性和稀缺性而著称，是揭示珍贵历史文化和挖掘独特文献价值的宝贵钥匙，具有不可替代的学术和应用双重价值。数字特藏资源作为传统特藏向数字化转型的产物，不仅继承了特藏的核心特质，而且借助数字化的表现形式，进一步拓展了其影响力和可及性。

2.1.2.1　独特性、差异性与稀缺性

特藏资源的独特性体现在其收藏的珍贵性、历史性和传统性上。这些藏品往往是独一无二的，能够反映特定地域、民族或意识形态的文化特色。例如，精美装帧的图书、手写或早期印刷的文献以及由特殊材料制成的艺术品，都是特藏中不可或缺的组成部分。

特藏资源的差异性源自文化本身的多样性。文化是随时间不断积累和发展的复合体,其沉淀、积累过程以及形成方式在不同地域、民族和意识形态间展现出显著差异。特藏资源汇集了世界各地不同民族和时代的文化成就,成为文化多样性的生动体现。以美国与英国高校图书馆的特藏资源为例,它们之间的差异性极大,反映了各自独特的文化传承。

特藏资源的稀缺性是其价值的重要体现。由于时间的推移、自然的侵蚀、人为的破坏等因素,这些物态文化资源的数量不断减少,逐渐变得稀有珍贵。珍贵的手稿、签名本、初版书籍和艺术原作等,其稀缺性赋予它们更高的价值。

2.1.2.2 历史价值、文化价值与艺术价值

特藏资源的历史价值不容忽视。包括古籍、手稿等在内的资源不仅是人类历史发展的见证,也是研究历史事件、社会变迁和文化演进的关键实证材料。这些珍贵的文献为人类搭建了一座连接过去与现在的桥梁,让人类能够从历史中学习经验、汲取智慧,为未来的发展提供宝贵的指导。

特藏资源的文化价值同样重要。特藏资源是特定文化、艺术或知识传统的反映,成为文化传承和多元文化交流的重要媒介。特藏中的民族文物、地方志等,不仅蕴含着丰富的文化信息,也展现了民族的独特性,它们是文化多样性和人类创造力的生动体现。对特藏的保护和研究,能够促进文化的传承与交流。

特藏资源的艺术价值也十分重要。许多特藏资源本身就是艺术瑰宝,如绘画、雕塑、手工艺品等,它们不仅具有极高的艺术鉴赏价值,而且对人类艺术创作和审美经验产生了深远的影响。这些艺术作品对艺术史的贡献、对文化多样性的影响,以及对后世艺术家的启发,都是不可估量的。

2.1.2.3 学术研究价值

特藏资源的学术价值体现在稀有的原始学术资料上,包括手稿、信件、日记和会议记录,它们是学术研究的宝贵财富,对学术发展起到了关键作用。这些资料因其物理特性,需要在特殊环境下保存,如恒温恒湿、防虫防霉和防光防尘,以保障其完好。为了保护这些珍贵资源,图书馆和档案馆常采用预约制度,限制访问以避免损坏。

数字特藏资源的出现,不仅保留了原有学术价值,还显著提升了资源的可访

问性。全球学者现可通过在线访问，突破地理限制，提高研究效率。数字化还减少了对原始资料的物理接触，有利于文物保护和修复工作。

数字化技术的运用，尤其是人工智能算法，为特藏资源的知识发现和学术创新提供了新途径。这一过程涉及信息技术、图像处理和数据管理等多个学科，促进了学科间的交叉融合。数字化资源的网络共享，提高了国际学术交流的开放性和透明度，而数字人文等新兴领域的兴起，为传统研究方法与现代技术的结合提供了新的视角。

此外，数字特藏资源在教育领域的应用，增强了学生对历史文化的理解，提升了教学质量。数字化还鼓励公众参与文化保护和学术研究，通过众包等手段丰富了研究内容。

总结而言，数字特藏资源的学术价值在于其为学术研究提供了丰富的原始材料，推动了研究方法的革新，促进了知识的传播和创新，并加强了公众对文化遗产的认知和参与。

2.1.2.4 数字化呈现方式

在人工智能、可视化技术和虚拟现实（VR）等前沿技术的推动下，将具有重要性、唯一性、实时性和脆弱性的珍贵文献进行数字化保护，建立数据库，满足用户的检索需求并揭示数据间的内在联系已成为业界主流。

随着数字技术的持续进步，数字人文领域得以快速发展，为特藏资源的数字化提供了新的研究范式和技术支持。Islandora、Samvera、Goobi 等开源软件为特藏资源的长期保存、发布、互操作和众包提供了平台。同时，Loris、Cantaloupe、Mirador 等在线图像浏览工具，使得数字图像的高清在线浏览成为可能[①]。

数字化特藏资源的呈现方式日益多样化，包括高清图片展示、三维模型、视频系统、互动展览、全景沉浸式体验、增强现实（AR）和虚拟现实（VR）技术，以及游戏系统等，这些都极大地丰富了特藏的展示形式。遵循国际图像互操作框架（IIIF）标准，能够进一步增强图像资源的细粒度关联聚合和智能化应用。此外，在线数据库和文献库的建立，以及关联数据与知识图谱的应用，不仅促进了学术

① 张毅，赵晨鸣，陈丹. 数字人文在高校图书馆特藏资源建设中的实践与思考——以近代中译本全文特藏库建设为例[J]. 国家图书馆学刊，2023，32(1)：68-78.

交流与资源共享，还提高了图像资源的互操作性和可访问性。

这些数字化手段不仅提升了特藏展示的质量和互动性，也扩大了文化遗产的传播范围，使更广泛的读者群体能够便捷地接触和认识这些珍贵的文化资产。

数字特藏资源的数字化呈现方式如下。

①高清图片展示：图片展示系统可以展示特藏的高清图片，使读者能够清晰地看到特藏的细节。遵循 IIIF 标准，实现图像资源的细粒度关联聚合和智能化应用，提高图像资源的互操作性和可访问性。

②三维展示系统：利用三维技术，可以实现对特藏结构、纹饰、内部铭文的 360 度全方位展示，提供更为直观的观察角度。

③视频系统：通过视频讲解和动画形式，讲述特藏背后的故事，增加展示的生动性和教育性。

④互动式展览：策划互动式的展览，使读者可以通过触摸屏等互动设备参与到展览中，提高观展的互动性和参与感。

⑤全景沉浸式体验：通过全景技术，构建一个全方位的虚拟环境，让读者能够有身临其境的体验。

⑥增强现实(AR)和虚拟现实(VR)：通过 AR 和 VR 技术，重现历史场景或提供虚拟的展览体验，增加展示的趣味性和科技感。

⑦游戏系统：开发与特藏相关的游戏，增加文物展示的趣味性，调动读者了解特藏的兴趣。

2.1.3 数字特藏资源的发展及管理形式

2.1.3.1 早期探索阶段(20 世纪 70—80 年代)

20 世纪 70—80 年代，数字化技术刚刚起步，这一阶段主要使用的是缩微胶片技术以及初步的扫描技术，用于保存和复制档案资料。

图书、档案领域利用缩微技术将特藏资源转化成缩微胶片。缩微胶片因其体积小、密度高、稳定性好、安全性强、保存时间长等特点，在此阶段发挥了重要的作用，在图书馆、档案领域得到广泛运用。但随着信息技术的发展以及社会需求的变化，缩微胶片需用专业设备读取、检索速度慢、无法进行信息快速远距离传输等局限性逐步显现，这种特殊形式限制了电子特藏资源的流通、利用与研究。20 世纪 80 年代，一些西方发达国家的缩微设备厂商便开始研制缩微胶片数字化转变的设备①。

2.1.3.2 技术发展与试点项目阶段(20 世纪 90 年代)

20 世纪 90 年代,计算机和扫描技术得到发展并趋向成熟,特藏数字化开始得到更广泛的关注和应用。缩微胶片数字化技术出现并得到发展,在档案领域得到了广泛推广与应用。

缩微胶片数字化技术是缩微胶片扫描仪、计算机以及管理软件构成的系统,对缩微胶片上的影像进行数字化处理,转化成数字图像,存储在光盘、磁盘等载体中,可实现缩微影像数字信息的网络传递、检索利用、异地输出打印等功能。同时出现了更为高效的扫描设备和图像处理软件,提高了数字化的质量和速度。一些国家数字图书馆工程开始进行试点,探索特藏数字化的最佳实践,如"美国记忆"计划、"美国国家数字图书馆"计划、"中国数字图书馆工程"。

2.1.3.3 规模化数字化阶段(21 世纪至今)

21 世纪初期数字化技术逐渐成熟,特藏数字化开始从试点项目转向规模化操作。出现了大规模的数字化项目,如"欧洲数字图书馆"项目和美国国会图书馆的数字化计划。数字化的标准和规范开始形成,以确保数字化过程的质量和一致性。

随着互联网技术的发展,数字化的特藏资源开始通过网络集成和共享,使得全球用户都能够访问这些珍贵的资源。大量多种在线数据库和数字图书馆上线,如欧洲图书馆和世界数字图书馆等。数字化特藏资源的利用和研究开始成为学术研究的重要部分。

随着人工智能和大数据技术的发展,特藏数字化开始向智能化和交互化方向发展,出现了利用机器学习和自然语言处理技术对数字化特藏资源进行分析和解读的工具。数字化特藏资源的呈现方式更加多样化,如虚拟现实(VR)和增强现实(AR)技术的应用。

2.1.3.4 数字特藏资源的管理形式

特藏资源的数字化成果主要通过建立专门的数据库和集成管理平台来实

① 段东升.缩微胶片档案数字化[M].北京:中国文史出版社,2014:2.

现，这些平台集成了管理、展示和流通功能。它们大致分为三类：图书馆自建平台、商业化管理平台和开源数字平台。

一是图书馆自建平台。该平台分为两种模式。一种是图书馆根据自身特藏特点和用户需求，独立设计和开发数字化平台，这种方式需要较高的技术实力，但能够快速响应需求变化。另一种是图书馆提出需求和设计，由专业公司负责技术开发，这减轻了图书馆的技术压力，但可能涉及较高的成本。

二是商业化管理平台。多家 IT 公司已提供成熟的资源管理平台，图书馆可以直接购买使用，快速部署特藏数字平台。但这些通用平台可能不完全适应特定图书馆的需求，使用中可能会遇到适应性问题。

三是开源数字平台。图书馆也可以利用开源数字平台进行特藏资源的管理，尽管这些平台并非专为特藏资源设计，存在局限性，但提供了一种无须额外投资的解决方案。

在建设特藏资源管理平台的过程中，存在一些普遍挑战，如缺乏统一的元数据标准可能导致数据不一致、资源重复和信息孤岛问题。解决这些问题需要图书馆、技术供应商和相关机构的紧密合作。

为了克服这些挑战，图书馆应加强合作，制定统一的元数据标准，并探索资源共享策略。同时，需关注版权、安全性和资源合理使用等问题，确保特藏资源的有效保护和利用。通过这些措施，可以提高特藏数字化的效率和系统性，为研究者和读者提供更优质的服务[①]。

尽管图书馆一直在探索解决资源孤岛和技术支持不足等问题的方案，但这些问题仍然是数字化过程中需要持续关注和解决的难题。

2.1.4 高校图书馆数字特藏资源的现状

2.1.4.1 国内高校图书馆数字特藏资源发展现状

我国从 20 世纪 90 年代便开始尝试古籍文献数字化工作，经过多年的积累，古籍数字化取得了一系列令人瞩目的成果。在此过程中，部分高校图书馆发挥了重要作用，为高校图书馆数字特藏资源建设及发展积累了宝贵经验。

资源建设是我国高校图书馆的核心工作，数字特藏建设在深入挖掘本馆资

① 韩松涛，黄晨. 大数据时代数字特藏建设探索——以中国写本文献数字资源库建设为例[J]. 文献与数据学报，2023，5(3)：42-51.

源，向读者提供深层服务，提升图书馆的影响力方面都有积极作用。因此，国内高校图书馆均在数字特藏的建设方面投入大量人力物力。同时，中国高等教育文献保障系统（CALIS）管理中心在“十五”期间便开始投入物力和财力帮助高校图书馆构建数字特色馆藏。数字特藏资源建设由此成为我国高校图书馆资源建设的重点之一。目前，我国高校图书馆数字特藏资源建设已取得一些成果，数字特藏建设内容主要围绕“本馆实体特藏资源（以古籍、古代地方志、民国文献等为主）数字化”“特殊网络资源的深加工与再揭示”“已购买商业数据库资源的二次整理”“本单位师生相关资源数字化”进行，其中前两者是重点建设的内容，并构建了特色数据库、机构知识库、教学参考数据库等数字实体馆藏，以及学科导航数据库等数字虚拟馆藏①，具体如下。

①根据读者需求，依托学校特色馆藏而建立的特藏数字资源库。例如，复旦大学图书馆的“民国书刊全文数据库”、北京大学图书馆的“晚清民国旧报刊”、武汉大学图书馆的“武汉大学植物标本库”、南京大学图书馆的“南雍撷珍”等。

②基于本馆特色对某一独特网络资源进行深加工与再揭示，并构建资源平台。例如，武汉大学的“高影响力国际学术期刊投稿指南系统”、中央音乐学院的“中国歌曲全文库”、河海大学的“张謇文化研究数字资源平台”等。

③根据本校学科信息，整合集中学科资源，以实现资源的高效利用。例如，华中科技大学图书馆的“电子图书导航系统”、中国医科大学图书馆的“数据库导航”、华中师范大学图书馆的“学术网站推荐”、复旦大学图书馆的“数字化教参管理和服务平台”。

④由本单位个人或者团体产出成果及其数字化资源集合所构成的机构知识库。例如，北京大学图书馆的“机构知识库”、兰州大学图书馆的“机构知识库”、河海大学图书馆的“河海大学机构知识库”。

在我国，香港高校图书馆的发展水平与服务理念一直位于前列。香港地区高校图书馆特藏资源大部分已完成数字化加工，部分高校专门建立数据库或网页对其进行介绍，大部分特藏资源可免费访问与获取，并可在图书馆的资源系统中查询到相关的资源介绍和使用路径。

20 世纪 80 年代末，香港中文大学便开始进行特藏数字化工作，其图书馆自

---

① 李书宁，吕岩彦，杨春燕，等. 985 高校图书馆数字特藏建设现状调查与分析[J]. 图书馆杂志，2011，30(8)：58-63.

1995 年起致力于发展数码化计划，将馆藏中的珍贵特藏及各界人士捐赠的重要学术作品进行数字化，以便推广资源共享，促进特藏使用，支撑教学与学术研究。经过多年积累，目前已创建了数百万个数字档案，涵盖文学、文化、艺术、政治、社会及宗教等主题。主要成果有“香港特藏”“香港中文大学图书馆—书画及拓本藏品选粹”“香港最后一代广东‘妈姐’：口述历史资料库”“古巴华侨华人档案”“中医古典文库”“中国古籍库”等数字特藏资源库。为了方便读者浏览使用这些数字特藏资源，香港中文大学图书馆于 2014 年开始构建开源式数码典藏系统，将其所有的数字特藏资源嵌入该系统中，支持跨格式和跨馆藏的浏览、检索及使用，并支持开放获取及搜索引擎发现①。

香港城市大学图书馆建立电子典藏网站，将古籍特藏、英文法律特藏、名人手稿书信等进行全面数字化加工，为读者提供检索和全文浏览渠道。香港理工大学图书馆通过数字化举措，将馆内名人手稿、口述历史访谈、中国与东亚善本等特藏全部数字化，读者可通过数字馆藏门户网站直接获取。香港浸会大学图书馆将其基督教、简报相关特藏资源数字化，建设了“基督教古籍数据库”“当代中国基督教发展简报数据库”“当代中国简报资料库”“香港基督教文献数据库”“海外华侨华人简报数据库”等数字特藏资源库②。

20 世纪 80 年代，中国社会科学院台湾研究所在张仲陶、谢清俊教授的主持下启动了中文信息处理与应用研究③，中国台湾地区古籍数字化工程由此发轫。台湾大学、元智大学、淡江大学等高校参与了中文古籍数字化的工作，在资金投入和软件开发等方面积累了丰富的经验。在大规模开发古籍数字化系统的同时，台湾高校也注意结合本校学术资源，开发了很多特藏数字化的成果。如台湾大学的“佛学数位图书馆及博物馆”、中国医药大学的“台湾民俗文物及民俗活动之数位典藏”等。

2002 年，台湾地区启动“数位典藏国家型科技计划”，将拓片、善本古籍、器物、书画等珍贵典藏进行数字化加工。台湾大学作为示范性机构之一，图书馆将其馆藏《淡新档案》《伊能嘉矩手稿》《台湾古碑拓本》进行了数字化加工；2007 年开始实施“深化台湾核心文献典藏数位化计划”，对《田代文库》、歌仔

---

① 马妮妮. 对香港地区九所高校图书馆特色馆藏建设的调查与分析[J]. 图书馆，2024(4)：88-94.

② 鄂丽君. 香港高校图书馆特色馆藏建设与服务调查分析[J]. 国家图书馆学刊，2016，25(1)：45-51.

③ 曹玲，薛春香. 农业历史文献数字化建设研究[M]. 芜湖：安徽师范大学出版社，2013：55.

册、《狄宝赛文库》进行了数字化加工。台湾大学将典藏数字化计划分为7个子计划，包括台湾文献文物、台湾大学植物标本、台湾大学昆虫标本、台湾大学地质科学、台湾大学人类学系、台湾大学动物博物馆和台湾大学数位典藏技术服务。

在“数位典藏国家型科技计划”的牵头下，台湾高校图书馆纷纷开始特藏数字化建设工作，成绩斐然。台湾清华大学图书馆建有“清华记忆”“台湾清华大学博硕士论文全文系统”“考古题”等；台湾静宜大学盖夏图书馆建有“数位学习中心”等；台湾师范大学图书馆建有“善本古籍数位典藏系统”等；台湾阳明交通大学图书馆建有“浩然艺文数位博物馆”等；台湾成功大学图书馆建有“台湾古董机构教学模型数位博物馆”等数字特藏资源库或特藏资源系统①。

2.1.4.2 国外高校图书馆数字特藏资源发展现状

随着文化与经济的深度融合，文化资源的数字化成为全球性的趋势。各国政府纷纷认识到，通过数字化手段保存和传播文化资源，可以有效提升国家文化在全球范围内的影响力。国外高校图书馆积极进行特藏资源数字化工作，这些图书馆不仅拥有丰富的特藏资源，而且在数字化技术和方法上进行了深入的探索和实践。通过建立数字图书馆、在线数据库和虚拟展览等方式，成功地将珍贵的特藏资源转化为易于获取和分享的数字格式。

美国在数字特藏资源建设方面具有显著的先行优势，这得益于早期的战略规划、先进的技术应用和充足的资金投入。自20世纪90年代起，美国通过一系列重大项目，如“美国记忆”项目、IBM数字图书馆计划、NSF/NASA数字图书馆等，将国会图书馆、国家档案馆、重要博物馆等收藏的珍贵历史文献资源数字化。美国高校图书馆作为文化资源保存与传播的主要机构，不仅对本馆收藏的珍贵特藏进行数字化加工，还通过建立专门的数字特藏网站，为读者提供了便捷的查询和浏览途径。例如，杜克大学图书馆建立了美国早期广告业收藏库；密歇根大学图书馆将有关美洲原住民的馆藏数字化，构建了“美洲遭遇：克莱门茨图书馆的美洲原住民历史”数据库；维克森林大学图书馆收集并数字化了美国内战时期的相关文献和实物；麻省理工学院图书馆与哈佛大学图书馆联合发起“阿迦

---

① 陈琳.台湾地区高校图书馆特藏资源开放共享的现状与启迪[J].图书馆工作与研究，2009(12)：36-39.

汗伊斯兰教建筑计划”（AKPIA），通过数字化手段记录和展示伊斯兰艺术和建筑文化遗产①。

在标准化方面，美国同样走在世界前列。美国国家标准学会（ANSI）下属的全国信息技术标准委员会，通过制定元数据的命名、标识、定义、分类和注册等标准，为数字资源的管理、传播、利用和保存提供了系统规范。此外，美国 RLG/CMI 数字化指南和美国国家信息标准组织（NISO）的图书馆系统标准指南，也为数字资源的长期保存与利用奠定了坚实的基础。美国高校图书馆在遵循国家标准的基础上，结合本馆的实际情况和需求，制定并发布了一系列的数字化项目指导文件。这些指导文件规范了特藏资源数字化的工作流程，从项目规划、资源选择、数字化处理、元数据创建到最终的资源发布和服务，确保了数字化工作的标准化和规范化②。

美国高校图书馆在数字特藏资源服务方面不断进行探索和创新，致力于提供更开放、更便捷的资源获取方式。通过将元数据上传至集中的元数据仓库，并向社会提供 API 接口，美国高校图书馆有效地推动了数字特藏资源的开放获取。美国高校图书馆普遍设有专门负责数字馆藏建设的部门，这些部门不仅负责数字化项目的规划和实施，还确保数字资源的质量和可持续性。一些图书馆更进一步地组建了专业的数字特藏资源研究团队，这些团队汇聚了艺术策展、数字人文、信息技术等多个领域的专家，共同为读者提供全面有效的数字特藏资源利用服务。为了提高公众对特藏资源数字化保存重要性的认识，美国高校图书馆通过研讨会、工作坊、在线展览等多种形式积极开展文化遗产素养教育。这些活动不仅吸引了学术界的关注，也激发了公众对数字特藏资源的兴趣和好奇心，促进了社会对文化遗产保护和传承的重视。

英国作为历史上的工业化先驱国家，不仅在大英博物馆等标志性机构中珍藏着众多特藏珍品，其高校图书馆同样是珍贵特藏的重要保存地。这些学术机构在特藏资源的建设和管理上展现出深厚的历史底蕴并拥有雄厚的资金支持。为了提升资源建设和服务效能，部分英国高校图书馆已制定了一系列完善的馆藏发展政策和标准。这些政策和标准在特藏资源的定义、收藏范围以及版权政策和用户隐私方面均有明确规定，确保了特藏资源的系统性和规范

---

① 王春迎，朱坤豪，李春秋，等.美国高校图书馆文化遗产数字化实践及启示[J].图书馆，2023(6)：64-74.

② 梁昊光，兰晓.文化资源数字化[M].北京：人民出版社，2014：73，79.

性。例如,牛津大学和布里斯托大学图书馆等机构已经制定了一系列专门的政策,规范了特藏资源的收录原则和范围,涵盖了数字保存和元数据策略、特藏管理等关键环节。在特藏数字化使用的元数据方面,英国高校图书馆遵循统一标准。布里斯托、剑桥、牛津、诺丁汉等四所大学图书馆规定,特藏编目必须符合《国际档案著录标准(通则)》[ISAD(G)],并在此基础上进行本地化处理以适应各自的具体需求。牛津大学图书馆在实施数字化项目时,要求优先使用现有的元数据资源,并将传统的卡片目录转化为电子格式。对于新建的元数据,牛津大学图书馆坚持采用公认的标准和格式,以确保数据的长期可访问性和互操作性①。

英国高校图书馆为数字特藏资源开发了多途径的资源访问方式,以提高用户获取特藏资源的便捷性和效率。许多图书馆提供分类在线目录查询服务,使用户能够轻松检索到特定的特藏资源。例如,诺丁汉大学图书馆提供了包括手稿、书籍及印刷材料、原始打字稿等在内的在线目录,极大地方便了研究者和公众的查询需求。一些高校图书馆在网站主页上将特藏界面置顶,以突出其重要性。部分高校创建了新的检索平台或将特藏检索功能整合进原有的检索系统中,实现了一站式检索服务。例如,诺丁汉大学图书馆开发了专门的手稿和特藏检索平台,支持用户通过简单或高级检索查询特藏文献;剑桥大学图书馆将特藏资源整合到原有的"iDiscover"系统中,使用户能够更加方便地查找和利用这些珍贵的资源;杜伦大学图书馆则对特藏进行了详细的描述,并按照可用性进行了分类,同时将特藏目录整合到图书馆的发现系统和谷歌搜索中,进一步提升了特藏资源的可发现性和可访问性②。

日本是亚洲地区最早开展历史文化遗产保存工作的国家之一。早在1950年,日本政府便颁布了《文化财保护法》,这是一项综合性的文化遗产保护法律。随着信息技术的飞速发展,日本高校图书馆为了减少对手稿、原件等珍贵特色馆藏的翻阅,保护孤本、珍本等不可再生资源,启动了特色馆藏的数字化工程。这些工程不仅提升了馆藏资源的保护水平,也极大地提高了其利用率。例如,早稻田大学自2005年起就开始建立古典籍综合数据库,该数据库收录了江

① 鄂丽君.英国高校图书馆特色馆藏建设与服务调查分析[J].大学图书馆学报,2016,34(4):43-50.

② 孟银涛,赵蕾霞.英国高校图书馆特藏建设与服务研究——以17所英国高校图书馆为例[J].图书情报工作,2021,65(9):127-137.

户时代及前期的手写、出版文献，中国清代及前期的汉书籍，以及其他原始资料，如文件、手稿和拓本等。上智大学建立了吉利支丹档案数据库，收录了原始照片、出版物、文献资料和东亚地图等，为了满足大学内外的研究需求，上智大学还公开了日本基督教徒的宣教史料、宣教过程中日本与欧洲的文化交流史料、相关知识和研究成果等。庆应义塾大学的特色馆藏数字化项目覆盖面广，包括三田媒体中心、福泽谕吉研究中心、信浓町媒体中心的收藏，以及经济学者的著作和论文、古登堡印刷的《四十二行圣经》、奈良绘本和高桥诚一郎浮世绘等。这些文献资料经过数字化处理后，大多以 JPG 或 PDF 格式在相关网站上展示，并为校内外读者提供免费的在线阅读和下载服务①。

2.2 高校图书馆数字特藏资源资产

随着大数据、人工智能、区块链等新一代信息技术的快速发展，全球经济正迎来一场以数据为核心的产业变革。数据不仅成为推动全球经济增长的新引擎，而且作为继劳动力、资本、土地之后的又一项关键生产要素，其价值日益凸显。党的十九届四中全会提出的“健全劳动、资本、土地、知识、技术、管理、数据等生产要素由市场评价贡献、按贡献决定报酬的机制”，体现了我国对数据作为生产要素的高度重视。高校图书馆数字特藏资源作为物态特藏资源的数字化成果，是具有珍贵价值的数据合集，在维护人类文化遗产、培养符合新质生产力需求的人才方面具有重要意义。

将数据作为专项无形资产进行管理，已经成为被广泛认可的实践。近年来，国内外学者围绕数据资产化进行了系统性研究，国外研究主要集中在数据质量管理、信息价值评估和数据资产管理等方面，而国内研究则更侧重于资产评估框架、无形资产评估、数据资产评估等议题。

2.2.1 资产与无形资产

数据资源满足经济学和会计学意义上的资产的基本条件，符合无形资产的规定，即可被认定为数据资产。那么资产与无形资产是什么？有什么特性呢？

---

① 赵婷. 日本一流高校图书馆文化遗产特色馆藏建设与服务研究[J]. 新世纪图书馆，2021(1)：81-87.

2.2.1.1 资产的定义

资产在传统意义上是指在财务会计中具有明确定义的资源，而在更广泛的意义上，资产可以被视为任何具有商业或交换价值的资源。资产可以分为有形资产和无形资产两大类。有形资产包括现金、存货、机器设备、建筑物和土地等，而无形资产则包括专利权、商标权、版权和商誉等。无形资产虽然不具备物理形态，但它们在现代经济中的价值和重要性正日益增加①。

在国际会计领域，资产的定义和分类遵循《国际会计准则第 38 号——无形资产》(IAS38)和《国际财务报告准则第 9 号——金融工具》(IFRS9)。根据IAS38，资产被定义为由于过去事项而由企业控制的、预期会导致未来经济利益流入企业的资源。

在我国，《企业财务会计报告条例》将资产定义为过去的交易、事项形成并由企业拥有或控制的资源，该资源预期会给企业带来经济利益。这一定义与国际会计准则相一致，强调了资产的所有权、控制权及其带来的经济利益。

由此可见，资产应该包含着以下几个要素：由过去的交易或事项形成；被企业拥有和控制；能带来经济利益。

2.2.1.2 资产的特征

(1) 资产是经济资源，具有经济价值

资产被定义为具有经济价值的经济资源，它们可以是有形的，如现金、存货、机器设备等，也可以是无形的，如专利权、商标权、版权等。资产的核心在于其为个体、组织或经济主体所拥有或控制，并赋予了主体对资产的使用、交换或处置的权利。

(2) 资产能够为主体带来经济利益

资产必须是由经济主体拥有或控制的资源，这意味着主体对资产拥有法律和实际的控制权。资产的价值在于其能够为主体带来未来经济利益，这些利益可能是直接的，如通过销售商品或提供服务获得的收入；也可能是间接的，如通过提高生产效率、增强市场竞争力或建立品牌声誉等方式体现。

---

① 刘淑琴.无形资产评估[M].大连:东北财经大学出版社,2020:3.

(3) 资产的价值可度量

资产的价值可以通过市场估价或遵循会计准则进行度量。市场估价基于资产在交易中的成交价格,而会计准则则提供了资产在财务报表中确认和计量的标准。这使得资产的价值得以在财务报表和投资分析中得到体现和应用。

(4) 资产具有流动性

资产具有不同水平的流动性,即资产转换为现金的速度和难易程度。流动资产,如现金和市场上可交易的证券,能够在短期内转换为现金,为经济主体提供即时的流动性支持。非流动资产,如固定资产和无形资产,通常需要较长时间才能转换为现金,它们为经济主体提供长期的服务或价值。

(5) 资产具有持久性

大多数资产具有一定的持久性,能够在一段时间内为经济主体提供服务或价值。持久性资产有助于经济主体实现长期的运营和发展目标。

(6) 资产具有风险性

资产的价值和预期收益通常伴随着风险。这些风险可能源自市场波动、经济环境变化、技术进步或其他外部因素。经济主体在管理和运用资产时,需要考虑这些风险因素,以确保资产的保值增值。

2.2.1.3　无形资产的定义

无形资产是一种特殊的经济资源,它没有物理形态,但在企业的运营和价值创造中扮演着重要角色。根据《国际会计准则第 38 号——无形资产》(IAS38),无形资产被定义为用于商品或劳务的生产或供应、出租给其他单位、没有实物形态的、可辨认非货币资产。我国的《企业会计准则第 6 号——无形资产》,对无形资产的定义与国际会计准则相一致,强调无形资产是指企业拥有或者控制的没有实物形态的可辨认非货币性资产。2008 年中国资产评估协会制定的《资产评估准则——无形资产》进一步明确了无形资产的概念,指出无形资产是指特定主体所拥有或控制的,不具有实物形态,能持续发挥作用且能带来经济利益的资源①。

综合国内外的定义,无形资产具有以下几个核心要素。

①企业能够控制:无形资产必须处于企业或主体的控制之下,企业拥有对其

① 刘小峰.无形资产评估:理论与实务[M].北京:北京大学出版社,2017:2-3.

使用、收益和处置的权利。

②不具有实物形态：无形资产缺乏物理实体，它们的价值和效用不是通过物理形态体现的。

③预期获得未来经济利益：无形资产预期能够为企业或主体带来经济利益，这些利益可能来源于其在生产过程中的应用、市场竞争优势的提升，或是通过授权、出售等方式实现。

④具有可辨认性：无形资产必须是可辨认的，即它们能够被单独识别和区分，这通常与无形资产的获取、产生或法律保护有关。

2.2.1.4 无形资产的特征

（1）无形资产的依附性

无形资产作为一种隐性存在的资产，其独特之处在于它没有具体的实物形态。无形资产必须依附于一定的物质实体，并以其为载体来发挥作用。例如，土地使用权依附于土地，专利权和专有技术需要与设备或生产线结合，商标权以商品或服务标志的形式存在，而商誉则蕴含于企业整体资产之中。值得注意的是，并非所有无物质实体的资产都属于无形资产，如企业的应收账款和应收票据。

（2）无形资产的共益性

无形资产区别于有形资产的一个重要特点是其共益性。无形资产可以作为共同财产，由不同的主体共享。通过合法程序，一项无形资产可以被多个权利主体共同使用，也可以在所有者继续使用的同时，多次转让其使用权。例如，专利使用权可以被多个主体共同持有并从中获益。

（3）无形资产的积累性

无形资产的积累性表现在两个方面：首先，无形资产的形成往往基于其他无形资产的发展；其次，无形资产的发展是一个不断积累和演进的过程。这表明无形资产在生产经营中发挥特定作用，并且其成熟程度、影响范围和获利能力也在不断变化。

（4）无形资产的替代性

无形资产的替代性意味着一种无形资产总会由更新的无形资产所取代，例如一种技术或工艺可能会被另一种新技术或新工艺取代，其特性不再是共存或积累，而是替代和更新。在进行无形资产评估时，需要考虑其作用期间，尤其需要关注其尚可使用年限。这取决于技术进步的速度和无形资产带来的竞争优势。

（5）无形资产收益的不确定性

无形资产能够在未来为其拥有者或使用者带来经济利益，但这种利益具有不确定性，难以准确预测。无形资产的收益受市场因素的影响，可能因市场上出现可替代的无形资产而直线下降。此外，无形资产的使用方式也决定了其产生的收益，如同一专利权用于出租与用于生产商品所带来的收益可能截然不同。

2.2.2 高校图书馆数字特藏资源的资产性

通过资产的定义，可知资产拥有三大属性：由过去的交易或事项形成，被企业拥有和控制；能带来经济利益。同时，根据会计制度规定，需要满足以下两个条件时，才能被确认为无形资产：该资产产生的经济利益很可能流入企业，该资产的成本可以可靠计量。

因此，确认数字特藏资源是否为资产需要考虑其是否满足资产的定义以及无形资产的要求，即是否由过去的交易或事项形成，是否被企业拥有和控制，是否能够带来未来经济利益，产生的经济利益是否会流入企业，成本或价值是否可以可靠地计量。如果这些条件得到满足，那么高校图书馆数字特藏资源就可以被确认为资产。

（1）由过去的交易或事项形成

会计资产的定义通常包括“由过去的交易或事项形成”这一要素，这不仅体现了资产形成的时效性，也指出了资产的来源。在会计实践中，资产的形成主要有两种渠道：一种是内部生产，指企业通过自身内部努力和投入创造资产。例如，企业自行研发一项技术或软件。另一种是外购形成，指企业通过购买或投资从外部市场获取资产。例如，企业购买设备、建筑物或专利权等有形或无形资产，这些交易同样构成资产。

对于高校图书馆数字特藏资源而言，它们的形成通常与信息化事项紧密相关。这些事项包括对现有文献资料的数字化处理、数据库的构建，以及通过信息技术收集和整理数据等。这些活动虽然不同于传统的交易或生产过程，但它们确实构成了一种事项，通过这些事项，数字特藏资源得以形成并被高校图书馆所控制。因此，高校图书馆数字特藏资源的形成过程符合会计资产定义中“由事项形成”的规定。

(2) 被企业拥有和控制

在会计领域,资产的主体被限定为企业,是因为该定义为企业会计准则的一部分。从经济学和会计学的角度来看,将资产的主体扩大为会计主体更为合理,因为会计主体的概念并不仅限于企业,它同样适用于非营利组织,如高校图书馆。虽然两者的运营目标和活动性质不同,但在会计处理上,都需要遵循相应的准则和规范。尽管高校图书馆不以盈利为主要目的,但它们同样需要对资产进行确认、计量和报告,以确保资源得到合理利用和保护。

高校图书馆数字特藏资源,是由高校图书馆组织、加工、数字化处理后得到的。这些资源是高校图书馆拥有和控制的,具有明晰的权属。从法律角度来看,这些资源的所有权属于高校图书馆,它们有权决定这些资源的使用和管理方式。

(3) 带来经济利益,经济利益流入企业

在当今社会,数据的价值已经得到了广泛认可。数据不仅是一种重要的资源,也是会计主体获得经济利益的重要途径。国金证券的研究报告指出,企业可以通过以下几种方式直接利用数据来创造经济价值。

①数据租售:企业可以通过对其主营业务中产生的数据进行收集、整理、过滤、校对、打包和发布,实现数据的价值转换,从而为企业带来直接的经济利益。这种方式强调了数据自身作为产品或服务的价值。

②信息租售:以彭博有限合伙企业(Bloomberg)为例,金融信息服务商专注于特定行业,通过广泛收集数据、深度整合和萃取信息,建立起庞大的数据中心和专用的数据终端。这种模式形成了从数据采集到信息萃取,再到价值传递的完整链条,使企业在行业中占据领导地位。

③数据使能:企业通过对大量数据进行有效的挖掘和分析,可以发现新的营销策略和市场机会。例如,中国联通与招商银行合作提供的招联金融服务,以及阿里金融针对小微企业开发的贷款业务,都是数据使能模式的典型应用[①]。

高校图书馆的数字特藏资源不仅具有不可估量的文化价值、历史价值、美术价值和学术价值,还能通过数据使能的方式,为会计主体带来显著的经济效益。例如,高校图书馆可以利用数字特藏资源提供专业咨询服务,为科研人员提供深度研究和咨询服务。这不仅有助于科研人员挖掘特藏资源的学术价值,发表高

① 康旗,吴钢,陈文静,等.大数据资产化[M].北京:人民邮电出版社,2016:85.

质量的学术论文或著作，还能提升学校的科研水平与影响力，间接为高校图书馆带来经济效益；特藏资源中的艺术品、历史文献等可以激发创意灵感，用于开发文创产品，如T恤、海报、纪念品等产品不仅能够传播文化，还能使图书馆获得衍生收入；高校图书馆可以通过与其他机构的合作，如博物馆、出版社等，进行数字特藏资源的联合开发和授权使用，从而获得授权费或分成收入。

由此可见，高校图书馆的数字特藏资源凭借其独特的文化、历史和学术价值，能够以多种方式为会计主体带来经济利益。这些资源的潜在经济价值，可以通过直接和间接的途径流入所属的会计主体之中。

（4）成本或价值可以可靠计量

数据存在多样性和复杂性的特征，这使得对各类数据进行统一计量变得具有挑战性。不同类型的数据，如文本、图像、音频和视频等，具有不同的特性和价值，难以应用单一的计量方法进行可靠计量。但某些类型的数据资产仍然可以被可靠地计量。例如，音乐文件的大小、长度和比特率等属性可以作为计量的依据。2003年乔布斯对音乐产业的定价模式进行了革命性的创新，将苹果iTunes音乐商店中所有音乐统一标价为99美分/首，开创了以单曲为计量单位的新型定价模式。这一模式的成功实施，标志着音乐作为数据资产的一种形式，得以在数字时代实现其经济价值。高校图书馆数字特藏资源包含多种不同类型，如文本、图像、音频和视频等，这些类型的数字资源目前已有较为成熟的会计计量方案，可以进行可靠的计量。

综上所述，高校图书馆数字特藏资源是高校图书馆拥有和控制、由信息化事项形成的、具有经济价值、可为高校图书馆带来经济利益，并可以可靠地计量的数据资源，具备资产的基本特性，符合无形资产的要求，是数据资产的一种存在形式。

2.2.3 高校图书馆数字特藏资源资产的内涵

通过对高校图书馆数字特藏资源的分析，可确认它们符合经济学和会计学对资产的基本定义，并具备无形资产的核心属性。这些资源因此可以被合理地归类为数据资产。数据资产作为一种新资产类别，正在逐步显露其价值和重要性。随着数据资产在经济活动中的作用日益凸显，深入理解其内涵具有重要意义。

2.2.3.1 高校图书馆数字特藏资源资产的定义

20世纪40年代,电子计算机的诞生使人类社会开启了信息处理的新纪元。20世纪90年代,互联网技术得到广泛普及,数字时代由此到来。随着信息技术的不断进步,数据以前所未有的速度被大量生产和积累,现今人类社会已经进入大数据时代。随着信息技术的发展和时代的变化,三个相似名词"信息""数字""数据"由此诞生。在经济领域,"信息""数字""数据"这三个名词虽然在日常语境中经常被互换使用,但它们各自承载着独特的内涵和外延。随着对这些概念认识的深入,形成了信息资产、数字资产、数据资产等不同的概念。为了理清数字特藏资源资产的定义,并形成统一的认识,需要对这三个概念进行分析整理。

20世纪70年代,信息技术兴起,信息资产的概念被提出。当时,信息主要被视为一种具有经济价值的商品,但其具体的内涵尚未得到深入的探讨。进入20世纪90年代,信息资产的概念再次受到关注。《霍利报告》(*The Hawley Report*)和《信息作为一种资产:无形的金矿》(*Information as an Asset:the Invisible Goldmine*)都将信息视为一种"资产"。《霍利报告》将信息提升到重要资源的地位,认为信息资产包括所有已经记录或应当被记录的、具有价值或潜在价值的数据。《信息作为一种资产:无形的金矿》通过电话采访英国500名公司高管,揭示了企业管理层面对信息资产的认识。

国际标准化组织(ISO)和国际电工委员会(IEC)在ISO/IEC 27000:2018(E)标准中,将信息定义为一种资产,并强调了信息与组织中其他重要资产一样,需要得到适当的管理和保护。在ISO/IEC 27001:2022(E)标准中,信息资产按形式不同可以分为五类:数据和文档资产、软件资产、实物资产、人员资产和服务资产。Gartner IT术语表进一步明确了信息资产的概念,将其定义为与企业业务功能相关的信息①。

综上所述,可以得出信息资产是指与主体业务相关,已经或应该被记录的具有价值或潜在价值的信息或数据,包括数据和文档资产、软件资产、实物资产、人员资产和服务资产。

本书在第一章"数字资源资产化"中,对国内外数字资产的相关概念发展与

① 叶雅珍,朱扬勇.数据资产[M].北京:人民邮电出版社,2021:28-29.

演变进行了详细梳理与探讨,此处不再赘述。总体来看,国内外相对认可、应用较广的数字资产概念分别是:美国国家税务局(IRS)将数字资产定义为"价值的数位展现,并记录在加密安全的分布式账本或类似技术中",并指出如果某项特定资产具有数位资产的特征,从联邦所得税的角度来看,它将被视为数字资产[①];我国学者认为数字资产是"包括了一系列以电子数据形式存在、具有一定价值、可被确权和交易的资源",这些资源包括但不限于虚拟货币、数字证券、知识产权、网络资源等。

如今,狭义的数字资产越来越倾向于指代可在线访问和持有的资产,如虚拟货币和 NFT 等,而广义数字资产则泛指一切以数字形式表示的有价值和使用价值的数字符号,包括信息系统产生的数据、以电子形式存在的与生产交易相关的直接数据和行业数据[②]。

数据资产作为一种新型的战略资源,已获得广泛共识。随着数据经济的发展,对数据资产的深入理解和有效管理变得至关重要。

1974 年,Peterson 首次提出"数据资产"一词[③],认为数据资产是政府债券、公司债券和实物债券等资产,为数据资产的概念奠定了基础。

1997 年,Algan 强调了数据资产的重要性,认为公司的市场价值和竞争定位与其数据资产的数量、质量、完整性和可用性密切相关[④]。

2009 年,Fisher 在其著作《数据资产》[⑤]中明确指出,数据应被视为企业资产,并应得到相应的重视和管理。同年,国际数据管理协会(DAMA International)在其《DAMA 数据管理知识体系指南》中也强调了数据作为企业重要资产的观点。

2011 年,世界经济论坛(World Economic Forum,简称为 WEF)在《个人数据:一种新资产类别的出现》报告中提出,个人数据正逐渐成为新的经济资产类别。

---

① 美国国税局. 数字资产[EB/OL]. (2024-05-20)[2024-10-31]. https://www.irs.gov/zh-hans/businesses/small-businesses-self-employed/digital-assets.

② 杨东,梁伟亮,杨翰方,等. 元宇宙与数字资产[M]. 北京:中译出版社,2023:85.

③ PETERSON R E. A cross section study of the demand for money: the United States, 1960-1962[J]. The Journal of Finance, 1974,29(1):73-88.

④ ALGAN U. Anatomy of an E&P data bank: practical construction techniques[J]. The LeadingEdge,1997, 16(6): 901-902.

⑤ FISHER T. The data asset: how smart companies govern their data for business success[J]. NewYork: WileyPublishing,2009.

2013 年,《美国陆军信息技术应用指南》对数据资产进行了定义,将其视为由数据组成的实体及应用程序提供的服务,人、系统或应用程序可以创建数据资产。

2018 年,中国信息通信研究院在其《数据资产管理实践白皮书(2.0 版)》中将数据资产定义为由企业拥有或者控制的,能够为企业带来未来经济利益的,以物理或电子的方式记录的数据资源。同年,国家标准《信息技术服务—治理第 5 部分:数据治理规范》(GB/T 34960.5—2018)也对数据资产进行了定义,数据资产是指组织拥有和控制的、能够产生效益的数据资源。

2019 年,美国《开放政府数据法案》将数据资产解释为可以组合在一起的数据元素或数据集的集合。

尽管数据资产的定义在不同文献和组织中有所差异,但普遍认同的是,数据资产是由经济主体拥有或控制的、具有价值并能够带来未来经济利益的数据资源。经如上分析,数据资产应定义为:数据资产是由企业拥有或者控制的,能够为企业带来未来经济利益的,以物理或电子方式记录的数据资源,如文件资料、电子数据等。

通过上文分析可知,信息资产强调了信息在组织中的价值和管理需求;数字资产涵盖了所有数字化形式的资产,包括在线可访问的资产;数据资产则侧重于数据资源的拥有权、控制权和未来经济潜力。而高校图书馆数字特藏资源资产,是高校图书馆拥有或控制的,经过信息技术手段处理,拥有数字化形式,并具有未来经济潜力,可在线访问的资产。它既符合信息资产的定义,又满足数字资产和数据资产的要求。然而,通过对高校图书馆数字特藏资源资产性进行详细分析,发现它们更倾向于属于数据资产的范畴,可以被视为数据资产的一个分支。

高校图书馆作为非营利性组织,其资产的价值不仅仅体现在经济利益上,更在于它们所承载的社会价值和文化价值。由此,可将高校图书馆数字特藏资源资产定义为:由高校图书馆组织并经数字化加工或已拥有数字化形式的,预期能够为高校图书馆带来未来利益,以电子方式记录在存储设备中的特色馆藏数据资源。

对高校图书馆数字特藏资源资产进行准确定义,有助于更好地理解和利用这些宝贵的知识财富。通过对这些资源的深入分析和恰当分类,高校图书馆能够更有效地发挥其在教育和文化领域的作用,为社会贡献独特的价值。

2.2.3.2 高校图书馆数字特藏资源资产的属性

数据资产作为信息时代的新型资产，不仅承载着数据的基本属性，也融合了资产的关键特点，包括非实体性、依托性、多样性、可加工性、价值性、价值易变性、可共享性、可控制性、可量化性等。高校图书馆数字特藏资源资产作为数据资产的一种特殊形式，继承并体现了数据资产的上述属性，具体如下。

（1）非实体性

数据资产作为一种无形的资源，其基本形态是数据，这使得它们与传统的有形资产截然不同。数据资产不具备实物形态，它们以数字形式存在，需要依托于硬盘、光盘、云存储等物理载体进行存储、展示和流通。数据资产的非实体性赋予了它们独特的无消耗性。与有形资产不同，数据在使用过程中不会因为使用频率的增加而出现磨损或消耗。数据资产的非实体性还带来了可追溯的优势。通过适当的技术手段，数据资产的来源、处理历史和使用情况都可以被详细记录和追溯，确保了数据的完整性和真实性，增强了数据资产的可靠性。尽管数据资产不具备实物形态，但这并不影响其价值。数据资产的价值取决于数据本身的质量、相关性、独特性和应用潜力，而非其物理形态。高校图书馆数字特藏资源资产是古籍、手稿、艺术品等物态特藏通过数字化手段加工成数据形式而来，因此具有非实体性。

（2）依托性

数据资产的非实体性要求它们必须存储在某种物理介质中以便于保存和使用，常见的介质有光盘、硬盘、云存储等。同一数据资产可以以不同形式同时存在于多种介质中，这增加了数据资产的安全性和可访问性。通过存储介质，数字资产得以被读取和感知，实现了从无形到有形的转变。这种转变不仅便于用户访问和使用数据资产，也为数据资产的管理、维护和保护提供了便利。高校图书馆的数字特藏资源资产通常存储在服务器或专用计算机中，通过访问服务器、数字化服务、物理访问等方式，用户可以有效地利用这些资源。由此可见，高校图书馆数字特藏资源资产具有依托性。

（3）多样性

数据具有多种多样的表现形式，因此，数据资产也具有多样性。数据资产具有数字、表格、图像、声音、视频、文字或光电信号等多种形式，每种形式都有其独特的表现力和应用场景。不同的表现形式之间允许互相转换，如将文本转换为图像或将声音转换为文字,这种转换能力使得数据资产能够满足多样化的需求。用户对数据使用方式的不确定性,也要求数据资产具有多样性。同时,同一份数据资产可以用于多种场景和目的,如研究、教育、展览等。高校图书馆数字特藏资源资产体现了数据资产的多样性。高清图片展示、三维系统、视频系统、互动式展览、增强现实(AR)和虚拟现实(VR)等多种形式让高校图书馆数字特藏资源资产在教育、研究和文化传播中发挥了重要作用。

(4) 可加工性

数据不仅可以被新增、删除、修改,还可以被分析、提炼、挖掘,深加工为更深层次的数据资源。高校图书馆数字特藏资源资产经过处理、分析,可转换成其他形式的价值或知识[①]。

(5) 价值性

数据资产作为一种资产,其价值是其被定义和认可的核心标准。若数据资产失去了价值,它作为资产的身份也将不复存在。高校图书馆数字特藏资源资产具有多维价值,包括历史价值、文化价值、艺术价值和学术研究价值。高校图书馆通过数字化、编目、展示和提供访问等方式,实现数字特藏资源资产的价值。

(6) 价值易变性

数据资产的价值并非固定不变,而是受到多种内外部因素的影响,这些因素随时间推移而变化,导致数据资产价值的波动。随着社会进步和时代变迁,某些数据资产可能因其受到重视而价值上升;同时,过时的技术可能导致某些数据资产的价值降低。高校图书馆数字特藏资源资产在价值易变性方面表现较为明显。数字特藏资源因其稀有度和独特性可能拥有较高的价值。技术的更新换代可能使这些特藏的存储和访问方式发生变化,影响其利用效率和用户接触度,从而导致其价值的下降。同类资源的增多或数据库的扩展也可能导致某些特藏资源的相对价值降低。而对历史文化的重视,可能会增加数字特藏资源的文化价值,从而令其价值攀升。

(7) 可共享性

数据资产的可共享性是其独特优势之一,这一特性源于其数字本质,使得数据资产能够以多种方式被广泛地复制与共享。数据资产可以跨越地理和时间的

① 中国资产评估协会.中评协关于印发《资产评估专家指引第 9 号——数据资产评估》的通知[EB/OL].(2020-01-09)[2024-06-10].http://www.cas.org.cn/ggl/61936.htm.

限制，通过网络被多个授权用户同时访问和使用。来自同一数据资产的不同数据产品能够同时服务于学术研究、教育、政策制定等多个群体。高校图书馆数字特藏资源资产主要以数据库或集成管理平台的形式对外发布，用户经过授权可进行浏览、下载、研究等操作，体现了良好的可共享性。良好的可共享性不仅提高了资源的利用效率，也为知识的传播和创新提供了强大的动力。

（8）可控制性

数据资产的可控制性对于保障其价值和安全性至关重要。与普通资产相比，数据资产易于复制和共享的特性使其需要更加关注安全问题。因此，数据资产的可控制性和可追溯性显得尤为重要。资产主体需要对数据的访问、使用和分发施加控制，这是保护数据不被滥用或泄露的前提。高校图书馆作为数字特藏资源资产的拥有者，拥有制定其使用政策和规则的权利。高校图书馆可以根据不同用户群体的需求和权限，设置不同的访问级别，制定详细的使用规则，明确用户对数字特藏资源的使用范围和限制。

（9）可量化性

可量化性是数据资产作为资产的关键属性之一，它确保了数据资产的质量、成本和价值等方面能够被准确地计量和评估。数据资产的可量化使得数据资产的会计处理成为可能。量化数据资产的获取、存储、处理和维护成本，为资产主体提供成本控制的依据。高校图书馆数字特藏资源资产在可量化方面具有独特优势：首先，可从历史价值、文化价值、教育价值等多个维度对数字特藏资源资产进行评估、计量。其次，采用标准化的评估流程和计量手段，能够确保数字特藏资源资产计量结果的可靠性。最后，通过建立综合评价体系，结合定量和定性方法，可全面评估数字特藏资源资产的价值。

2.2.4 高校图书馆数字特藏资源资产的价值

高校图书馆数字特藏资源资产作为新型资产类型，其价值是多维度的。这些资产的价值不仅体现在其能够带来经济利益上，还包括其对社会的贡献。

2.2.4.1 数字特藏资源资产的商业价值

近年来，我国文化创意市场发展迅速，呈现出多元化、数字化的趋势，文化创意产品产业呈现出蓬勃的发展态势。博物馆、非物质文化遗产馆等文化机构积极将馆藏珍品转化为种类繁多的文化创意产品，如南京博物院的芙蓉石蟠螭耳炉冰箱贴、山东博物馆的“衍圣公·文曲喵”系列手办、苏州博物馆的吴王夫差剑挂件等。这些产品凭借其独特的创意性、实用性，迅速吸引了大量消费者的关注。消费者对这些富有文化特色和创意设计的商品表现出极大的兴趣，它们逐渐成为新文旅市场的热门选择。

2021年6月，敦煌美术研究所与支付宝进行跨界合作，成功推出了两款以敦煌文化为主题的付款码皮肤NFT——敦煌飞天和九色鹿。敦煌飞天和九色鹿的皮肤设计以其浓郁的地域特色和文化内涵，迅速赢得了公众的喜爱和认可。这两款皮肤NFT一经发售，便受到了市场的热烈追捧。

高校图书馆拥有丰富的特藏资源，其中不乏与敦煌文化相媲美甚至更具价值的文化瑰宝，部分高校图书馆已经开始探索将数字特藏资源资产转化为文化创意产品，展现了数字特藏资源资产的商业价值。2023年6月，福建师范大学图书馆成功发布了多款以馆藏特藏资源为蓝本的文化创意产品，包括：《文美斋百花诗笺谱》系列、正德《福州府志》系列、《渔洋山人精华录笺注》系列、《文美斋诗笺谱》系列等。《文美斋百花诗笺谱》系列以这部经典作品为灵感，推出了书签和缠枝牡丹卡套；正德《福州府志》系列基于这部地方志文献，开发了卡套和帆布袋；《渔洋山人精华录笺注》系列以其书影为创作元素，设计了卡套；《文美斋诗笺谱》系列以这部古典文学作品为灵感，设计了鼠标垫。这些文化创意产品以其独特的设计、深厚的文化底蕴和实用的功能，受到了师生的热烈响应。它们不仅可以为高校图书馆带来经济效益，也能为传统文化的传播和推广做出贡献。

可见，高校图书馆数字特藏资源资产具有巨大的商业价值。高校图书馆通过将数字特藏资源资产转化为形式多样的文化创意产品或与其他组织合作发布数字产品等方式，能够吸引不同消费者群体的兴趣，从而获取可观的经济效益。

2.2.4.2 数字特藏资源资产的社会效益

目前，高校图书馆主要通过布置主题特藏展览和建设特藏数字管理平台两种方式来发挥数字特藏资源的社会效益。

通过精心策划的展览，图书馆能够充分展现特藏资源的历史信息、人文信息与精神价值。结合视觉效果和解说，主题特藏展览为参观者提供了一种沉浸式的体验。参观者不仅能够看到展品，更能够感受到展品所蕴含的历史人文精神，从而激发共情和思考。这种体验有助于加深公众对特藏资源价值的认识和理解。数字特藏资源突破了空间、制作、维护和更换等方面的限制，利用增强现实

(AR)、虚拟现实(VR)以及三维展示系统等先进技术手段,特藏资源的展示更加生动和直观,特藏资源的内容、意义得以完整、充分、高效地利用。主题特藏展览对于宣传学校和特藏资源具有显著效果。通过展览,学校能够展示其文化传承的实力,提供高质量的教育普及和文化传播服务,提升自身的社会影响力。

建设特藏数字管理平台是高校图书馆深层次挖掘和利用特藏资源内在价值的有效手段。特藏数字管理平台一般包括目录管理系统、内容揭示系统、检索系统与推广系统等。目录管理系统提供包括元数据和相关描述在内的详尽目录信息;内容揭示系统使特藏资源的内容更加直观和易于访问;基于高效的检索机制的检索系统,使用户能够快速定位所需资源,提高检索的准确性和便捷性;利用网络平台和社交媒体等工具,推广系统扩大特藏资源的影响力与受众范围。借助特藏数字管理平台,科研人员可以便捷地获取特藏数据,更好地开展学术研究,助力学科发展;凭借特藏数字管理平台的数据服务,图书馆能够为特定学科提供定制化资源支持,促进知识创新[①]。

2.3 高校图书馆数字特藏资源资产化

资产化是一个涉及多个维度和领域的复杂过程,广义的资产化是指将原本不具备资产属性的事物(如资源或价值)转化为具有明确经济价值,并能够在市场中流通与交易的资产的过程。其核心目标在于实现资源或价值的市场交易,为所有者创造经济利益,同时在财务报告中得到合理体现。资产化不仅仅局限于财务和技术层面,它还涉及法律、社会和政治等多个层面。这一过程要求对非资产事物进行深入的分析和综合的考量。

资产化过程必须在法律框架内进行,确保所有操作符合法律法规,从而保障交易的合法性和安全性;要明确非资产事物的所有权、使用权和处置权等法律属性的权利归属;要使用专业的评估方法和工具进行准确的价值评估,确定非资产事物在市场中的潜在价值;要建立相应的市场机制和交易平台,促进资产的流通和交易。

资产化在自然资源、金融、知识产权、文化资产等领域已发展出成熟的机制。自然资源资产化涉及将矿产、森林、水资源等转化为可交易的资产;金融资产化

① 胡剑光,郭姝,张奎,等."数智"背景下高校图书馆特藏资源库的建设与利用[J].图书馆,2023(11):106-111.

则包括证券化、衍生品交易等，将金融产品或服务转化为可在金融市场上交易的资产；文化资产化则是将艺术品、历史遗迹、非物质文化遗产等具有文化价值的资源转化为可交易的资产；知识产权资产化则是将专利、商标、版权等无形资产转化为市场上可交易的资产。随着数据资产的出现与发展，数据资产化成为将数据资源转化为可量化、可交易资产的过程，这涉及数据的收集、处理、分析、保护，以及确权、定价和流通机制的建立。

综上所述，高校图书馆数字特藏资源的资产化是一个在法律法规框架下，通过权属确定、价值与质量评估和产权权能的市场化运作等操作，将数字特藏资源转化为具有经济价值资产的多维度过程。这一过程要求综合考虑财务、法律、社会和政治等多个因素，以实现资源的优化配置和价值的最大化。

2.3.1 数字特藏资源资产化的必要性

2.3.1.1 数字特藏资源资产化是现代化产业体系建设的要求

2022 年 12 月，《中共中央 国务院关于构建数据基础制度更好发挥数据要素作用的意见》发布，将数据正式列为新型生产要素，并提出建立数据资源持有权、数据加工使用权、数据产品经营权等分置的产权运行机制，为数据资产化提供了制度保障①。

2024 年政府工作报告中强调："大力推进现代化产业体系建设，加快发展新质生产力。""健全数据基础制度，大力推动数据开发开放和流通使用。适度超前建设数字基础设施，加快形成全国一体化算力体系。"数据资产化是推动现代化产业体系建设与发展的关键因素。高校图书馆作为教育领域重要的文化信息部门，拥有大量的数据资源，应积极参与现代化产业体系建设，构建数据资产化制度体系，以数据驱动科研创新，促进高校高质量发展。

2.3.1.2 数字特藏资源资产化是图书馆数字资源权利体系完善的需要

数字特藏资源具有深厚的历史、文化、艺术价值，这使得数字特藏资源能够为其主体带来可观的经济效益；数字特藏资源同时具有较强的非排他性，这使得在利用数字特藏资源进行数据服务时，容易出现"搭便车"的现象。目前，利用现

① 赵治纲，曾家瑜. 数据资产化的理论逻辑与现实挑战[J]. 中国卫生信息管理杂志，2024，21(3)：331-335＋360.

代信息技术“搭便车”的现象十分普遍，再加上部分资源主体对数据所有权的感知并不强烈，导致数字特藏资源权利体系较为混乱，资源主体的数据权益得不到保障、数据隐私得不到重视①。

传统资产的权利体系相对健全，其产权和利益归属清晰，并受到法律法规的保护。数字特藏资源可以通过资产化借鉴这一体系，从而确保其权利得到清晰界定和法律认可。资产化为数字特藏资源提供了一个明确的权利框架，使其所有权、使用权和控制权等权利能被明确界定，从而有效防止非法占有和未经授权的使用。同时，资产化强化了对资源主体权益的尊重，确保了资源主体的合法权利在资源利用过程中得到充分保护。将数字特藏资源纳入资产化管理，能够促进图书馆数字资源现有权利体系的完善。

2.3.1.3 数字特藏资源资产化是数字特藏资源开放共享的前提

数字特藏资源与知识产权等无形资产共享有着一个显著的特性，即能够被无成本地复制和共享。然而，这一特性有时会导致资源主体对于开放共享持保守态度。通过资产化，数字特藏资源可实现权利的分置运营，如使用权可以被细分为独占使用、排他使用和一般使用等不同层面。这种产权运行机制为资源的合理分配和使用提供了规则基础。同时，资产化为数字特藏资源的合法共享提供了保障。它不仅确保资源主体能够自行使用资源，还确保资源能够在遵守既定规则的前提下被合法地开放与共享。在数据工具和资源平台广泛普及的背景下，数字特藏资源的所有权与使用权的分离变得尤为重要。只有分离数字特藏资源的所有权和使用权，并以资产化的相关要求来规范其使用，才能确保数字特藏资源开放共享之路的畅通无阻。

2.3.1.4 数字特藏资源资产化是数字特藏资源价值评估体系构建的基础

当前，传统资产的价值评估已经形成了一套成熟和完善的理论和标准体系。对于数字特藏资源而言，资产化不仅明确了这些资源的资产属性，确立了其作为资产的地位，同时也确认了现有资产评估原理和操作规则在数字特藏资源评估中的适用性。只有深入理解数字特藏资源资产的独特属性和内在规律，才能构

① 孔少华，师晓娟. 从资源驱动转向要素驱动的公共文化数据资产化管理[J]. 福建论坛(人文社会科学版)，2023(6)：57-64.

建并发展出一套被广泛认可的评估方法与体系。这一体系的构建对于数字特藏资源的深入开发和优化利用至关重要。它不仅能够为资源的合理估值提供方法论支持,还能够促进资源的风险评估和管理,有利于充分挖掘和体现数字特藏资源的内在价值,为资源主体带来更广阔的开发前景和经济利益。

2.3.2 高校图书馆数字特藏资源资产化的实现步骤

根据资产的定义和要求,高校图书馆数字特藏资源具有较强的资产性,通过权属确定、价值与质量评估和产权权能的市场化运作等资产化工作,即可将高校图书馆数字特藏资源转化为数字特藏资产。

2.3.2.1 数字特藏资源权属确定

资产化是一个复杂的过程,涉及多维度和多层次的权属问题。这些问题不仅关系到资产的交易、流通和应用,还面对一系列法律和道德层面的挑战。对于数字特藏资源来说,权属的确定是资产化过程中不可或缺的一步。资源主体必须拥有数字特藏资源的一定数据权属,包括所有权、使用权等。

资源确权是数字特藏资源资产化的起点,也是确保资源主体权益不受侵害的关键。高校图书馆在数字特藏资源权属确定方面具有天然的优势。高校图书馆数字特藏资源多源于其实物特藏资源的数字化,与音乐、影视、电子书等数据产品类似,可以借鉴其资产权属确定的方式和机制。以电子书产品为例,部分电子书是由实体图书数字化而来,其权利制度在原有基础上得到发展和完善。这类数据产品是作品的知识产权载体,其所有权属于原知识产权人。同理,高校图书馆拥有其实物特藏资源的所有权或使用权。在将这些资源数字化后,原有的权属并未发生改变,保留了原有权利的连续性和清晰性,权属关系清晰明确。对于从服务商处购买的数字特藏资源,权属关系也已通过市场化运营得到明确,服务商拥有资源的所有权、使用权或转授权,而高校图书馆则拥有使用权。

2.3.2.2 数字特藏资源价值与质量评估

在数字特藏资源资产化的过程中,资源确权是基础,而价值和质量评估则是核心。

完成资源确权后,资源主体便可以对资源进行价值评估和质量评估,以确认资源是否具有价值以及资源质量是否达标。资源若无价值,则无法为资源主体带来经济效益，从而不符合资产的定义，不能作为资产来对待。对于资源主体而言，确认资源是否具有价值相对容易，但评估其价值大小则较为复杂。资源价值因使用目的、使用对象和使用场景的不同而千差万别。例如，电力对电器具有极高的价值，而对蒸汽机则几乎无价值。在进行资源价值评估时，还需关注资源质量的评估，因为资源质量高低直接影响其价值大小。

高校图书馆的数字特藏资源蕴含着不可小觑的价值，然而，这种价值往往深藏不露，需要通过深入的挖掘、细致的分析和严谨的研究来逐步揭示。这种内隐性为价值评估带来了不小的挑战，因为它要求评估者具备高度的专业能力和敏锐的洞察力。此外，数字特藏资源的质量直接影响其价值的大小。如果资源质量不佳，不仅会加大挖掘和分析的难度，甚至可能导致研究工作无法顺利进行，从而使资源的价值无法得到充分体现。因此，建立一套科学、合理且得到广泛认可的评估体系，对于确保数字特藏资源价值的准确评估和充分利用具有至关重要的作用。

2.3.2.3 产权权能的市场化运作

在数字特藏资源资产化的过程中，一旦完成资源确权和价值评估，资源主体便能够启动产权权能的市场化运作。这一关键步骤将数字特藏资源资产转化为市场上可交易的商品。对于数字特藏资源而言，还涉及其权属的变更和流通。

就如音乐作品，创作者（作曲者和作词者等）在创作完成后自动获得著作权，成为作品的初始版权人。为了促进作品的出版和发行，初始版权人可能会将部分或全部版权转让给音乐出版商，以获取必要的服务和支持。此外，他们也可能将部分或全部权利授权给集体管理组织，由其负责权利的管理和版税的代收。相关机构或组织在获得机械复制权的许可后，才可以将音乐作品制作成唱片或以电子形式在市场中交易。

高校图书馆在数字特藏资源资产化方面，可以采取类似的市场化运作策略。例如，可以将已确权并评估完毕的数字特藏资源资产的部分或全部权利让渡给数据服务商或数据服务平台，以实现资源的进一步运营和价值最大化①。此外，高校图书馆应积极探索将数字特藏资源资产纳入会计报表的可能性，提高资源的透明度和可信度；尝试资产化与金融化融合发展，以丰富数字特藏资源的流通

① 欧阳日辉.数据资产化与金融化融合发展的理论机理和实现路径[J].延边大学学报(社会科学版),2024,57(3):48-58+141.

形式，为资源的长期发展和提升其市场竞争力提供支持。

高校图书馆要综合考虑财务、法律、市场和技术等多方面因素，制定合理的战略规划，包括对资源的深入分析、合理定价以及建立有效的市场机制，确保数字特藏资源能够在市场中顺利流通，实现其潜在的价值。

2.3.3 高校图书馆数字特藏资源资产化实施策略

2.3.3.1 构建高校图书馆数字特藏资源资产管理体系

为了推动高校图书馆数字特藏资源的资产化发展，必须建立一套完善的资产管理制度和框架，涉及产权制度、流通制度、分配制度和治理制度等多个方面，以便形成一个相互支持、协同作用的管理体系。产权制度是整个体系的基石，应汲取传统资产产权的成熟经验，构建能清晰确立产权的产权界定制度，为资源的登记、确权提供法律和操作基础。在流通制度的构建中，应积极采纳数据确权技术，通过技术创新和制度创新，激发数字特藏资源资产的流通活力，促进其有效利用和价值增值。同时，分配制度的设计需确保数字特藏资源资产价值收益的公平分配，明确收益权归属，防止资源价值的非法侵占，确保高校图书馆在数字特藏资源开发中能够获得相应的增值收益。

此外，应建立数字特藏资源资产分级管理制度，助力数字特藏资源系统化分析，为资产状况的评估提供依据。通过借鉴国内外先进的数据资产框架经验，如数据资产框架（DAF），高校图书馆可以不断完善数字特藏资源资产化管理框架，促进高校图书馆数字特藏资源资产的良性开发和利用，实现资源的“帕累托最优”。

高校图书馆还应深化从业人员对数字特藏资源内在价值的认识，提升数字特藏资源资产化意识，为资源的有效管理和利用奠定人才基础。

2.3.3.2 推动高校图书馆数字特藏资源资产的市场化改革

借鉴我国实体经济改革的成功经验，构建完善的数字特藏资源资产市场体系。在不改变资产性质的前提下，鼓励和引导多元化主体参与数字特藏资源的生产、开发和建设，提升资源配置效率和市场竞争力，拓宽数字特藏资源的开发和利用途径。市场竞争机制提高资源的利用效率，为数字特藏资源的生产和建设注入新的活力。同时，加强对数字特藏资源资产的监督管理，明确所有权和使用权主体的权利与义务，完善会计和审计制度，确保资源的市场化运作规范且透明。明确各方的权利和责任，可以为资源的合理利用和保护提供坚实的法律基础，防范和化解数字特藏资源资产交易、保护与共享中的风险。此外，要建立高校图书馆数字特藏资源资产的市场化改革的法治保障，在涉及市场准入、市场竞争、用户权益以及安全隐私等方面，提供明确的法律框架和监管机制，确保数字特藏资源的合法、合规和安全使用①。

2.3.3.3　探索高校图书馆数字特藏资源资产评估、定价、交易和运营模式创新

深化数字特藏资源资产价值评估和质量评估的理论与实践研究。构建一个全面、系统的评价指标体系，涵盖资源的原创性、稀缺性、可访问性和再利用价值等关键因素。明确评估过程中需遵循的基本原则，如客观性、公正性、透明性和可比性，确保评估结果的准确性和可靠性。采用科学的方法和先进的工具进行评估，包括定量分析和定性分析相结合的方法，利用大数据和人工智能技术提高评估效率和精度。在此基础上，建立一个科学的定价体系，借鉴国际文化数据定价框架，结合我国的实际情况，制定一套适合我国高校图书馆数字特藏资源的定价标准。成立专门的资产审计委员会或相关部门，负责对高校图书馆数字特藏资源资产进行统一的确认、计量和审计，确保资产价值的准确反映。同时，探索建立全国性的数字特藏资源资产交易平台，为资源的交易提供规范、透明的环境，促进资源的流通和价值提升，推动资源的开放利用和共享。探索创新的运营模式，以提高资源的利用效率和经济价值。

2.3.4　高校图书馆数字特藏资源资产化的挑战

2.3.4.1　数字特藏资源建设标准不统一、资源质量良莠不齐

当前，我国在数据描述标准的制定方面仍处于初级阶段。尽管一些地区，如贵州、广东、北京等省市已经着手制定数据标准方案，但地方政府在数据资源的组织和发展上仍表现出较高的独立性。特别是在高校图书馆数字特藏资源的建设上，标准化建设显得尤为不足，多数高校仍依据自身需求进行资源的组织和建

① 孔少华，师晓娟. 从资源驱动转向要素驱动的公共文化数据资产化管理[J]. 福建论坛（人文社会科学版），2023(6):57-64.

设。这种标准的不统一增加了数字特藏资源资产的治理和评估难度。此外，信息系统设计和数据分类标准的差异，导致不同系统产生的数据及其结构可能存在显著的异构性，这成为数字特藏资源资产流通和交易的重大障碍。为了实现不同信息系统之间的互联互通，统一数据结构方式变得至关重要。建设标准的混乱还导致数字特藏资源资产质量的良莠不齐，这不仅影响了统计分析的准确性，也增加了监管的难度。因此，为了将数字特藏资源转化为具有经济价值的资产，必须制定统一、规范的数据描述、组织及维护标准，为数字特藏资源的高效管理和利用打下坚实的基础。

2.3.4.2 数字特藏资源资产权属不明晰、价值不彰显

数字特藏资源资产权属的明确界定是资产化的基础。资产的权属涉及一系列复杂的权利，包括但不限于占有权、使用权、管理权、收益权和共享权。权利主体可能同时持有这些权利中的一个或多个，而这些权利的组合直接影响数据资产的价值。权属的明确性是实现资产价值转化的前提条件。

实际操作中，在多方参与生产的情况下，数字特藏资源的权属界定往往难以实现。数据的无形性和可复制性使得确定原始所有者或归属权变得复杂。高校图书馆、企业、合作伙伴等不同利益相关者在资源的加工、转化、存储和使用过程中扮演着不同角色，但各方的权利边界常常较为模糊，容易引发所有权争议。所有权的不明确还可能导致法律风险和商业纠纷，影响资源的有效利用和价值实现。

为了揭示数字特藏资源的潜在价值，必须进行有效的资产评估。通过专业的评估活动，可以梳理资产的现状，评估资产的质量和价值，从而为资源的管理和利用提供决策支持。资产评估不仅有助于确定资源的市场价值，也是实现资源价值最大化的关键步骤。

因此，为了推动数字特藏资源资产化，必须首先解决权属界定的问题。需要制定明确的法律和政策，规范数据的产生、收集、存储和使用过程，确保各方权益得到合理保护。同时，建立科学的资产评估体系，通过专业的评估方法和工具，准确评估数字特藏资源的价值，为资源的流通、交易和共享提供依据[①]。

① 朱继军，刘洋，许志勇. 数据资源资产化入表风险探讨[J]. 财会通讯，2024(13)：91-96.

2.3.4.3 缺乏数字特藏资源资产评估标准和指南

近年来，数据的资产价值已在全球范围内得到广泛认可。在我国，虽然数据的资产价值日益凸显，但尚缺乏一套完善的资产定价和评估的体系或方法。2019年发布的《电子商务数据资产评价指标体系》(GB/T 37550—2019)和《资产评估专家指引第9号——数据资产评估》虽然为数据资产评估体系的构建提供了一定的指导，但与国际上成熟的数据资产评估体系相比，仍显得不够全面。高校图书馆数字特藏资源资产更是面临缺乏评估标准和指南的困境，而资产的价值和质量评估恰恰是其资产化过程中的核心步骤。数字特藏资源的价值具有高度的复杂性，受用户需求、地域特性和挖掘深度等多种因素影响，因此其价值评估需要更为细致和多元化的方法。由于缺乏统一的资产规范标准和评估方法，数字特藏资源获取的实时性和可持续性受到影响，资源平台的流通效率和质量管理也表现出不一致性。这导致跨机构、跨平台的数字特藏资源资产管理和评估难以高效进行，影响了其流通和利用。

鉴于此，我国亟须建立一套行之有效的数字特藏资源资产评估体系。这不仅能够促进数字特藏资源资产的合理定价和有效管理，还能够提高数字特藏资源的流通效率和利用价值，为数据驱动的经济发展打下坚实的基础。

3 高校图书馆数字特藏资源资产评估框架

随着科技的不断发展，高校图书馆的资源建设也在不断地发生变化。其中，特藏资源作为图书馆的一种重要资源，在数字环境下得到了新的定义。

数字特藏资源可以是古籍、珍本、手稿、专版等文献的数字化，也可以是数字化的图书信息、音视频资源等新兴载体①。高校图书馆特藏资源具有稀缺性、独特性、价值特殊、载体和类型多样、主题和范围特定、获取渠道特殊、保护与保存要求高以及利用与开发潜力大等性质。这些性质共同构成了特藏资源在图书馆中的重要地位和价值。数字特藏资源的特点主要表现在以下几个方面。

①类型特殊：数字特藏资源的类型包括古籍、珍本、手稿、专版、图书信息、音视频资源等。这些类型的特藏资源反映了图书馆的特色和优势，为读者提供更加丰富和多样的阅读体验。

②年代特殊：数字特藏资源反映了图书馆的历史和发展过程。通过收集和保存这些资源，图书馆不仅为读者提供了解历史、认识文化的窗口，同时也为图书馆自身建设和发展提供了宝贵的资料。

③来源特殊：数字特藏资源的来源包括捐赠、购买、交换、共建等多种方式。这些来源的多样性保证了数字特藏资源的丰富性和多样性，为读者提供了更加广泛的选择。

④价值特殊：数字特藏资源的价值在于其稀缺性、独特性、专题性、系统性。这些价值使得数字特藏资源成为图书馆的重要资源。

---

① 黄雯越，王铮. 数字环境下研究型图书馆的特藏建设：内涵、趋势与实践案例[J]. 图书情报工作，2016，60(17)：40-46.

数字特藏资源因其类型的多样性、历史年代的沉淀、来源的广泛性以及不可替代的价值，构成了文化和知识传承的宝贵财富。进行数字特藏资源评估，首先是为了确保这些资源的长期保存和可访问性，防止因技术更迭或管理不善而导致的丢失或损坏。其次，评估有助于确定资源的文化、历史和教育价值，为资源的合理利用和推广提供依据。再次，通过评估可以识别和强化资源的独特性，促进其在学术研究、教育传播和文化展示中的应用。最后，评估还能够为资源的数字化保护、修复和更新提供必要的数据支持，确保这些珍贵的数字资产能够持续地为社会带来积极的影响。因此，数字特藏资源评估是文化遗产保护和知识传承中不可或缺的一环。

3.1 评估主体与评估客体

数字特藏资源资产的评估主体是负责进行数字特藏资源资产评估的实体或组织。这些主体可以是政府机构、独立非营利组织、学术机构、咨询公司等。在评估过程中，评估主体需要遵循客观、透明和可信度的原则，以确保评估结果的准确性和可靠性。

评估主体在数字特藏资源资产评估中扮演着至关重要的角色。他们需要明确评估的目的和范围，选择合适的评估方法和标准，收集和分析相关数据，并最终得出评估结论；他们还需要具备相应的专业知识和技能，并具有相应的经验和资质；他们需要了解数字特藏资源的特点和价值，熟悉评估方法和流程，并能够根据具体情况制定合适的评估方案。

评估主体主要包括以下几种。

①专业评估机构：这些机构通常具备专业的评估团队和丰富的经验，能够对数字特藏资源资产进行全面、客观的评估。他们可能会运用多种评估方法和标准，确保评估结果的准确性和可信度。

②高校和研究机构：拥有数字特藏资源的高校和研究机构，可能会设立专门的评估团队或委托外部专家，对其收藏的数字特藏资源资产进行评估。这些评估往往更侧重于学术和文化价值。

③文化市场机构：在数字特藏资源资产交易和流通的过程中，文化市场机构也可能作为评估主体出现。他们会对数字特藏资源的市场价值进行评估，为买卖双方提供交易参考。

评估客体是指在评价过程中被评价的对象，在评估过程中具有清晰的定义和范围，能够被准确地识别和描述，也具有特定的属性和价值，使得评估活动能够有针对性地进行。

特藏资源资产是一类特殊的评估客体，通常包括古籍、手稿、艺术品、文物、档案、照片、音像资料等。这些资源资产具有独特的特点和价值。它们往往具有稀缺性，即在市场上难以找到类似的物品或资源。这种稀缺性使得特藏资源资产具有较高的收藏和投资价值。每件特藏资源资产都具有独一无二的特征和历史背景，使得每件特藏资源资产都充满了故事和意义，增加了其吸引力和价值。一件古籍可能记录了一段重要的历史事件，而一件艺术品可能代表了某个时期的重要艺术风格。这些独特的故事和意义使得特藏资源资产成为历史的见证和文化的传承。同时特藏资源资产还具有不可再生性，一旦这些资源资产损坏或丢失，就无法再次获得或复制。因此，特藏资源资产的保存和保护变得尤为重要。为了确保这些珍贵的资源资产能够得到妥善的保护，许多机构和个人都投入了大量的精力和资源进行修复和维护工作。

在资产评估中，特藏资源作为评估对象，是资产主体基于物质实体而享有的经济上的合法权益，这表明特藏资源资产的价值不仅仅在于其物理形态，更在于它所代表的经济利益和社会价值。

作为评估客体，数字特藏资源具有可量化性、多样性、独特性、流动性和价值性等特点。这些特点使得评估工作变得复杂而具有挑战性，要求评估人员具备广泛的知识、丰富的经验和专业的技能来应对各种评估需求和挑战。

3.2 评估原则

在开展特藏资源资产评估的过程中，应遵循一定的原则，以确保评估的独立性、客观性和公正性，同时也需要考虑到科学性和专业化原则[①]。这些原则为数据资产评估专业人员在执行资产评估业务过程中的专业判断提供了技术依据。

3.2.1 独立性原则

在特藏资源评估的过程中，评估人员必须坚守独立性原则。这意味着他们

① 资产评估的工作原则[J].中国资产评估，2021(5)：54.

需要保持绝对的自主性和客观性，确保不受任何可能影响其专业判断的外部压力或利益冲突的影响。在评估过程中，评估人员应当避免受到来自委托方、利益相关者或其他第三方的不当影响。他们应当基于充分的证据和专业的分析，形成独立的评估意见。独立性不仅有助于确保评估结果的准确性和可靠性，也有助于维护评估人员的声誉和公信力。

独立性原则通常包括以下几个方面：①形式上的独立性。评估人员或机构在表面上没有与特藏资源相关的直接利益关系。例如，评估人员不应拥有被评估特藏资源的所有权或管理权，也不应与资源的所有者或管理者有亲属关系或其他可能影响判断的私人关系。②实质上的独立性。评估人员或机构在实质上能够保持客观和公正的态度，不受个人或外界因素的约束、影响和干扰。这意味着评估人员在评估过程中应基于事实和专业判断，而不是基于个人利益或其他外在压力。③职业行为的独立性。评估人员应遵守相关的职业道德准则，如中国资产评估协会发布的《资产评估职业道德准则——独立性》①中所规定的：评估师在执业过程中应恪守独立性原则。④决策的独立性。在评估过程中，评估人员应独立作出判断和决策，不受他人指示或暗示的影响。

3.2.2　科学性原则

科学性原则指出，资产评估工作的规范、标准、程序、方法是否科学，对于资产评估的合理性、准确性有着极大影响。主要包括以下几个方面：首先，科学性原则强调评估过程中必须根据特藏资源的特定评估目的，选择适用的评估价值类型和科学的方法。这意味着评估团队需要深入了解特藏资源的独特性、稀缺性及其市场定位，从而精准地确定评估的基准和价值导向。其次，制定科学的评估方案是科学性原则的重要组成部分。评估方案应综合考虑特藏资源的物理特征、历史背景、文化价值、市场供需状况以及未来发展趋势等多种因素，确保评估过程的全面性和系统性。最后，科学性原则还要求评估过程中必须将主观评价与客观测算、静态分析与动态分析、定性分析与定量分析相结合。这有助于评估团队在充分尊重事实和数据的基础上，运用专业知识和经验进行科学合理的判断，使评估结果更加符合特藏资源的实际情况和市场规律。

---

①　中国资产评估协会.中国资产评估协会关于印发《资产评估职业道德准则——独立性》的通知[EB/OL].(2013-03-19)[2024-02-21].https://www.cas.org.cn/pgzc/41421.htm.

科学性原则在开展特藏资源资产评估的过程中，主要体现在评估方法的选择、评估方案的制定以及评估过程的综合分析与判断上，旨在确保评估结果的准确性、合理性和科学性。

3.2.3 全面性原则

在开展特藏资源资产评估的过程中，全面性原则是至关重要的，它要求评估过程必须综合考虑特藏资源的各个方面，包括但不限于其物理形态、历史背景、文化价值、稀有程度、保存状况、市场需求以及潜在的经济和社会效益等。全面性原则确保评估不仅关注资源的直接价值，还深入探索其间接和潜在的价值，从而得出一个完整、客观且全面的评估结果。这有助于更准确地反映特藏资源的真实价值，为后续的保护、利用和管理提供科学依据。

全面性原则主要包括以下几个方面：①评估指标的全面性。评估指标应全面覆盖特藏资源的各个方面，包括但不限于资源的稀缺性、独特性、学术价值、艺术价值、历史价值、保存状况、利用情况等。在全面覆盖的基础上，应突出关键指标的重要性，如资源的稀缺性和独特性往往是评估特藏资源的重要因素。②评估方法的全面性。评估应采用多种方法相结合的方式进行，如定量分析与定性分析相结合、专家评估与公众评价相结合等，以全面反映特藏资源的质量与价值。并且评估不应是一次性的活动，而应建立持续评估和反馈机制，根据评估结果及时调整评估策略和方法，确保评估工作的有效性和针对性。③评估人员的全面性。评估工作应由具备专业知识和经验的专业团队负责，确保评估工作的专业性和准确性。特藏资源评估往往涉及多个学科领域，如历史学、文学、艺术学等，因此应建立跨学科合作机制，共同推进评估工作的深入开展。

3.2.4 可比性原则

在特藏资源资产评估过程中，可比性原则是确保评估结果具有参考性和通用性的重要准则。为了提高评估结果的可信度，评估人员应在评估过程中采用可比性分析。首先，选择可比对象。评估师需要选取与被评估的特藏资源同类别或相近类别的其他资源作为比较对象。这些对象在性质、特征、价值影响因素等方面应具有相似性，以确保比较的公正性和准确性。其次，确定比较基准。在选择了可比对象后，评估需要明确比较的具体基准，如市场价格、历史交易价格、成本投入等。这些基准的选择应基于特藏资源的实际情况和评估目的，以确保评估结果的合理性和科学性。再次，分析差异因素。由于特藏资源之间可能存在各种差异，如品质、稀缺性、保存状况等，评估在比较过程中需要充分考虑这些差异因素，并对其进行合理的调整或修正，以确保比较结果的准确性和可靠性。最后，综合判断评估价值。在充分分析可比对象、确定比较基准并考虑差异因素后，需要运用专业知识和经验对评估价值进行综合判断，为后续的决策和管理提供有力支持。

可比性原则在特藏资源资产评估过程中具有重要地位，它要求在评估过程中充分考虑特藏资源的可比性和差异性，以确保评估结果的准确性和可靠性。

3.2.5 一致性原则

一致性原则要求评估人员在不同时间和不同情境下，对同类特藏资源采用相同的标准和方法进行评估，这样有助于保持评估结果的连贯性和可比性，减少因方法差异导致的评估偏差，从而增强评估工作的稳定性和可靠性。它主要包括以下几个方面：①评估标准的一致性。确保不同时间点或不同评估主体之间采用相同的评估标准和方法，使得评估结果可以在相同基础上进行比较。②评估方法的一致性。对同一类或相关特藏资源进行评估时，应采用相同的估价方法和技术手段。这意味着不论评估对象、评估人员如何变化，只要评估目的是一致的，所采用的方法也应当是一致的。③评估结果的一致性。评估结果应当能够反映出特藏资源的一致性价值，对于相同或相似的特藏资源，其评估结果应当具有可比性。④文档记录的一致性。所有评估活动都应有详细的文档记录，包括评估方法、过程、标准和结果，以保证评估活动的透明度和可追溯性。

一致性原则在特藏资源评估中至关重要，它确保了评估活动的公正性和评估结果的权威性，同时也为特藏资源的管理和利用提供了可靠的依据。

3.2.6 专业性原则

专业性原则在特藏资源评估中体现为评估机构、评估人员、评估方法和评估报告的专业性。这些方面相互关联、相互支持，共同构成了特藏资源评估的专业体系，确保了评估结果的专业性。

评估人员应具有良好的教育背景、专业知识和实际经验[①]。评估人员需深

① 胡劲为. 提升资产评估专业人员业务胜任能力之研究[J]. 中国资产评估，2019(7)：24-31.

入了解特藏资源的性质、特征、价值影响因素以及市场趋势等，能够准确识别并评估特藏资源，同时，应遵循行业内公认的标准和最佳实践，如国际图书馆协会联合会发布的《善本特藏专业人员任职资格指南》等，确保评估工作的质量和效率。此外，评估方法的专业性体现在根据特藏资源的具体情况选择合适的评估方法。评估报告在专业性方面的体现包括：①内容全面。评估报告应包含特藏资源的详细描述、评估方法、评估过程、评估结果及结论等内容，确保信息的全面性和准确性。②格式规范。评估报告应按照规定的格式和要求编写，包括封面、目录、正文、附件等部分，确保报告的规范性和可读性。③结论明确。评估报告应明确给出特藏资源的评估价值，并说明评估结果的依据和合理性。同时，应对评估过程中可能存在的风险进行提示和说明。

特藏资源资产评估是一个复杂而又细致的过程，它涉及大量的数据收集、整理和分析。在传统的评估方法中，这些工作往往需要耗费大量的人力和时间，而且由于人为因素的影响，评估结果的准确性也难以得到保证。随着大数据技术的飞速发展，其在资产评估领域的应用已经变得日益广泛。大数据技术的应用不仅提高了评估工作的效率，还极大地提升了评估结果的准确性。通过大数据技术，可以快速地收集和处理大量的数据，从而大大提高了评估工作的效率。同时，大数据技术还可以通过算法和模型，对数据进行深入的分析和挖掘，从而得出更为准确和科学的评估结果。

在开展特藏资源资产评估的过程中，应遵循独立性、客观性、公正性、科学性和专业化等原则，这些原则共同构成特藏资源资产评估的基石，指导评估人员在面对复杂多变的特藏资源时，能够做出专业、公正、准确的评估判断。遵循这些原则，不仅可以提升评估结果的可信度，还能促进整个行业的健康发展，为特藏资源的合理利用和市场流通提供坚实的保障。并且通过充分利用大数据技术，确保评估工作的质量和效率。这些原则和技术依据为数据资产评估专业人员在执行资产评估业务过程中的专业判断打下了坚实的基础①。

3.3 评估要素

高校图书馆数字特藏资源的评估要素包括资源内容与质量、用户需求与利

① 左文进，刘丽君．大数据资产估价方法研究——基于资产评估方法比较选择的分析[J]．价格理论与实践，2019(8)：116-119+148.

用情况、市场供需关系、成本投入与效益产出以及技术支持与持续发展等多个方面。这些要素共同构成了评估数字特藏资源的基础和框架，从不同的角度和层面对高校图书馆数字特藏资源进行全面的考量。通过综合考虑这些要素，可以更加准确地评估数字特藏资源的价值和作用，促进其更好地发挥服务学术研究、文化传承和社会发展的功能。

3.3.1 质量要素

质量要素主要包括数字资源的内容质量、信息描述与组织方法、数据加工格式等。高质量的数字资源是满足用户需求、提高教学科研优势的基础。数字资源收录信息的质量、信息描述与组织方法是评价体系中的重要组成部分。

数字特藏资源的质量要素是评估其价值的核心依据①。涉及资源的独特性、稀有性、完整性、学术价值、历史价值、文化价值等。独特且稀有的资源往往具有较高的价值，因为它们可能会提供独特的视角或不可替代的信息。同时，资源的完整性和学术价值也是重要的评估因素，因为它们反映了资源在学术研究、文化传承等方面的潜在贡献。稀有性是指数字特藏资源在数量或可获得性上的稀缺程度。一些资源可能因为历史原因、保存条件或其他因素而变得稀有，这使得它们在学术研究和文化交流中具有更高的价值。稀有的资源往往能够提供独特的信息或观点，对于研究者和学者来说具有重要的参考价值。完整性也是评估数字特藏资源质量的重要因素之一。完整性指的是资源在内容和形式上的完整程度，包括是否有缺失部分、是否经过篡改等方面。数字特藏资源的完整性有助于学术研究和文化传承的深入进行，反映了其在学术研究和文化传承方面的潜在贡献，也是评估其价值的重要指标。学术价值指的是资源在学术研究中的使用价值和影响力。一个具有高学术价值的资源能够为研究者提供丰富的研究材料和观点，推动相关领域的学术发展。因此，学术价值是评估数字特藏资源在学术研究中的重要性和影响力的指标。历史价值指的是资源在历史研究中的重要性和意义，它能够提供关于过去事件、人物或文化的大量信息。文化价值则指的是资源在文化传承和交流中的重要性和意义，它能够促进不同文化之间的理解和交流。一个具有高历史价值和文化价值的数字特藏资源能够在历史研究和

① 徐宽，任河. 数字资源长期保存的内容价值判断依据研究[J]. 图书情报工作，2013，57(13)：72-75＋100.

文化交流中发挥重要作用，对于保护和传承文化遗产具有重要意义。

质量要素还涉及资源的清晰度、准确性以及数字化处理的精细度。高质量的数字化处理能够确保资源的原始信息得以完整保留，同时提升其在展示和传播过程中的视觉效果和用户体验。高质量的数字化资源应该能够清晰地呈现原始信息，无论是文字、图像还是音频视频等多媒体内容。清晰度的提升不仅能够确保用户在查看资源时能够获得准确无误的信息，还能够提升资源的视觉效果，使其更具吸引力和可读性。在数字化处理过程中，必须确保资源的准确性，避免因处理不当而导致信息的失真或变形。只有准确的资源才能够为用户提供可靠的信息支持，满足用户的需求。精细度体现在对资源进行数字化处理时的细节处理上，包括图像的分辨率、音频的采样率、视频的帧率等。高精细度的数字化处理能够更好地还原资源的原始特征，提升其在展示和传播过程中的视觉效果和用户体验。除上述因素外，数字特藏资源的元数据、标签和描述等信息的准确性和全面性也直接影响到其检索和利用的便捷性。元数据是对资源的描述和分类信息，它能够帮助用户快速找到所需的资源。标签则是对资源的关键词标注，方便用户通过关键词搜索来定位资源。描述则是对资源的详细解释和说明，帮助用户更好地理解和使用资源。这些信息的准确性和全面性直接决定了用户在检索和利用资源时的便捷程度。

3.3.2 流通要素

流通要素是指数字特藏资源资产流通中的供求关系。流通要素在数字特藏资源资产流通的语境中，不仅仅局限于简单的供求关系描述，而是涵盖多个维度和复杂机制的集合，这些要素共同作用于资源的有效配置与高效交易过程。

供求关系是流通的基础要素，指的是市场上对数字特藏资源资产的需求方与供给方之间的相互作用。需求方可能包括收藏家、研究者、教育机构等，他们基于不同的目的和偏好寻求特定的数字特藏资源；而供给方则可能是原作品的持有者、博物馆、图书馆或专业的数字藏品平台，他们通过合法途径将资源数字化并推向市场。供求关系的动态变化影响着资源的价格形成和流通速度。

在数字特藏资源资产的流通中，信息的全面、准确、及时传递至关重要。这包括资源的来源、真实性验证、版权归属、交易记录等信息的公开透明，有助于降低信息不对称，增强市场信任，促进交易的顺利进行。

有效的流通依赖于专业的交易平台和多样化的流通渠道。这些平台不仅提供展示、交易、结算等一站式服务，还负责维护市场秩序，保障交易安全。同时，多元化的流通渠道（如线上拍卖、定向交易、会员制共享等）能够满足不同用户群体的需求，拓宽资源流通的边界。

数字特藏资源资产的流通必须遵循相关的法律法规，特别是涉及知识产权、数据保护、跨境交易等方面的规定。完善的法律体系和有效的监管机制是保障流通秩序、维护各方权益的重要基石。

区块链、大数据、人工智能等现代技术的应用，为数字特藏资源资产的流通提供了强大的技术支持。区块链技术可以实现资源的唯一标识、确权存证和交易追溯，提高交易的透明度和安全性；大数据和人工智能技术则有助于精准匹配供需双方，优化资源配置效率。

数字特藏资源资产的流通要素是一个多维度的综合体系，它们相互关联、相互作用，共同推动着资源的有效流通和价值实现。

3.3.3　成本要素

对于成本要素的关注主要通过成本效益分析来完现。成本效益分析是评估数字资源价值的一个重要方面[①]。这包括数字馆藏的单次成本和有形效益，以及无形效益的衡量问题。成本效益分析能够帮助图书馆相关管理人员理解投入与产出的关系，从而做出更加明智的决策。

成本投入与效益产出是评估数字特藏资源价值的经济依据。这包括资源的采集、加工、维护等成本投入，以及资源在学术研究、文化传承等方面产生的效益产出。如果资源的成本投入较低，而效益产出较高，那么这些资源的价值就会相应提高。

采集成本可能涉及版权费、数据采集设备的购置费用等；加工成本可能包括数据清洗、标注、整理等方面的费用；维护成本则涉及服务器托管、数据更新、安全防护等方面的费用。成本投入涉及数字特藏资源的创建、维护和管理所需的各项费用[②]，包括设备购置、软件开发、数据收集、整理、存储、维护以及人员培训

---

① 赵艳，王文举，倪渊. 基于 GCA-RFR 模型的数字内容资源价值评估方法研究[J]. 统计与信息论坛，2022，37(2)：12-22.

② 马晓亭. 基于成本收益分析的大学数字资源采购评估指标体系研究[J]. 图书馆理论与实践，2011(7)：63-65.

等。这些成本直接反映了数字特藏资源的经济投入,是评估其价值的基础。效益产出是指数字特藏资源在使用过程中所产生的经济效益和社会效益。经济效益包括通过提供数字特藏资源服务所获得的收入,如数字资源的使用费、版权转让费等。社会效益则体现在数字特藏资源对学术研究、文化传承、教育普及等方面的促进作用。这些效益是衡量数字特藏资源价值的重要指标。

因此,在评估数字特藏资源价值时,需要综合考虑成本投入和效益产出两个方面的因素,以得出更为准确和全面的价值评估结果。

3.3.4 发展要素

随着技术的发展和用户需求的变化,数字特藏资源也在不断更新和扩充,以保持其价值和相关性。发展要素是评估数字特藏资源价值的重要方面,包括资源的技术平台、数据存储、访问速度等技术支持情况,以及资源的更新频率、可持续发展能力等。

技术支持是数字特藏资源价值得以体现和持续增强的关键。数字特藏资源的创建、管理、存储、检索和使用都需要先进的技术支持,这些技术支持主要包括:高效的数据存储技术,用于确保资源的长期保存;先进的信息检索技术,用于提供用户友好的访问体验;安全的数据加密和备份技术,用于保障资源的安全性和可靠性。这些技术支持不仅决定了数字特藏资源的当前价值,还对其未来的发展和应用具有深远影响。持续发展是评估数字特藏资源价值的长期视角。数字特藏资源的价值并非一成不变,而是随着技术的进步、用户的需求和学术研究的深入而不断发展变化。因此,在评估数字特藏资源的价值时,需要关注其持续发展的潜力和趋势,主要包括以下方面:资源内容的不断更新和丰富,以满足用户日益增长的需求;技术的不断创新和升级,以适应快速变化的技术环境;服务模式的不断改进和优化,以提高用户的满意度和忠诚度。

技术支持与持续发展是相互关联的。强大的技术支持可以为数字特藏资源的持续发展提供有力保障,而持续发展的需求又推动着技术支持的不断创新和进步。因此,在评估数字特藏资源的价值时,需要综合考虑技术支持和持续发展两个方面,以全面、准确地反映其真实价值。

高校图书馆数字特藏资源的各类评估要素共同构成了评估数字特藏资源的基础和框架。这些要素从多个角度和层面对高校图书馆数字特藏资源进行了全面的考量,为图书馆的资源建设和决策提供了有力的支持。在实际操作中,需要根据具体情况和需求选择合适的评估依据和方法进行评估，既可以根据数字特藏资源的使用频率、用户满意度、学术影响力等因素来评估，也可以根据数字特藏资源的稀缺性、独特性、可获取性等因素来更全面地评估。通过综合考虑这些要素，可以更准确地评估数字特藏资源。

3.4　评估依据

数字资源评估的依据包括法律法规、相关政策、行业标准以及数据来源的可靠性。这些依据共同构成了评估过程中的指导原则，决定了评估的方向和深度。在实际操作中，应综合考虑这些依据，以确保评估工作的科学性、合理性和有效性。

在数字特藏资源评估中，评估依据包括以下几个方面：①法律法规。评估工作应遵守国家及地方关于图书馆资源管理、知识产权保护等方面的法律法规，确保评估活动的合法性和合规性。②相关政策。政府或教育部门关于图书馆数字资源建设、管理、利用等方面的政策文件，也是评估工作的重要依据。这些政策文件为评估提供了指导方向和具体要求。③行业标准。图书馆行业内的相关标准、规范等，为评估工作提供了统一的尺度和标准，有助于确保评估结果的客观性和可比性。④数据来源。评估所需的数据应来源于可靠的渠道，如图书馆自身的统计数据、用户反馈数据、第三方调研数据等。这些数据应真实、准确、完整，为评估提供有力的支撑。

在数字资源评估中，依据的选择和应用是确保评估结果的准确性、客观性和可比性的关键。我们可以从多个角度分析这些依据的具体内容和应用。

首先，法律法规为数字资源评估提供了基本框架和操作指南。例如，图书馆在进行数字资源管理和知识产权保护时，必须遵守相关的国家及地方法律法规，以确保评估活动的合法性和合规性[①]。

其次，相关政策文件为评估工作提供了指导方向和具体要求。例如，政府或教育部门制定关于图书馆数字资源建设、管理、利用等方面的政策，为评估工作提供了重要依据。这些政策不仅指明了评估的方向，还规定了具体的要求和标

① 马海群，宗诚.政策法规视角的数字信息资源国家宏观规划与管理[J].图书情报工作，2007(12)：84-87.

准，中共中央办公厅、国务院办公厅印发《关于推进实施国家文化数字化战略的意见》[①]，要求在数据采集加工、交易分发、传输存储及数据治理等环节，制定文化数据安全标准，强化中华文化数据库数据入库标准，构建完善的文化数据安全监管体系，完善文化资源数据和文化数字内容的产权保护措施。

再次，行业标准和规范为评估工作提供了统一的尺度和标准，有助于确保评估结果的客观性和可比性。数字资源标准化是一个涉及多个层面的复杂过程，它包括数据采集、存储、分析与应用等方面的标准化。为了解决图书馆数字化过程中出现的问题，必须尽快推出相关补充标准，这表明行业标准对于提高评估质量具有重要作用。

最后，数据来源的可靠性对于评估结果的准确性至关重要。评估所需的数据应来源于可靠的渠道，如图书馆自身的统计数据、用户反馈数据、第三方调研数据等。这些数据应真实、准确、完整，为评估提供有力的支撑。例如，电子资源使用监控与统计系统数据获取质量评估方法探讨表明，通过分析数据质量评估的内容、指标和难点，可以提升数据准确性和可靠性[②]。这说明数据质量对系统性评估的重要性。

3.4.1 法律法规

数字特藏资源的资产评估受到相关法律法规的指导和约束，我国先后出台了一系列法律法规来规范数字特藏资源资产的保护和管理。例如，《中华人民共和国著作权法》《信息网络传播权保护条例》等法律法规明确规定了数字特藏资源资产的著作权、信息网络传播权等相关权利，为数字特藏资源资产的评估提供了法律依据。法律法规对于数字特藏资源资产评估具有重要的指导作用，包括数据资产相关的法律法规、资源评估相关的法律法规、数据安全的法律法规，为高校图书馆在数字资源资产管理中提供了明确的行动指南。在评估过程中，高校图书馆必须遵守国家的法律法规，以确保评估结果的合法性和有效性。

根据《中华人民共和国民法典》的规定，图书馆在采购数字特藏资源时，应遵循公平、公正、公开的原则，确保采购过程的合规性和透明度。同时，应根据《中

① 新华社. 中共中央办公厅 国务院办公厅印发《关于推进实施国家文化数字化战略的意见》[EB/OL]. (2022-05-22)[2024-02-21]. https://www.gov.cn/zhengce/2022-05/22/content_5691759.htm.

② 朱玲，崔海媛. 高校图书馆电子资源使用监控与统计系统数据获取质量评估方法探讨[J]. 图书情报工作，2016，60(5)：51-57.

华人民共和国反垄断法》的规定，图书馆在数字特藏资源的采购和分配过程中，应避免垄断行为，维护市场竞争秩序。

除以上提到的法律法规外，我国还在不断推进数据资产相关的立法工作，以完善数据资产的法律保护和管理体系。同时，各地方政府也在根据本地实际情况制定相应的地方性法规和政策措施，以促进数据资产的发展和应用。

我国相关法律法规为数字特藏资源资产评估提供了有力的支持和指导。图书馆和高校在数字特藏资源资产管理中，应严格遵守国家法律法规的要求，确保数字特藏资源的合法权益得到保障，同时，应根据实际情况，灵活运用法律法规的规定，提高数字特藏资源的管理水平。

3.4.2 政策文件依据

政策文件依据对于数字特藏资源资产价值评估的重要性不容忽视，其为数字特藏资源资产的价值评估提供了政策支持。

我国政府高度重视数字特藏资源资产的保护和管理，出台了一系列政策文件来指导数字特藏资源资产的价值评估工作。例如，《关于推进实施国家文化数字化战略的意见》①《文化部 财政部关于进一步加强公共数字文化建设的指导意见》②等政策文件明确规定了数字特藏资源资产的价值评估应遵循的原则、方法和程序，为数字特藏资源资产的价值评估提供了政策指导。

《中共中央 国务院关于构建数据基础制度更好发挥数据要素作用的意见》③(简称“数据二十条”)，该文件从国家层面布局了数据基础制度体系，为数据流通交易和数据要素市场奠定了基础。它明确了数据的资产属性，是对数据资产作为经济社会数字化转型中的新兴资产类型充分认可。《关于印发〈关于加强数据资产管理的指导意见〉的通知》④由财政部印发，从总体要求、主要任务、实施保障等三方面十八条内容，要求数据资产各权利主体需对其持有的数据资

① 新华社.中共中央办公厅 国务院办公厅印发《关于推进实施国家文化数字化战略的意见》[EB/OL].(2022-05-22)[2024-02-21].https://www.gov.cn/zhengce/2022-05/22/content_5691759.htm.

② 文化部,财政部.文化部 财政部关于进一步加强公共数字文化建设的指导意见[EB/OL].(2011-11-15)[2024-02-21].https://zwgk.mct.gov.cn/zfxxgkml/zcfg/gfxwj/202012/t20201204_906206.html.

③ 新华社.中共中央 国务院关于构建数据基础制度更好发挥数据要素作用的意见[EB/OL].(2022-12-02)[2024-02-21].https://www.gov.cn/zhengce/2022-12/19/content_5732695.htm.

④ 财政部.关于印发《关于加强数据资产管理的指导意见》的通知[EB/OL].(2023-12-31)[2024-02-21].https://www.gov.cn/zhengce/zhengceku/202401/content_6925470.htm.

产进行规范管理。这是对“数据二十条”中的国家数据基础制度的进一步细化和落实。《数据资产评估指导意见》①由中国资产评估协会制定，并在财政部的指导下印发。它的主要目的是规范数据资产评估执业行为，保护资产评估当事人的合法权益和公共利益。该指导意见自 2023 年 10 月 1 日起施行，强调执行数据资产评估业务时，需要关注影响数据资产的成本因素、场景因素、市场因素和质量因素。

政策文件依据分析对于数字特藏资源资产评估具有重要意义，为数字特藏资源资产的评估提供了科学、合理、公正的评估依据。因此，在进行数字特藏资源资产评估时，必须充分考虑政策文件依据分析，以确保评估结果的科学性、合理性和公正性。

3.4.3 标准规范

行业标准指数字资产评估的规范指南、指导意见和技术指引等。在数字特藏资源资产评估中的规范作用主要体现在以下几个方面。

①行业标准为数字特藏资源资产评估提供了基础性的规范和指导。在数字特藏资源的收集、整理、存储、管理和利用过程中，需要遵循一定的标准和规范，以确保特藏资源的完整性和准确性。例如，在数字特藏资源的采集和整理阶段，需要遵循相关的数据质量标准和元数据规范，以确保特藏资源的质量；在数字资源的存储和管理阶段，需要遵循相关的安全标准和访问控制规范，以确保特藏资源的安全性和可用性；在数字资源的利用阶段，需要遵循相关的用户体验标准和交互设计规范，以确保特藏资源的易用性和可访问性。

②行业标准为数字特藏资源资产评估提供了客观、公正、准确的评估依据。在数字特藏资源的资产评估过程中，需要依据一定的标准和规范，对特藏资源的数量、质量、价值等方面进行客观、公正、准确的评估。例如，在数字特藏资源的数量评估过程中，需要遵循相关的计量标准和计量方法，以确保特藏资源的数量评估的准确性和可靠性；在数字特藏资源的质量评估过程中，需要遵循相关的质量标准和质量管理体系，以确保特藏资源的质量评估的客观性和公正性；在数字特藏资源价值的评估过程中，需要遵循相关的评估方法和评估模型，以确保特藏

---

① 中国资产评估协会. 中评协关于印发《数据资产评估指导意见》的通知[EB/OL]. (2023-09-08)[2024-02-21]. https://www.cas.org.cn/fgzd/pgzc/cd884ef9c8aa4c88adf1e12ecc7cc038.htm.

资源价值评估的科学性和合理性。

③行业标准还为数字特藏资源资产评估提供了持续改进和优化的方向。在数字特藏资源的资产评估过程中，需要不断学习和借鉴行业标准的新理念、新方法、新技术，以提高评估的效率和准确性，推动评估的持续改进和优化。例如，在数字特藏资源的资产评估过程中，可以学习和借鉴图书馆、档案馆、博物馆等领域的行业标准，以提高评估的专业性和针对性；可以学习和借鉴出版、信息技术等领域的行业标准，以提高评估的科学性和合理性；可以学习和借鉴国际图书馆协会联合会、国际博物馆协会等国际组织的行业标准，以提高评估的国际化和规范化水平。

针对数据资源与数据资产，我国发布了《信息技术服务 数据资产管理要求》(GB/T 40685—2021)，该标准将数据资产定义为合法拥有或者控制的，能进行计量的，为组织带来经济和社会价值的数据资源。这一定义明确了数据资产的法律属性和价值属性。

行业标准在数字特藏资源资产评估中发挥着重要的规范作用，为特藏资源的数字化建设和管理提供了基础性的规范和指导，为特藏资源的资产评估提供了持续改进和优化的方向。

3.4.4 权属

数字特藏资源资产权属包括原始创作者的著作权，如数字艺术品、数字文献等，其原始创作者通常享有著作权。该著作权包括复制权、发行权、出租权、展览权、表演权、放映权、广播权、信息网络传播权等一系列权利。这些权利允许原始创作者对其作品进行复制、发行、展示以及通过网络进行传播等。

收藏者或所有者的财产权：对于数字特藏资源的收藏者或所有者来说，他们可能享有这些资源的财产权。这意味着他们有权对数字特藏资源进行使用、处分或收益，例如进行展览、交易或授权他人使用等。

数据库或平台的所有权：如果数字特藏资源被整合到某个数据库或在线平台中，那么该数据库或平台的运营者可能对其享有所有权，包括对数字特藏资源的组织、管理和展示等权利。

在行政事业单位数据资产管理方面，财政部也印发了相关通知，要求各部门建立健全数据资产管理办法，针对数据资产的确权、配置、使用、处置、收益、安全、保密等重点管理环节进行细化，确保数据资产的规范管理和价值释放。根据

《中央行政事业单位国有资产管理暂行办法》[①]，高校所采购的数字资源属于国有资产，受到严格的管理和保护。这一规定明确了数字特藏资源的所有权归属，图书馆和高校在管理数字特藏资源时，必须遵守国家对国有资产的法律法规要求，确保数字特藏资源的合法权益得到保障。根据《行政事业单位内部控制规范（试行）》[②]和《普通高等学校图书馆规程》[③]，图书馆应当建立健全的固定资产账簿登记制度和资产卡片管理制度，完善资产信息管理系统，做好资产的统计、报告、分析工作，实现对资产的动态管理。这些规定为图书馆在数字特藏资源资产管理中提供了具体操作的指导，有助于提高图书馆对数字特藏资源的管理水平。

数字特藏资源资产权属具体内容可能因资源的类型、来源以及法律规定等因素而有所不同。在实际操作中，应根据具体情况和相关法律法规来确定权属关系。同时，随着数字技术和版权法律的不断发展，数字特藏资源资产权属问题也可能面临新的挑战和变化。

① 国管局. 国管局关于印发《中央行政事业单位国有资产管理暂行办法》的通知[EB/OL]. (2009-07-02)[2024-02-21]. https://www.gov.cn/gongbao/content/2010/content_1547228.htm.

② 财政部. 关于印发《行政事业单位内部控制规范（试行）》的通知[EB/OL]. (2012-11-29)[2024-02-21]. http://kjs.mof.gov.cn/zhengcefabu/201212/t20121212_713530.htm.

③ 教育部. 普通高等学校图书馆规程[EB/OL]. (2002-02-21)[2024-02-21]. http://www.moe.gov.cn/srcsite/A08/moe_736/s3886/200202/t20020221_110215.html.

高校图书馆数字特藏资源资产质量评估

在当今这个数字化时代，随着信息技术的不断发展，数字资源资产越来越多，然而，数字资源资产的价值并不仅仅取决于其数量，更在于其质量。数字资源资产的质量是决定其价值的关键因素。质量的高低，对于数字资源资产整体价值的高低有着决定性的影响。因此，在正式评估数字资源资产的价值之前，对数字资源资产的质量进行严格的评估，无疑是一个至关重要的前置步骤。近年来，国内高校图书馆馆藏资源同质化的现象越来越严重，为了更好地为师生提供高质量文献资源服务，高校图书馆在数字特藏资源建设方面的投入越来越大，高校图书馆数字特藏资源资产作为一种特殊的资产类别，对高校教育、科研及文化的传承都具有非常重要的价值和意义。然而数字特藏资源不仅形态多样，质量也参差不齐，图书馆进行数字特藏资源建设需综合考虑质量、成本等多方面因素，因而对数字特藏资源进行质量评估显得尤为重要。本章旨在全面细致地阐述高校图书馆数字特藏资源资产质量评估的内涵和目标、评估的流程、评估的内容、在实施评估过程中常用的评估方法及评估方法的应用。

4.1 评估内涵和目标

高校图书馆数字特藏资源资产质量是指在特定场景和条件下，高校图书馆的数字特藏资源资产所展现的特性能够满足明确的或者隐含的要求的程度。而高校图书馆数字特藏资源资产质量评估正是一个全面、科学、系统的评估过程，通过一定的标准对数字特藏资源的各个质量要素特性进行判断，具有多维度、定性与定量相结合、反馈与改进、用户参与和动态性等特点。数字特藏资源资产质量评估旨在全面评价数字特藏资源的质量，以便图书馆能够更好地了解数字特藏资源的质量优劣，及时进行改进和优化，有效满足用户的需求，提高数字特藏资源的利用率，以实现数字特藏资源资产的价值。

高校图书馆数字特藏资源建设的过程至少应包括三个方面内容：①数字特藏资源的来源；②数字特藏资源的管理；③数字特藏资源的利用。这三个方面对数字特藏资源的建设缺一不可，任何一个环节都将影响数字特藏建设的质量。因此，高校图书馆数字特藏资源资产的质量可以从这三个方面所涉及的相关质量特性要素来进行评估。对此，我们还可以参照中国资产评估协会在财政部指导下制定的《数据资产评估指导意见》(以下统称《指导意见》)，《指导意见》于2023年10月1日开始施行，提出了数据资产质量要素特性包括数据的准确性、一致性、完整性、规范性、时效性和可访问性等六个指标。这六大指标反映了数字特藏资源资产在质量方面的基本特性，体现了数字特藏资源资产在特定业务背景下的适用性和满足程度。因此，我们将这六个基本质量要素特性及高校图书馆数字特藏资源资产的其他可观测的质量要素特性作为高校图书馆数字特藏资源资产评估的质量维度指标，进而全面评价高校图书馆数字特藏资源资产的质量，形成专业的质量评估成果。评估成果的形式根据评估方的需求，可以是一份详尽的数字特藏资源资产质量状况报告，也可以是其他形式的数字特藏资源资产质量评价专业意见，还可以是一个数字特藏资源质量评分。

作为一种特殊的资产类别，高校图书馆数字特藏资源资产在高等学校具有非常重要的价值属性，其质量评估目标直接决定了数字特藏资源资产的价值属性的衡量。因此，高校图书馆数字特藏资源资产质量评估的目标，是为了确保数字特藏资源资产在其特定应用场景中的有效性和可靠性。具体来说，高校图书馆数字特藏资源资产的质量评估过程可细化为以下三个关键性目标。

首先，全面评价高校图书馆数字特藏资源资产的质量。系统性的评估有助于详细考察数字特藏资源资产的特性，从而全面衡量数字特藏资源资产的质量。

其次，高校图书馆数字特藏资源资产质量评估有助于及时发现数字特藏资源资产中潜在的问题，这些问题可能涉及数字特藏资源资产特性的多个方面。

最后，质量评估的终极目标是提高高校图书馆数字特藏资源资产的质量和价值。识别并修正这些问题，能够确保数字特藏资源资产的准确性和可靠性，从而进一步提升数字特藏资源资产的质量，确保数字特藏资源资产更好地服务于高等学校教育。

4.2 评估流程

在进行高校图书馆数字特藏资源资产质量评估时，首先需要依据数字特藏资源资产的实际特性及评估需求确定评估流程。

高校图书馆数字特藏资源资产质量评估流程包括明确质量评估的维度及具体要素指标、定义数字特藏资源资产质量规则、构建数字特藏资源资产质量规则库、实施数字特藏资源资产质量评估和编制数字特藏资源资产质量报告。在实施数字特藏资源资产质量评估的过程中，既可以根据专家咨询或用户调研情况进行质量评估指标的扩删，也可以在短时间内根据评测质量特性指标时发现的异常值或问题进行整改。在编制完成最终版质量评估报告之后，还应对报告中指出的质量问题进行整改，不断提升高校图书馆数字特藏资源资产的质量。高校图书馆数字特藏资源资产质量评估流程见图 4-1。

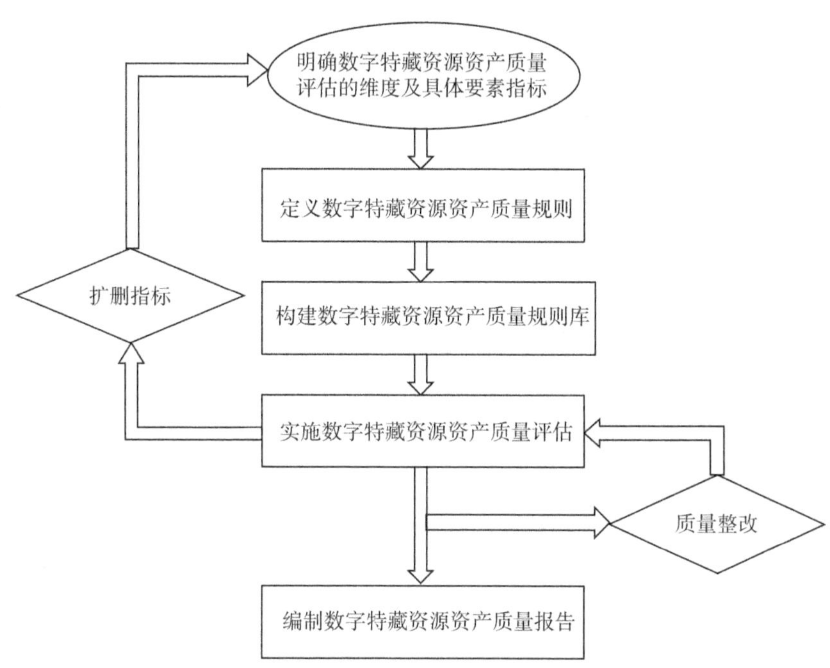

图 4-1 高校图书馆数字特藏资源资产质量评估流程

4.2.1 明确数字特藏资源资产质量维度及指标

对高校图书馆数字特藏资源资产进行质量评估时，首先应明确质量维度及指标，这既是数字特藏资源资产评估标准和定义约束规则的依据，也是质量评估中较为关键的一环。除了本章第一节提到的六个最基本的质量特性指标，还可以根据高校图书馆数字特藏资源资产的实际特性和评估需求，同时参考目前我国高校图书馆行业普遍使用的行业标准来增加评估指标。具体内容将在本章第三节进行详细阐述。

4.2.2 定义数字特藏资源资产质量规则

定义数字特藏资源资产质量规则是根据国家相关标准规范和高校图书馆相关行业标准、规范、指南及权威业务数据等，对数字特藏及其有关数据范围进行约束。通常，数字资源质量规则的制定是基于质、量、形、时四个方面的内容，我们可以根据这四个方面的规则，判断已确定的高校图书馆数字特藏资源资产质量的各项评估指标是否符合一般的评价标准，建立起质量规则和指标的对应关系，同时结合数字特藏资源资产实际特性和评估需求，定义数字特藏资源资产质量规则的名称、类型，并对质量规则进行详细描述。为了便于专家或用户打分，在进行规则描述时可以举例说明。依据数字特藏资源资产质量规则描述，可以进一步确定具体的数字特藏评估指标计算方法。

4.2.3 构建数字特藏资源资产质量规则库

构建数字特藏资源资产质量规则库是基于已定义的数字特藏资源资产质量规则，根据数字特藏的特性建立有针对性的质量规则集合。建立质量规则库后，可以将数字特藏资源资产的特性及评估需求所明确的质量评估指标与对应的质量规则进行关联，形成通用的数字特藏资源资产质量评估指标体系。通用质量规则库的建立，可以有效提高质量评估的工作效率，极大节约对类似数字资源资产质量评估的成本。此外，因数字特藏资源具有更新性和动态性的特点，定期评估更有利于数字特藏资源的可持续发展。

4.2.4 实施数字特藏资源资产质量评估

实施高校图书馆数字特藏资源资产质量评估是基于已建立的数据资产质量

规则库，根据特定的数字特藏资源资产质量评估对象明确评估频度及时间，以自动或手工方式实施数字特藏资源资产质量评估工作。在评估过程中，数字特藏资源资产质量评估的维度和指标将会直接反映数字特藏资源资产的质量情况。若质量评估指标值不符合或未达到评估标准，将被视为存在质量问题，需对评估发现的质量问题进行整改，通过不断改进和优化来提升数字特藏资源资产的质量。此外，应选择合适的数字特藏资源资产质量评估方法对数字特藏资源资产质量进行综合评估。本章第四节将对数字特藏资源资产质量评估的方法进行详细介绍。

4.2.5 编制数字特藏资源资产质量报告

实施数字特藏资源资产质量的最终评估后，应将质量评估结果编制成数字特藏资源资产质量评估报告。数字特藏资源资产质量评估报告一般涵盖三部分内容：质量规则执行情况、质量指标评估结果和综合评估。其中，质量规则执行情况是指以评估指标中的各项元素为最小单位，展示各元素的评估规则、类型及其结果，以便定位指标的评估情况；质量指标评估结果是指对质量指标中各项元素的评估结果进行汇总分析，并对指标评估结果进行展示；综合评估是指基于评估需求，赋予质量评估指标相应的权重，根据各个质量指标评估数据值计算出得分，从而得出最终的评估结果。

4.3 评估内容

目前，我国的高校图书馆数字馆藏评价还处于探索阶段，普遍使用的主要有《CALIS数字资源评估指标体系及其应用指南》《高等学校图书馆数字资源计量指南》《普通高等学校图书馆评估指标(征求意见稿)》《江苏省高等学校图书馆评价指标体系》等四种评估标准。笔者充分考虑这四种标准所涉及的有关数字资源资产质量评价方面的指标，基于特藏资源资产的来源、利用和管理等三个方面，根据数字特藏资源资产与系统及其与图书馆的管理服务之间的紧密联系，将高校图书馆数字特藏资源资产的质量要素划分为数字特藏资源资产固有的质量维度、依赖系统的质量维度和依赖管理服务水平的质量维度。本节将结合高校图书馆数字特藏资源资产的实际特性、具体使用场景和质量评估需求，就高校图书馆数字特藏资源资产的质量维度和质量特性指标进行详细叙述。

4.3.1 质量维度

①数字特藏资源资产固有的质量维度主要关注与数字特藏本身直接相关的质量特性。这包括但不限于数字特藏资源资产本身的完整性、内容的真实性和准确性、学术价值等。这些指标直接反映了数字特藏资源资产本身的质量和可信度。

②数字特藏资源资产依赖系统的质量维度侧重于数字特藏资源资产质量与所采用的技术或系统环境之间的关系。这包括但不限于数字特藏资源资产在特定系统中可使用的精度、备份软件的性能、数据迁移工具的可靠性等。这些指标体现了数字特藏资源资产在不同系统或环境中的适应性和稳定性。

③数字特藏资源资产依赖管理服务水平的质量维度主要考虑图书馆的整体管理服务水平对数字特藏资源质量的影响,而图书馆的管理服务水平主要取决于图书馆馆员的综合服务能力。这包括但不限于馆员的学历、馆员的服务意识和用户对馆员的满意度等。这些指标将直接影响到用户对使用数字特藏资源的满意度。

需要注意的是,数字特藏资源资产质量的评估指标被划分为固有的质量维度、依赖系统的质量维度和依赖管理服务水平的质量维度,这一划分方式并非一成不变,而是根据具体的评估对象、应用场景和评估需求来确定。根据《指导意见》中对于数据资产的质量要素特性的分析,从固有的质量维度和依赖系统的质量维度两个方面作为视点,准确性、一致性、完整性、规范性、时效性和可访问性等 6 个基本质量特性成为高校图书馆数字特藏资源资产的质量评估指标,此外,结合图书馆行业标准、规范和指南等,并根据高校图书馆数字特藏资源资产的特殊性质和意义,扩增了特色性、保密性、效率性、可跟踪性、可移植性、服务性和满意性等 7 个指标。因此,笔者将高校图书馆数字特藏资源资产质量属性共分为 13 个特性指标,以此对数字特藏资源资产的质量进行全面、综合的评估。

4.3.2 质量特性指标

4.3.2.1 准确性

高校图书馆数字特藏资源资产的准确性是指数字特藏资源在特定的使用场景和条件中,具有正确地表示其所代表的事物或事件的相关属性真实值的属性的程度。准确性是衡量数字特藏资源能否精确反映其所指代事物或事件真实状态的重要标准，在某些场景下准确性可以理解为与已确认信息的标识来源相一致。高校图书馆数字特藏资源资产包括各种文献、图片、音频、视频等形式的文化遗产，如古籍、手稿、艺术品等。这些珍贵、独特的数字特藏，需要通过数字化技术来实现与馆藏实物的无差异性转化，只有保证这种无差异转化的准确性，才能体现数字特藏的教育价值、学术价值和文化传承价值。因此，在高校图书馆数字特藏资源资产的建设中，对数字化保存特藏资源资产内容的准确度、精度等都有相当高的要求。真正做到对数字特藏资源资产的高质量开发利用，实现数字特藏资源的价值属性，是建设数字特藏资源资产的意义所在。

高校图书馆数字特藏资源资产的准确性只与固有的质量维度视点相关，只能以“固有的”视点对其准确性进行评测。高校图书馆数字特藏资源资产准确性的二级指标主要包括数字特藏内容的准确率、数字特藏精度的准确率、数字特藏记录的重复率、数字特藏记录的唯一性和无效数字特藏数据的出现率。数字特藏资源资产准确性的二级指标的具体含义如表 4-1 所示。

表 4-1 数字特藏资源资产的准确性指标

一级指标	二级指标	指标含义
数字特藏资源资产的准确性	数字特藏内容的准确率	数字特藏内容是否为预期值，能达到预期值的程度，包括其显示的全况准确率、其句法的准确率及其语义的准确率等
	数字特藏精度的准确率	数字特藏精度是否满足标准规范或预期要求
	数字特藏记录的重复率	数字特藏中记录、文件的重复程度
	数字特藏记录的唯一性	数字特藏中记录、文件的唯一性程度
	无效数字特藏数据的出现率	数字特藏数据中非法字符或业务含义错误的数据的出现程度

4.3.2.2 一致性

高校图书馆数字特藏资源资产的一致性是指数字特藏资源资产在特定的使用场景和条件中，描述同一种事物或事件时与其他资源不矛盾且是连贯的属性的程度。一致性既有可能出现在与单个目标实体有关的数据之中，也有可能出现在多个可比较目标实体的类似数据之间，它可能出现以上任意一种情况或两种情况皆有。

高校图书馆数字特藏资源资产的一致性只与固有的质量维度相关，只能以“固有的”视点对一致性进行评测。它既可以对单个计算机系统进行评测，也可以对相同或不同系统中的多个计算机系统进行评测，主要评测数字特藏资源资产在时间（即数据的前后时间序列）和空间（即相同的系统或不同的系统中数据的不同来源）两个维度所发生的变化。高校图书馆数字特藏资源资产的一致性的二级指标主要包括数字特藏资源存储及引用的内容的一致性、数字特藏资源格式的一致性和数字特藏资源关联资源的一致性。数字特藏资源资产的一致性的二级指标的具体含义如表 4-2 所示。

表 4-2　数字特藏资源资产的一致性指标

一级指标	二级指标	指标含义
数字特藏资源资产的一致性	数字特藏资源存储及引用内容的一致性	数字特藏资源在不同位置存储或被引用时，所表现出的内容一致性程度
	数字特藏资源格式的一致性	数字特藏资源在同一系统或不同系统中的格式的一致性程度
	数字特藏资源关联资源的一致性	数字特藏资源与其关联资源相互关系（主要包括逻辑关系）的一致性

4.3.2.3　完整性

高校图书馆数字特藏资源资产的完整性是指数字特藏资源资产覆盖需求范围的齐全程度及数字特藏各个元素被赋予有效值的程度。完整性反映了特定的使用周境中与一个实体相关联的主题特藏具有所有预期属性的值和相关的实例值的程度。高校数字特藏资源资产的数量、类型和收录范围等综合反映了资源内容的丰富程度，即体现了数字特藏资源资产的完整性。数字特藏资源资产的丰富程度直接影响着用户的使用，引进的数量越充足、种类越多、范围越广泛，就表征着数字特藏资源资产建设得越全面，用户可获取的信息越多，满意度就越高，同时也体现了数字特藏资源资产在某个领域或专题的专业性和权威性。数字特藏资源资产的收录范围，即资源资产内容的分布，是否能覆盖该领域或专题的研究范围，以及数字特藏资源资产的目录、条目、元数据著录、标引等是否填充完全，都将影响数字特藏资源资产的质量。

高校图书馆数字特藏资源资产的完整性只与固有的质量维度相关，只能以

“固有的”视点对完整性进行评测。为了更具体地评估数字特藏资源资产的完整性，笔者将高校图书馆数字特藏资源资产的完整性分为五个二级指标：数字特藏资源收录覆盖范围的完整性、数字特藏著录目录的完整性、数字特藏著录条目的完整性、数字特藏标引的填充率和数字特藏元数据的填充率。其中，数字特藏资源收录覆盖范围的完整性主要检查数字特藏资源的丰富性程度；数字特藏资源著录目录的完整性主要检查数字特藏著录条目按次序编排成目录的完整性程度；数字特藏著录条目的完整性主要检查对数据信息进行著录时，能按一定标准和形式反映特藏内容和形式特征的著录项目的完整性；数字特藏标引的填充率主要检查对著录后的特藏信息载体以检索标识的完整性程度；数字特藏资源元数据的填充率主要检查数据特征和属性的非空值限制。这五个二级指标分别从数字特藏资源范围和数据信息的组成部分衡量了数字特藏资产的完整程度。高校数字特藏资源资产完整性的二级指标的具体含义如表 4-3 所示。

表 4-3　数字特藏资源资产的完整性指标

一级指标	二级指标	指标含义
数字特藏资源资产的完整性	数字特藏资源收录覆盖范围的完整性	数字特藏资源收录根据需求所覆盖范围的齐全程度
	数字特藏著录目录的完整性	数字特藏著录目录被编排的程度
	数字特藏著录条目的完整性	数字特藏著录条目被描述记录的程度
	数字特藏标引的填充率	数字特藏的标引被标识的程度
	数字特藏元数据的填充率	数字特藏数据属性和特征被赋值的程度

4.3.2.4 规范性

高校图书馆数字特藏资源资产的规范性是指数字特藏资源符合相关标准、业务规则、元数据规范、权威参考数据和安全规范等要求的规范程度。具体来说，数字资源标准涵盖了从国际到地方的多层次标准与规定，如国际标准、国家标准、行业标准、地方标准等，这些标准不仅指导数字资源的内容，还贯穿于数字资源的命名、创建、定义、更新和归档等全生命周期的各个环节。在数字特藏资源资产不再被需要时，其销毁过程也需遵循相应的标准和规定。业务规则定义了数字资源必须遵循的一系列准则和条件，旨在确保数字资源的准确性、完整性、一致性和合规性，以满足特定的业务需求和法规要求。元数据规范专注于数字资源资产中的元数据文档，这些文档详细记录了字段名称、类型、值域和描述等信息，为数字资源资产的管理和使用提供了重要参考。权威参考数据则是用来验证和比较数据规范性的重要依据，包括行业标准、法规要求、组织内部规范以及政府发布的数据标准等。安全规范聚焦于数字资源资产的权限管理、脱敏处理及与相关版权法律法规相符合，确保数字特藏在存储、传输和使用过程中的安全性，防止泄露和滥用。

高校图书馆数字特藏资源类型多样，包括但不限于书刊、文献资料、艺术品、电子资源等，其内容、形态也各异，如文本、图片、视频、音频、多媒体等。在数字特藏资源资产的建设过程中，由于特藏资源的类型及内容不同，其遵循的标准、规范或指南也不同，应根据资源的类型和内容，考虑实际的业务需求，从而选取不同的标准规范。例如，艺术资料元数据标准中比较适用的有 CDWA 和 VRA 两种，元数据规范有 RDA 技术标准、CNMARC、图书馆数字资源长期保存元数据规范、电子图书元数据规范、电子连续性资源元数据规范、古籍元数据规范、音频资源元数据规范、视频资源元数据规范等。此外，高校数字特藏资源描述的颗粒度不一，会进一步加大数据交流的难度，同时使高校数字特藏在编目时难以遵从统一的规范，在国内高校诸多自建平台中很难实现开放性和互操作性①。

高校图书馆数字特藏资源资产的规范性既与固有的质量维度相关，也与依赖系统的质量维度相关，可以通过“固有的”和“依赖系统”这两个视点对规范性进行评测，其二级指标主要包括值域合规率、元数据合规率、格式合规率和安全合规率。高校图书馆数字特藏资源资产规范性的二级指标的具体含义如表 4-4 所示。

表 4-4　数字特藏资源资产的规范性指标

一级指标	二级指标	指标含义
数字特藏资源资产的规范性	数字特藏值域合规率	数字特藏数据值域符合标准规范的程度
	数字特藏元数据合规率	数字特藏数据符合元数据规范的程度
	数字特藏格式合规率	数字特藏格式符合标准规范的程度
	数字特藏安全合规率	数字特藏符合适用法律法规和行业安全规范的程度

① 李彦霖，王乐. 面向数字人文应用的高校特藏通用标引方案探索与建议[J]. 图书情报工作，2023，67(24)：111-121.

4.3.2.5 时效性

高校图书馆数字特藏资源资产的时效性是指数字特藏真实反映事物和事件的及时准确程度。为了确保数字特藏资源资产能够真实、准确、及时地反映事物或事件的实际情况，时效性具有表征特藏资源的正确寿命的属性的程度。在高校图书馆数字特藏资源的建设中，数字特藏资源不是静止不变的状态，而是具有动态性的，而时效性体现了数字特藏资源更新的快慢程度或频率，主要包括在某个时间点上数字特藏资源的实时更新和在特定时间范围内数字特藏资源的及时更新。在网络信息高速发展的时代，用户能在最短时间内获取最新的资源，有时会对用户研究项目的成功起到至关重要的作用。高校图书馆必须保证数字特藏资源的及时更新，让特藏资源库成为一个“生长着的有机体”，以便用户可以检索到所需的资源，并实现数字特藏资源的可持续发展与利用。

高校图书馆数字特藏资源资产的时效性只与固有的质量维度相关，可以通过“固有的”视点对时效性进行评测。高校图书馆数字特藏资源资产时效性的二级指标主要包括数字特藏实时的及时性和数字特藏基于时间范围更新的程度等。数字特藏资源资产时效性的二级指标的具体含义如表 4-5 所示。

表 4-5 数字特藏资源资产的时效性指标

一级指标	二级指标	指标含义
数字特藏资源资产的时效性	数字特藏实时的及时性	数字特藏在特定时间点上满足业务要求的及时程度
	数字特藏基于时间范围更新的程度	数字特藏在特定时间范围内满足业务要求更新的程度

4.3.2.6 可访问性

高校图书馆数字特藏资源资产的可访问性是指数字特藏资源能被正常访问的程度。数字特藏资源应易于访问和使用，用户能够轻松地搜索、浏览和下载所需资源，将大大提高数字特藏资源利用的效率。同时，数字特藏资源应支持多格式、多平台和多终端访问。用户在访问数字特藏资源网址时，数字特藏资源的可访问程度是向用户提供高效、便捷的资源服务的重要前提，系统稳定性、界面友好性等都是影响用户对资源检索过程满意程度的重要因素。用户检索时页面加载的流畅性、检索系统界面的稳定性、检索过程中出现脱机或过载现象的频率,以及浏览器的兼容性都将影响到数字特藏资源的访问。用户在使用数字特藏资源时,不可避免地会遇到诸如服务器中断和并发用户限制等问题。如果网页的响应时间过长,用户就会感到沮丧甚至烦躁,其满意度也会受到影响①。并且在不同的使用场景和条件下,缺少某些能力而需要支持技术或特殊配置或格式不同等问题,对数字特藏资源资产可正常访问的程度都将存在不可忽视的影响。

高校图书馆数字特藏资源资产的可访问性既与固有的质量维度相关,也与依赖系统的质量维度相关,可以通过"固有的"和"依赖系统"这两个视点对可访问性进行评测,其二级指标主要包括数字特藏用户的可访问性、数字特藏设备的可访问性和数字特藏格式的可访问性等。高校图书馆数字特藏资源资产可访问性的二级指标的具体含义如表 4-6 所示。

表 4-6　数字特藏资源资产的可访问性指标

一级指标	二级指标	指标含义
数字特藏资源资产的可访问性	数字特藏用户的可访问性	基于用户对数字特藏正常访问和使用的程度
	数字特藏设备的可访问性	基于设备对数字特藏正常访问和使用的程度
	数字特藏格式的可访问性	基于格式对数字特藏正常访问和使用的程度

4.3.2.7　特色性

高校图书馆数字特藏资源资产的特色性是指数字特藏资源具备特有性或专题性属性的程度。近年来,各高校图书馆越来越重视加强数字特藏资源建设。特藏是指图书馆按照一定的收藏原则,专门收集和保存的关于某一特定主题、特定历史时期或具有某种珍贵价值,独具特色且能够对相关领域造成影响的文献资料和数字资源②。特藏概念的提出,就是基于对图书馆整体馆藏的区分与细化,是为了满足读者的特殊需求而专门开发建设的独特性馆藏资源。因此,数字特藏资源追求的是一种差异性而非共同性,它具有特有性和专题性的特点,而且

① 王思怡.高校图书馆数字资源服务评价研究——以扬州大学图书馆为例[D].扬州:扬州大学,2023.

② 王雨卉.图书馆特藏概念廓清[J].图书馆论坛,2012,32(5):105-108+46.

还有鲜明的针对性和明确的目的性，其重点在于保障高等学校较高层次的教育教学、科研和文化传承工作。

高校图书馆数字特藏资源资产的特色性只与固有的质量维度相关，可以通过“固有的”视点对特色性进行评测，其二级指标主要包括数字特藏资源的特有性和数字特藏资源的专题性等。高校图书馆数字特藏资源资产特色性的二级指标的具体含义如表 4-7 所示。

表 4-7　数字特藏资源资产的特色性指标

一级指标	二级指标	指标含义
数字特藏资源资产的特色性	数字特藏资源的特有性	图书馆拥有数字特藏资源唯一性或独特性的程度
	数字特藏资源的专题性	数字特藏资源具有目的性或针对性的程度

4.3.2.8　保密性

高校图书馆数字特藏资源资产的保密性是指对特定的数字特藏确保只能被授权用户访问和使用的属性的程度。在高校图书馆数字特藏资源中，涉及学校或个人用户保密信息的应定义为保密的数字特藏，必须重视及保障其数据信息安全，系统需要有足够的技术能力防止入侵。

高校图书馆数字特藏资源资产的保密性既与固有的质量维度相关，也与依赖系统的质量维度相关，可以通过“固有的”和“依赖系统”这两个视点对保密性进行评测。高校图书馆数字特藏资源资产保密性的二级指标主要包括数字特藏的加密性和数字特藏的非脆弱性。数字特藏资源资产保密性的二级指标的具体含义如表 4-8 所示。

表 4-8　数字特藏资源资产的保密性指标

一级指标	二级指标	指标含义
数字特藏资源资产的保密性	数字特藏的加密性	对定义为保密的数字特藏进行加密的程度
	数字特藏的非脆弱性	数字特藏只能由授权用户访问或不受入侵的程度

4.3.2.9　效率性

高校图书馆数字特藏资源资产的效率性是指对特藏资源进行数字化，以及使用或处理数字特藏资源能提供期望的性能等级的属性的程度。高校图书馆数字特藏资源资产具有珍稀性、独特性、历史性的特点，其本质中的意蕴和内涵决定了数字特藏资源资产具有保存的价值和意义。高校图书馆对特藏资源资产进行数字化，以及对资源的使用和处理均应关注其效率性。对容易产生影响数字特藏资源资产效率性的情况，应采取有效的方法加以避免。例如，在对数字特藏资源进行描述时可能会考虑各种使用场景，需避免信息重复造成数据冗余，因此在制定著录方案时，要选取最合适的格式进行脚本或程序加工。

高校图书馆数字特藏资源资产的效率性既与固有的质量维度相关，也与依赖系统的质量维度相关，可以通过“固有的”和“依赖系统”这两个视点对效率性进行评测。高校图书馆数字特藏资源资产效率性的二级指标包括数字特藏空间效率性和数字特藏时间效率性。数字特藏资源资产效率性的二级指标的具体含义如表 4-9 所示。

表 4-9　数字特藏资源资产的效率性指标

一级指标	二级指标	指标含义
数字特藏资源资产的效率性	数字特藏空间效率性	数字特藏没有因数据冗余等造成不必要的空间占用的程度
	数字特藏时间效率性	数字特藏使用或处理没有因各项表示造成时间的损失的程度

4.3.2.10　可跟踪性

高校图书馆数字特藏资源资产的可跟踪性是指数字特藏资源在特定的使用周境中，可以对数据访问踪迹和数据变更踪迹进行审计的属性的程度。高校图书馆数字特藏资源资产在提升教学科研能力、拓展师生知识面上发挥着非常重要的作用，因此，对访问数字特藏资源的用户信息、用户访问记录等进行统计分析，可以更好地了解和掌握用户的需求及对数字特藏资源的利用情况，对帮助图书馆做好自身定位和文献资源建设决策，使数字特藏资源和各项服务功能发挥最大的效用具有十分重要的意义。同时，用户在访问数字特藏资源后，经常需要保持踪迹记录，以保证研究的连贯性，因此，满足用户的信息跟踪需求，可以更好地发挥高校图书馆数字特藏资源资产在教学科研中的作用。

值得一提的是，传统数字特藏资源库提供的是一种单向度文献服务，用户在特藏库中搜索、获取需要的资源，然后回到工作平台继续进行自己的研究。

如果能够将资源空间和研究空间打通甚至融合，用户在一个空间中完成资源的搜索、标引、注释、重组，形成个人研究方向的知识空间，必然可以极大提高学习与研究的效率。同时，这样的知识空间也可以不断增益特藏库的资源空间，使之成为一个自生长的特藏资源库，这是新一代特藏资源平台建设的重要发展方向。要实现这些融合，图书馆数字特藏资源的信息可跟踪性是最基本的功能需求。

高校图书馆数字特藏资源资产的可跟踪性既与固有的质量维度相关，也与依赖系统的质量维度相关，可以通过“固有的”和“依赖系统”两个视点对可跟踪性进行评测。高校图书馆数字特藏资源资产可跟踪性的二级指标包括数字特藏访问记录的可跟踪性和数字特藏用户访问的可跟踪性。数字特藏资源资产可跟踪性的二级指标的具体含义如表 4-10 所示。

表 4-10　数字特藏资源资产的可跟踪性指标

一级指标	二级指标	指标含义
数字特藏资源资产的可跟踪性	数字特藏访问记录的可跟踪性	用户访问数字特藏的信息被追踪的程度
	数字特藏用户访问的可跟踪性	保持用户访问数字特藏的信息的可能性

4.3.2.11　可移植性

高校图书馆数字特藏资源资产的可移植性是指数字特藏资源能被安装或系统移植，并保持已有质量的属性的程度。高校图书馆不同资源库之间有关联交叉，有移植需求的数字特藏数据具备轻松迁移或部署到不同的资源库或云环境中的能力，可以更有效地利用数字特藏资源，实现降本增效，对图书馆的数字资源建设具有重要的意义。如果数字特藏资源在不同资源库或平台之间无法移植，会造成人力、物力和财力的极大浪费。

高校图书馆数字特藏资源资产的可移植性与依赖系统的质量维度相关，只能以“依赖系统”视点对可移植性进行评测。高校图书馆数字特藏资源资产可移植性的二级指标包括可移植数字特藏的比率和可移植数字特藏符合需求的程度。数字特藏资源资产可移植性的二级指标的具体含义如表 4-11 所示。

表 4-11 数字特藏资源资产的可移植性指标

一级指标	二级指标	指标含义
数字特藏资源资产的可移植性	可移植数字特藏的比率	有可移植性需求的数字特藏数量满足移植性的程度
	可移植数字特藏符合需求的程度	具备可移植性的数字特藏被移植后符合用户需求的程度

4.3.2.12 服务性

高校图书馆数字特藏资源资产的服务性是指数字特藏资源依赖图书馆的服务水平，主要包括图书馆馆员学历的服务性和图书馆馆员的服务意识所能达到的服务程度。馆员的服务意识、服务能力和自身综合素养，都是影响高校图书馆数字特藏资源资产服务的重要因素。在数字特藏资源服务实践中，由于不同的资源面向不同学科背景的服务对象，所需提供的数字资源服务也不尽相同，因而还需提供具有个性化、差异化的服务，尽可能地满足用户需求。为此，馆员不仅应时刻保持为用户服务的热情，还需不断提高知识水平和业务能力，以适应高校图书馆数字特藏资源资产服务发展的需求。

高校图书馆数字特藏资源资产的服务性与依赖图书馆服务水平的质量维度相关，只能以“依赖管理服务水平”视点对服务性进行评测。高校图书馆数字特藏资源资产服务性的二级指标包括图书馆馆员学历的服务性和图书馆馆员的服务意识。数字特藏资源资产服务性的二级指标的具体含义如表 4-12 所示。

表 4-12 数字特藏资源资产的服务性指标

一级指标	二级指标	指标含义
数字特藏资源资产的服务性	图书馆馆员学历的服务性	图书馆馆员自身具备的知识能力满足用户服务需求的程度
	图书馆馆员的服务意识	图书馆馆员的服务态度、意识等满足用户服务需求的程度

4.3.2.13 满意性

高校图书馆数字特藏资源资产的满意性是指数字特藏资源获得用户满意的程度。高校图书馆建设数字特藏资源，能否实现特藏资源的价值，获得用户体验认可至关重要。因此，用户的满意度是评估图书馆数字特藏资源服务水平的重要指标。数字特藏资源内容、资源检索、交互服务等各方面都将直接影响用户的体验。图书馆可通过问卷调查或针对性地访问具体用户，收集用户的反馈意见或建议，关注用户对数字特藏资源使用需求、对数字特藏资源服务的满意程度以及使用数字特藏资源的总体主观感受，通过提高用户参与度，让用户也积极参与到高校图书馆数字特藏资源服务的发展中，从而进一步提高用户的满意度和用户黏度。

高校图书馆数字特藏资源资产的满意性与固有的质量维度、依赖系统的质量维度和依赖图书馆服务水平的质量维度均具有相关性，可以通过“固有的”“依赖系统”“依赖管理服务水平”三个视点对满意性进行评测。高校图书馆数字特藏资源资产满意性的二级指标包括用户对数字特藏资源自身的满意度和用户对图书馆馆员提供数字特藏资源服务的满意性。数字特藏资源资产满意性的二级指标的具体含义如表4-13所示。

表4-13　数字特藏资源资产的满意性指标

一级指标	二级指标	指标含义
数字特藏资源资产的满意性	用户对数字特藏资源自身的满意度	用户对数字特藏资源的内容及访问和使用友好性的满意程度
	用户对图书馆馆员提供数字特藏资源服务的满意性	用户对图书馆馆员提供数字特藏资源服务（包括个性化服务）的满意程度

4.4　评估方法

在高校图书馆数字特藏资源资产质量评估实践中，应结合图书馆行业特性和特定场景，采用适当的定量、定性或定性与定量相结合的方法来处理数字特藏资源资产的质量评估要素，对数字特藏资源资产的质量进行合理评估。

目前，图书馆数字资源质量评估方法主要有神经网络法、网络分析法、模糊语义法、熵权法、TOPSIS综合评价法、聚类分析法、模糊决策法、模糊综合评价法、最优最劣法、德尔菲法、层次分析法等。这里主要介绍三种可用于高校图书馆数字特藏资源资产质量评估的方法，分别是层次分析法、模糊综合评价法和德尔菲法。

4.4.1 层次分析法

层次分析法(Analytic Hierarchy Process,简称为 AHP)是由美国运筹学家 Saaty 提出的一种层次权重决策分析方法,它将决策者对复杂系统的决策思维过程模型化、数量化,且能把多目标、多准则又难以全部量化处理的决策问题转化为多层次单目标问题。在高校图书馆数字特藏资源资产质量评估中运用 AHP 方法,主要有以下步骤。

①明确目标,把综合评估数字特藏资源资产质量作为总目标层并进行层次化分解,构建层次结构模型。总目标层分解为目标层,目标层共包括 13 个目标,即按本章第三节所述数字特藏资源资产的 13 个质量指标,可根据具体的数字特藏资源评估对象进行删减;13 个目标下的二级指标是子目标层;方案层为待评估的各个目标数字特藏资源资产。

②通过专家打分或问卷调查的方式,对各个指标进行两两对比,确定相对重要性的权重,可按 Saaty 给出的 9 个重要性程度评定等级。然后运用 1～9 标度方法(标度及其含义[①]如表 4-14 所示)给予相对重要性定量赋值,赋值结果即构成判断矩阵,并进行层次单排序、总排序和一致性检验,如有需要还应进行归一化处理。另外,开展这一步骤时也可在专家打分或问卷调查时采集专家或用户的建议,确定是否增加或删减质量评估指标。

③计算出总排序权重,并将计算结果作为数字特藏资源资产质量评估的依据。

表 4-14 标度及其含义

标度	定义	含义
1	同样重要	两元素对某属性同样重要
3	稍微重要	一元素比另一元素稍微重要
5	明显重要	一元素比另一元素明显重要
7	强烈重要	一元素比另一元素强烈重要
9	极端重要	一元素比另一元素极端重要
2,4,6,8	相邻标度中值	表示相邻两标度之间折中标度
倒数	反比较	表示两元素标度的倒数

① 王莲芬,许树柏.层次分析法引论[M].北京:中国人民大学出版社,1990:5-6.

4.4.2 模糊综合评价法

模糊综合评价法是一种以模糊数学为理论基础的分析方法。最早由美国加利福尼亚大学著名的控制论专家 LA. Zadeh 教授提出,具有结果清晰、系统性强的特点,能较好地解决模糊的、难以用精确数学关系描述的问题。在高校图书馆数字特藏资源资产质量评估中运用模糊综合评价法,主要有以下步骤。

①确定综合评价对象的因素集,即建立质量指标集。质量指标集由本章第三节叙述的 13 个质量评估指标(可根据实际情况进行增减)构成。

②建立质量评价集。把数字特藏资源质量评价的等级分为优、良、中、差四个等级,构成评价集。

③进行单因素模糊评价,获得评价矩阵。即根据评价集对 13 个质量评估指标分别进行模糊评价,对每一个质量评估指标进行模糊判断,确定每个指标在评价集中对各个评价等级的隶属度的大小,构成模糊综合评价矩阵。

④确定质量评估指标的权重。确定权重的方法有多种,如层次分析法、熵权法、专家估计法、德尔菲法、加权平均法等,可根据评估需求选择合适的方法。

⑤根据评价矩阵和权重建立综合评价模型。根据模型可计算得出模糊向量,从而对数字特藏资源资产质量进行评价。

4.4.3 德尔菲法

德尔菲法,也称专家调查法,1946 年由美国兰德公司创始实行。它是采用多轮反馈匿名函询的方式,征询每一位专家对某一问题的意见,对专家意见进行整理、归纳、汇总后作为参考资料反馈给每一位专家,供专家们分析判断,如此经过多次反复论证,直到专家们的意见趋于一致,最后再根据专家们的综合意见,对评价对象作出评价。运用德尔菲法进行高校图书馆数字特藏资源资产质量评估,主要操作步骤如下。

①成立图书馆数字特藏资源资产评价小组,并明确问题的内容和目标,即进行目标数字特藏资源资产质量评估。

②组成专家小组。根据目标数字特藏资源资产的特征,如所覆盖学科的领域、技术特征等,挑选出若干数量的专家,形成初步名单,再根据实际情况,如拟订的专家人数、专家的权威性、积极程度等因素,确定最终专家名单。

③生成并分发专家函询问卷。问卷内容涉及数字特藏资源资产质量评估的

标准与方法体系，数字特藏资源资产评价小组可将目标数字特藏资源资产的质量特性指标作为调查因子形成问卷。另外，除了调查因子，问卷内容还应包括与目标数字特藏资源资产相关的必要背景材料。问卷生成后可通过电子邮件、在线调查平台或邮寄等方式分发给每一位专家。

④专家评估。专家对目标数字特藏资源进行试用后，根据自己的经验对问卷中的调查因子进行评分，同时也可以提出自己的意见或建议，如专家提出删减质量评估指标的建议。

⑤收集专家首轮函询问卷。对问卷中的数据可用简单平均法进行统计处理，如考虑到每位专家的权威程度不同，也可给每位专家赋予不同权重值后采用加权平均法进行处理。

⑥反复进行多轮专家函询及数据处理。将处理后的结果匿名返回给每一位专家，再经由如此多轮函询、必要调整及数据处理，直到形成一致意见。

⑦对最终数据进行分析计算，得出数字特藏资源资产质量评估结果。

4.5 评估方法的应用

目前，研究者用于数字资源资产质量评价的方法有很多，任何一种方法都有其优缺点。在运用某一种方法时，既可以与另一种方法相互结合使用，也可以和其他几种方法综合使用。在实施高校图书馆数字特藏资源资产质量评估时，可以依据评估对象的实际特性、应用场景和评估需求，选择合适的方法进行评估。为了更具体地说明数字特藏资源资产质量评估方法在实际评估过程中的应用，本节以模糊综合评价法和层次分析法相结合为例，对某高校图书馆数字特藏资源资产质量评估的评估过程进行展示。评估过程主要包括如下四步：建立数字特藏资源资产质量的评估指标体系，确定数字特藏资源资产质量评估指标的权重，对数字特藏资源资产各个质量评估指标进行评分，对数字特藏资源资产质量进行综合评价。

4.5.1 建立数字特藏资源资产质量的评估指标体系

在本章第四节中详细介绍了和高校图书馆数字特藏资源资产质量特性有关的 13 个一级指标和 36 个二级指标，以此构建数字特藏资源资产质量评估指标体系。高校图书馆数字特藏资源资产质量评估指标体系见图 4-2。

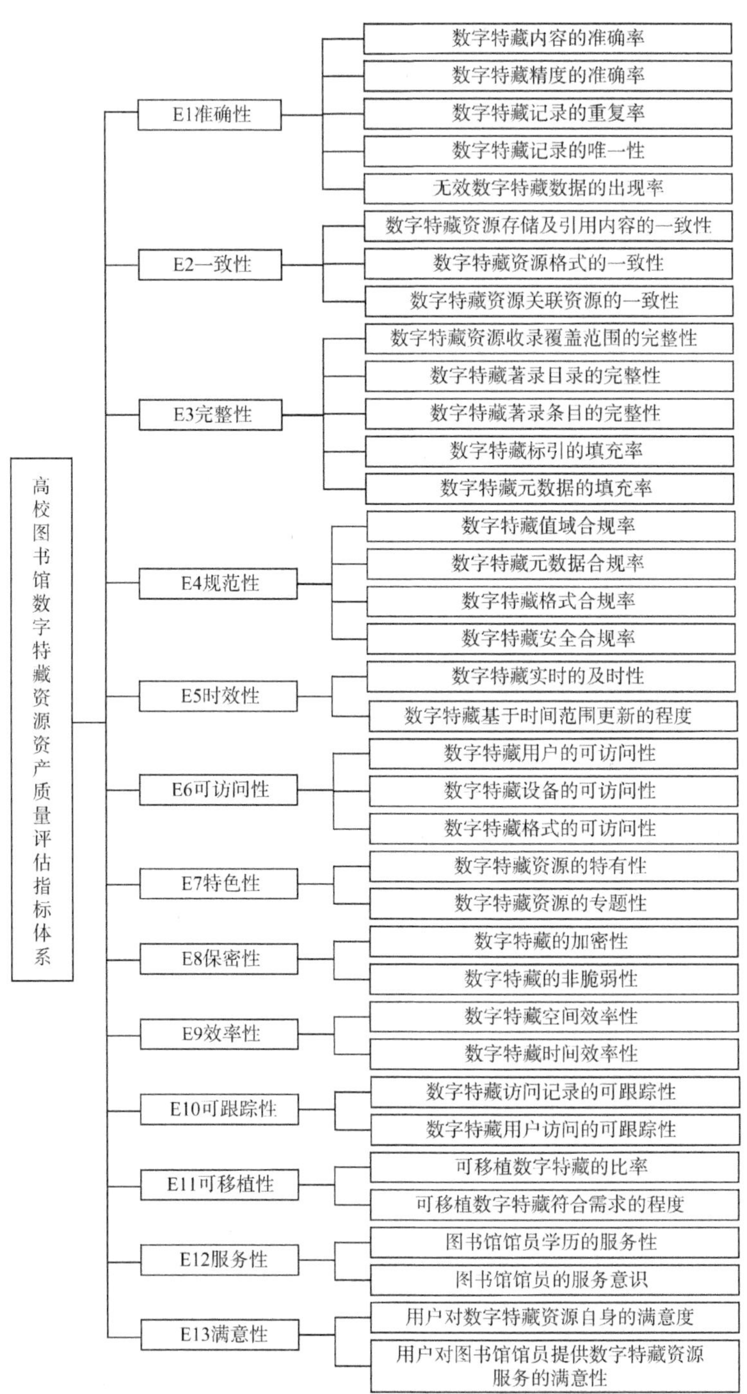

图 4-2　高校图书馆数字特藏资源资产质量评估指标体系

4.5.2 确定数字特藏资源资产质量评估指标的权重

在确定数字特藏资源资产质量评估指标的基础上，邀请图书馆学专家、信息网络技术专家组成评审专家组，每个专家基于自身经验，根据数字特藏资源资产质量的各项评估指标，给出相应的层次分析判断矩阵，经过计算，确定各项质量评估指标的权重值，每一层均以相邻上一层次各元素为准，按 1～9 标度方法两两比较确定相对权重，构造判断矩阵如表 4-15 所示。

表 4-15 一级指标判断矩阵

一级指标	E1	E2	E3	E4	E5	E6	E7	E8	E9	E10	E11	E12	E13
E1	1	3	1/3	1/2	1	3	1/2	6	7	7	8	5	5
E2	1/3	1	1/7	1/6	1/3	2	1/6	3	4	3	4	2	3
E3	3	7	1	2	4	5	3	6	8	7	9	6	6
E4	2	6	1/2	1	3	4	2	5	8	7	9	7	6
E5	1	3	1/4	1/3	1	2	1/2	3	8	7	8	6	5
E6	1/3	1/2	1/5	1/4	1/2	1	1/4	2	7	6	8	5	4
E7	2	6	1/3	1/2	2	4	1	6	8	8	9	7	7
E8	1/6	1/3	1/6	1/5	1/3	1/2	1/6	1	6	5	7	4	2
E9	1/7	1/4	1/8	1/8	1/8	1/7	1/8	1/6	1	1/2	2	1/3	1/3
E10	1/7	1/3	1/7	1/7	1/7	1/6	1/8	1/5	2	1	3	1/3	1/3
E11	1/8	1/4	1/9	1/9	1/8	1/8	1/9	1/7	1/2	1/3	1	1/3	1/3
E12	1/5	1/2	1/6	1/7	1/6	1/5	1/7	1/4	3	3	3	1	1/2
E13	1/5	1/3	1/6	1/6	1/5	1/4	1/7	1/2	3	3	3	2	1

由表 4-15 可构造判断矩阵 $\boldsymbol{A}$：

$$A=\begin{bmatrix}1 & 3 & 1/3 & 1/2 & 1 & 3 & 1/2 & 6 & 7 & 7 & 8 & 5 & 5\\ 1/3 & 1 & 1/7 & 1/6 & 1/3 & 2 & 1/6 & 3 & 4 & 3 & 4 & 2 & 3\\ 3 & 7 & 1 & 2 & 4 & 5 & 3 & 6 & 8 & 7 & 9 & 6 & 6\\ 2 & 6 & 1/2 & 1 & 3 & 4 & 2 & 5 & 8 & 7 & 9 & 7 & 6\\ 1 & 3 & 1/4 & 1/3 & 1 & 2 & 1/2 & 3 & 8 & 7 & 8 & 6 & 5\\ 1/3 & 1/2 & 1/5 & 1/4 & 1/2 & 1 & 1/4 & 2 & 7 & 6 & 8 & 5 & 4\\ 2 & 6 & 1/3 & 1/2 & 2 & 4 & 1 & 6 & 8 & 8 & 9 & 7 & 7\\ 1/6 & 1/3 & 1/6 & 1/5 & 1/3 & 1/2 & 1/6 & 1 & 6 & 5 & 7 & 4 & 2\\ 1/7 & 1/4 & 1/8 & 1/8 & 1/8 & 1/7 & 1/8 & 1/6 & 1 & 1/2 & 2 & 1/3 & 1/3\\ 1/7 & 1/3 & 1/7 & 1/7 & 1/7 & 1/6 & 1/8 & 1/5 & 2 & 1 & 3 & 1/3 & 1/3\\ 1/8 & 1/4 & 1/9 & 1/9 & 1/8 & 1/8 & 1/9 & 1/7 & 1/2 & 1/3 & 1 & 1/3 & 1/3\\ 1/5 & 1/2 & 1/6 & 1/7 & 1/6 & 1/5 & 1/7 & 1/4 & 3 & 3 & 3 & 1 & 1/2\\ 1/5 & 1/3 & 1/6 & 1/6 & 1/5 & 1/4 & 1/7 & 1/2 & 3 & 3 & 3 & 2 & 1\end{bmatrix}$$

由于指标较多，可以通过对判断矩阵做一致性检验得到特征向量，并得出最大特征值 λ_{max}，然后使用一致性检验公式计算出 CR，即可作出一致性判断，具体计算方法可参照相关文献，同理，也可构造出一级指标下的二级指标判断矩阵并进行一致性检验，这里均不再展开叙述。经归一化处理和通过层次分析法计算，得出数字特藏资源资产质量各项评价指标的权重值，如表 4-16 所示。

表 4-16 数字特藏资源资产质量评估各项指标权重

一级指标	权重	二级指标	相对权重	总体权重
E1	$W_1=0.1077$	W_{1-1}	0.36	0.038 8
		W_{1-2}	0.28	0.030 2
		W_{1-3}	0.14	0.015 1
		W_{1-4}	0.12	0.012 9
		W_{1-5}	0.10	0.010 8
E2	$W_2=0.0496$	W_{2-1}	0.47	0.023 3
		W_{2-2}	0.32	0.015 9
		W_{2-3}	0.21	0.010 4

续表

一级指标	权重	二级指标	相对权重	总体权重
E3	W_3=0.221 4	W_{3-1}	0.32	0.070 8
		W_{3-2}	0.19	0.042 1
		W_{3-3}	0.16	0.035 4
		W_{3-4}	0.15	0.033 2
		W_{3-5}	0.18	0.039 9
E4	W_4=0.167 9	W_{4-1}	0.26	0.043 6
		W_{4-2}	0.28	0.047 0
		W_{4-3}	0.21	0.035 3
		W_{4-4}	0.25	0.042 0
E5	W_5=0.096 1	W_{5-1}	0.51	0.049 0
		W_{5-2}	0.49	0.047 1
E6	W_6=0.065 2	W_{6-1}	0.41	0.026 8
		W_{6-2}	0.35	0.022 8
		W_{6-3}	0.24	0.015 7
E7	W_7=0.147 8	W_{7-1}	0.53	0.078 3
		W_{7-2}	0.47	0.069 5
E8	W_8=0.047 4	W_{8-1}	0.62	0.029 4
		W_{8-2}	0.38	0.018 0
E9	W_9=0.014 0	W_{9-1}	0.58	0.008 1
		W_{9-2}	0.42	0.005 9
E10	W_{10}=0.017 9	W_{10-1}	0.60	0.010 8
		W_{10-2}	0.40	0.007 2
E11	W_{11}=0.011 2	W_{11-1}	0.45	0.005 1
		W_{11-2}	0.55	0.006 2
E12	W_{12}=0.025 1	W_{12-1}	0.34	0.008 5
		W_{12-2}	0.66	0.016 6
E13	W_{13}=0.028 6	W_{13-1}	0.68	0.019 4
		W_{13-2}	0.32	0.009 1

4.5.3 数字特藏资源资产各个质量评估指标评分

在确定指标的基础上，邀请专家对数字特藏资源资产各个质量评估指标进行评分。把数字特藏资源资产质量评估等级设定为优、良、中、差四个等级，构成评价集：$V=\{V_1,V_2,V_3,V_4\}$，其中取值范围 V_1：(0.76～1)；V_2：(0.51～0.75)；V_3：(0.26～0.50)；V_2：(0～0.25)。因指标较多，并且通过二级指标的调查结果计算评估结果的方法同一级指标的计算方法一样，所以这里只需通过对一级指标评分进行综合评估来介绍方法的运用。如果没有计算二级指标的权重，也可由专家根据研究团队所提供的数字特藏资源资产背景材料、二级指标的内容及评估标准等级对一级指标进行综合评分，然后通过简单平均法计算得出最终调查结果。通过计算，一级指标的评分调查结果如表 4-17 所示。

表 4-17 数字特藏资源资产质量评估指标调查结果

评价指标	优	良	中	差
E1	23%	45%	30%	2%
E2	11%	42%	37%	10%
E3	15%	39%	38%	8%
E4	18%	35%	32%	15%
E5	9%	47%	33%	11%
E6	8%	28%	39%	25%
E7	26%	32%	25%	17%
E8	6%	39%	37%	18%
E9	9%	35%	40%	16%
E10	7%	41%	39%	13%
E11	26%	30%	41%	3%
E12	29%	35%	28%	8%
E13	17%	38%	32%	13%

4.5.4 数字特藏资源资产质量评估结果

依据表 4-17 中的调查结果，可以得到数字特藏资源资产质量评估模糊判断矩阵 $\boldsymbol{R}$：

$$
\boldsymbol{R}=\begin{bmatrix}
23 & 45 & 30 & 2 \\
11 & 42 & 37 & 10 \\
15 & 39 & 38 & 8 \\
18 & 35 & 32 & 15 \\
9 & 47 & 33 & 11 \\
8 & 28 & 39 & 25 \\
26 & 32 & 25 & 17 \\
6 & 39 & 37 & 18 \\
9 & 35 & 40 & 16 \\
7 & 41 & 39 & 13 \\
26 & 30 & 41 & 3 \\
29 & 35 & 28 & 8 \\
17 & 38 & 32 & 13
\end{bmatrix}
$$

根据模糊综合评价数学模型：$\boldsymbol{B}=\boldsymbol{W}_k\boldsymbol{R}$，计算得出数字特藏资源资产质量综合评估结果。其中，$\boldsymbol{W}_k$ 为权重向量。

$$
\boldsymbol{W}_k=[0.1077\quad 0.0496\quad 0.2214\quad 0.1679\quad 0.0961\quad 0.0652\quad 0.1478\quad 0.0474\quad 0.0112\quad 0.0251]
$$

$$
\boldsymbol{B}=\boldsymbol{W}_k\boldsymbol{R}=\begin{bmatrix}
0.1077 \\
0.0496 \\
0.2214 \\
0.1679 \\
0.0961 \\
0.0652 \\
0.1478 \\
0.0474 \\
0.0140 \\
0.0179 \\
0.0112 \\
0.0251 \\
0.0286
\end{bmatrix}^{\mathrm{T}}
\bigcirc
\begin{bmatrix}
23 & 45 & 30 & 2 \\
11 & 42 & 37 & 10 \\
15 & 39 & 38 & 8 \\
18 & 35 & 32 & 15 \\
9 & 47 & 33 & 11 \\
8 & 28 & 39 & 25 \\
26 & 32 & 25 & 17 \\
6 & 39 & 37 & 18 \\
9 & 35 & 40 & 16 \\
7 & 41 & 39 & 13 \\
26 & 30 & 41 & 3 \\
29 & 35 & 28 & 8 \\
17 & 38 & 32 & 13
\end{bmatrix}
$$

经计算，得出 $\boldsymbol{B}$=[16.643 7.89 33.35 12.12]。根据隶属度最大原则从模糊向量中取最大值并还原后为 37.89%。依据评估数据结果可知，某高校图书馆数字特藏资源资产质量评估等级为良。

5 高校图书馆数字特藏资源资产价值评估

在全球化背景下，特藏资源的建设为图书馆带来了发展机遇[①]。如何有效利用这些资源，释放其巨大价值，需要基于对其价值的准确评估。这不仅涉及资源的开放程度和揭示方式，还包括如何打破信息孤岛，实现资源共享。对高校数字特藏资源进行价值评估的原因包括但不限于：明确其在校园文化建设中的作用、支持学科建设和学术研究、优化教学资源配置、把握数字化转型机遇以及提升社会价值认识。这些原因共同指向了特藏资源在高等教育中的重要地位和作用，强调了对其进行系统性价值评估的必要性。

对高校特藏资源进行价值评估的原因是多方面的，且具有一定的复杂性，涉及文化传承、学科建设、教学科研支持、社会服务等多个层面。特藏资源作为高校图书馆内涵建设与外延发展的交叉点，不仅是图书馆的个性化标记，也是校园文化的标志性高地[②]。特藏资源在塑造学校文化身份和精神面貌方面发挥着重要作用，对其价值进行评估有助于明确其在校园文化建设中的地位和作用，从而更好地利用这些资源。特藏资源对于支持尖端学科、稀有学科和特色学科的发展具有不可替代的作用。通过价值评估，可以识别哪些特藏资源对特定学科领域最为重要，进而优先保护和利用这些资源，促进学科建设和学术研究。此外，特藏资源在教学科研中也扮演着重要角色，它们不仅能够吸引校内外乃至国内外的研究力量，提升国家的文化实力，还能通过提供原始资料和独特的视角，增

① 张毅，陈丹. 全球100所知名高校图书馆特藏资源调查与分析[J]. 图书馆杂志，2023，42(5)：71-81.

② 陈思和. 试论高校图书馆特藏建设的意义[J]. 杭州师范大学学报(社会科学版)，2020，42(1)：1-6.

强学生的学习体验和研究能力①。因此，对特藏资源的价值进行评估，有助于优化资源配置，提高其在教学和科研中的应用效率。

数字资产的价值评估面临着多重挑战，包括产权界定争议、传统估值方法的不完全适用、数据分类分级存在空白、数据资产流通缺少统一规范和隐私安全信任度问题等。首先，数字资产的产权界定存在争议，与实体资产不同，数字资产的所有权和使用权往往难以明确区分。这导致在评估过程中，如何确定数字资产的所有权和相关权利成为一大难题。其次，传统估值方法在处理数字资产时存在不完全适用的问题。传统估值方法通常基于实体资产的特性和市场情况进行评估，而数字资产则具有独特的价值构成和影响因素。此外，数据分类分级在数字资产评估中也存在一定的空白。随着大数据时代的到来，数据成为一种重要的资产，然而，目前对于数据的分类和分级还没有统一的标准和规范。这使得在评估过程中，如何准确划分数据类型和级别成为挑战。隐私安全信任度问题也是数字资产评估面临的挑战之一。在数字化时代，个人隐私保护成为一个重要的议题，数字资产的收集、存储和使用往往涉及大量的个人信息，引发公众对隐私安全的担忧。因此，在评估数字资产时，需要考虑如何平衡商业利益和个人隐私保护之间的关系，以确保评估过程的公正性和可信度。这些挑战揭示了传统评估方法在处理数字特藏资源资产时的局限性。传统的评估方法往往基于纸质资源的管理和评估原则，而数字特藏资源资产具有独特的特点和需求。因此，传统的评估方法可能无法充分应对数字特藏资源资产的复杂性和多样性。

数字资产的价值评估方法正在经历一场深刻的变革，从传统的成本法、收益法和市场法等基础方法，逐步转向更加复杂且科学的方向。这种转变不仅反映了数字资产领域的迅猛发展，也体现了对价值评估精确性和科学性的日益追求。在传统方法中，成本法侧重于计算资产的原始成本和累计折旧，收益法基于资产预期产生的未来收益进行评估，市场法通过比较类似资产的市场交易价格来确定价值。然而，这些方法在面对数据资产这类资产时，往往显得力不从心，因为数据资产的价值并不总是能够直接体现在财务报表上，其潜在价值可能受到多种因素的影响，如数据的时效性、稀缺性、应用范围等。为了更精准地评估数据

① TORRE M E. Why should not they benefit from rare books? Special collections and shaping the learning experience in higher education[J]. Library Review, 2008(2): 36-41.

资产的价值，有研究提出了一种经过相关指标修正的折现法①，这种方法通过对数据资产的未来收益进行预测，并考虑时间价值的影响，将未来的收益流折现到现在，从而得到一个更为合理的价值评估。这种方法的优势在于能够综合考虑数据资产的多种价值影响因素，如数据的质量、更新频率、使用范围等，从而提供一个更为全面和客观的评估结果。

除此之外，还有研究基于数字资产的五大特征维度（颗粒度、多维度、活性度、规模度、关联度），运用层次分析法构建了一个更为复杂的数字资产价值评估模型②。这个模型通过将数字资产的特征维度纳入考量，使得评估过程更加细致和全面。例如，颗粒度可以反映数据的精细程度，多维度则涉及数据的多样性和应用范围，活性度衡量数据的更新速度和使用频率，规模度关注数据量的大小，而关联度则考察数据与其他数据的关联程度。研究人员进一步利用 Python 编程语言进行了实证分析。他们收集了大量的数字资产数据，并运用该模型对这些数据进行了深入的分析和处理。通过对比不同数字资产的评估结果与实际市场表现，研究人员发现，该模型能够较为可靠地反映数字资产的真实价值。数字特藏资源的价值属性难以通过数据资产价值评估与市场交易价格显示，这主要是因为数字特藏资源具有其独特的形态和价值构成，其价值不仅仅体现在传统意义上的经济价值上，还包括文化价值、历史价值等多维度的价值。因此，需要科学的评估方案和先进的技术方法来合理测算这些资源的价值。

在评估方法上，我们需要综合考虑这些多维度的价值。例如，针对数字资源长期保存的内容价值判断，有研究提出了以数字资源的内容价值为主的评价原则③，这种方法强调了数字特藏资源的核心价值——内容，为我们在评估过程中提供了重要的参考依据。这一评价原则强调，数字特藏资源的核心价值在于其承载的信息内容，需要着重考虑其学术贡献、艺术成就、历史见证以及对特定文化社群的意义。因此，在评估过程中，应当重点考察数字资源是否具有独特性和不可替代性，是否能够填补现有知识体系的空白，以及其在未来研究、教育和文化传播中的潜在价值。一份罕见的历史文献数字化副本，其经济价值或许有限，

---

① 陈芳，余谦．数据资产价值评估模型构建——基于多期超额收益法[J]．财会月刊，2021(23)：21-27.

② 何雨昆．基于特征维度的数字资产价值评估研究[D]．南昌：江西财经大学，2020.

③ 徐宽，任河．数字资源长期保存的内容价值判断依据研究[J]．图书情报工作，2013，57(13)：72-75+100.

但从文化传承和学术研究的角度来看，却可能拥有不可估量的重要性。通过深入分析数字资源的具体内容，我们可以更加准确地把握其文化内涵、历史背景以及艺术价值等非经济因素，从而做出更为全面和客观的价值评估。

数字资产具有与传统资产不同的特性，如可长期重复使用、作为新型生产要素以及保值增值功能。这些特点使得数字资产的评估价值会随用户差异、使用频率增加和市场波动而变化，因此其估值面临许多挑战。具体来说，数字资产可以长期重复使用，不会因使用次数增多而损耗或降低价值，这与传统物质资产不同。它们作为新型的生产要素，在数字经济中发挥着重要作用，能够创造更多的经济价值。数字资产还具有保值增值功能，这意味着它们的价值可能会随着时间的推移而增加，为持有者带来收益。然而，正是由于这些特性，数字资产的评估价值变得复杂多变。首先，不同的用户对数字资产的需求和偏好不同，这导致同一数字资产在不同用户手中的价值可能存在差异。其次，随着使用次数的增加，数字资产的价值可能会发生变化。在某些情况下，使用次数越多，数字资产的价值可能越高；而在其他情况下，频繁使用可能会导致价值下降。最后，市场的波动也是影响数字资产评估价值的重要因素。市场需求、竞争状况、政策法规等因素都可能对数字资产的价值产生影响，使其在不同时间点上呈现出不同的价值水平。数字资产的估值面临着诸多难点，需要综合考虑多种因素来进行准确评估，了解不同用户对数字资产的需求和偏好、分析使用次数对价值的影响以及密切关注市场动态。只有全面考虑这些因素，才能更准确地评估数字资产的价值，为相关决策提供有力支持。

资产价值评估的核心是对评估对象进行价值判断，这是一项使用专业的理论和方法对资产的价值进行定量的估计和判断的过程。对于数字特藏资源这一全新的资产类别来说，其形态多样，价值属性难以通过目前的数据资产价值评估与市场交易价格来显示。因此，迫切需要采用科学的评估方案和先进的技术方法来对特藏资源资产的价值进行合理的测算。在本章中，笔者将从评估目的、资产价值、评估流程、评估方法以及评估保障等方面开展高校图书馆数字特藏资源资产评估的研究。

5.1 评估目的

数字特藏资源资产价值评估的目的在于全面理解和提升其内容价值、经济价值、社会价值和管理价值，以实现其最大化的利用和贡献。这一过程涉及对数字特藏资源资产的深度分析和评估，通过这一评估过程，可以更好地认识和利用数字特藏资源资产的潜在价值，为相关领域的发展提供重要的支持和推动力，以确保它们能够带来最大的益处。

5.1.1 内容价值的展示

内容价值是数字资源长期保存和利用的基础。内容价值不仅反映了资源的独特性、稀有性、学术或文化价值，还直接关系到其市场吸引力、长期保存与传承的意义。从内容价值的角度来看，数字特藏资源包含了丰富的历史、文化、科学等信息，这些信息在学术研究、教育传承等方面具有极高的价值。从数字资源长期保存的角度出发，内容价值是评价的核心原则之一。这意味着在进行价值评估时，需要重点考虑数字资源的内容是否具有历史意义、文化价值或者科学价值等，这些因素共同决定了资源的长期保存价值。对数字资源内容价值进行评估，可以确定哪些资源具有较高的保存和传承价值，从而为选择性保存提供依据。这种评估不仅关注资源的历史和现实意义，还涉及资源的质量、相关性以及对社会文化传承的贡献。深入挖掘数字资源的内容价值，可以更好地保护和传承人类文明的宝贵财富。

5.1.2 经济价值的提升

经济价值的提升也是数字特藏价值评估的重要方面。随着数字化时代到来，数字特藏资源已经成为一种新的经济增长点，数字特藏的价值不仅体现在其文化和历史价值上，还体现在其潜在的经济价值。从定位、设计、传播和技术等多个角度发掘和提升数字特藏的价值，可以增强其市场竞争力，提高其商业价值。通过虚实融合提升时空价值，通过艺术设计提升艺术价值，以及通过品牌传播和技术创新提升权益价值，可以使数字特藏在市场经济中发挥更大的作用，为文化产业创造更多的经济效益。普华永道在其开放数据资产估值白皮书中提出了“数据势能”估值体系[①]，可以将这一概念引入数字特藏资源的评估中，以发掘其特有的价值驱动因素及其潜力，并通过评估促进数字特藏资源的合理利用和

① 普华永道. 开放数据资产估值白皮书[EB/OL].（2021-07-13）[2024-03-18]. https://www.vicsdf.com/doc/e8f4b8e9f4baef47.

经济价值的最大化。

5.1.3 社会价值的实现

社会价值的实现也是数字特藏资源资产价值评估的重要组成部分。数字特藏资源的社会价值体现在其对社会发展、文化传承和公众教育的贡献上，在传播知识、促进文化交流、提升社会文明程度等方面具有重要的作用。通过对数字特藏资源的综合价值评价，我们可以更好地理解其在维护世界记忆、传承人类文明中的重要作用。数字资源的社会价值还体现在其对公共服务、社区参与和知识共享的促进上。通过充分发挥数字特藏资源的社会价值，我们可以推动社会进步，促进文化交流，提高公众的文化素养。

数字特藏资源的社会价值表现在促进文化传承与保护、增强教育普及效果、促进社会认同与凝聚力、激发创新创造活力以及促进国际合作与交流等多个方面，可以充分发挥这些资源的潜力和价值，为社会的可持续发展做出积极贡献。

5.1.4 管理价值的优化

管理价值的优化是数字特藏资源资产价值评估的关键目标之一。随着数字特藏资源的日益增多，如何有效地管理和利用这些资源成为一个重要的问题。通过建立科学合理的评价标准和方法，我们可以有效地指导数字特藏资源的分类、存储、保护和利用，这不仅有助于提高数字特藏资源的可访问性和可用性，还可以促进其长期保存和持续利用，为社会提供更多的价值。同时，优化管理策略还可以降低数字特藏资源管理的成本，提高管理效率，为数字特藏资源的发展创造良好的环境。

数字特藏资源资产价值评估的目的是多维度的，不仅包括对资源本身内容、经济、社会和管理价值的全面理解，还涉及如何通过评估来指导资源的最大化利用和贡献。这要求采用综合性的评价方法，结合定量和定性的评估手段，以及考虑到数字特藏资源特有的属性和需求。

5.2 价值评估与定价

数字资源资产价值评估和定价虽然在一定程度上是相互关联的，但它们在目的、方法和应用场景上存在明显的差异①。价值评估是一个更为广泛和深入的过程，它涉及对资产特性、潜在收益、市场需求等多个方面的综合考量。例如，数字资产的价值评估可以采用历史成本法、公允价值法以及应用收益法等传统方法。这些方法虽然在一定程度上适用于数字资产，但由于数字资产具有可长期重复使用、可保值增值等特性，使得其价值评估更加复杂。此外，大数据资产的评估还引入 Shapley 值法和破产分配法等新方法，以适应大数据产业发展现状②。定价则更多地关注如何在市场中实现资产价值的交易，这通常涉及成本法、收益法、市场法等方法。其中，市场法因其能够直接反映市场供需关系，被认为是定价中较为适用的方法。然而，数字资产的定价也面临着诸如产权界定争议、传统估值方法不完全适用等挑战。

“价值可计量”是指可以用具体的、可量化的指标来衡量数据资产的价值属性。在考虑如何计量这些数据资产时，必须考虑对使用者的有用性，根据特定的事实和环境，如实反映主体经济现象。对于不同类型的数据资产，适用的计量方法也不尽相同，需要根据其特性和使用情况进行判断。例如，对于一些可以直接转化为货币收益的数字特藏资源资产，可采用现值与公允价值计量方法，而对于一些需要经过复杂分析才能转化为数字经济利益的特藏资源资产，可能需要考虑使用其他计量方法。

因此，虽然价值评估和定价都关注物品或资产的价值确定，但它们的侧重点存在明显的差异。价值评估更侧重于发现和确认物品或资产的内在价值，而定价则更注重将这一价值以最有效的方式转化为市场价格。这种差异使得两者在实际操作中相互补充，共同推动物品或资产价值的最大化实现。

随着数字经济的发展，数字资产的形态日益丰富，商业模式也日趋多元。这给价值评估和定价带来了新的挑战和机遇。数字资产的评估需要考虑更多的因素，如技术可行性、用户基数、数据安全性等。同时，数字化的商业模式也为定价提供了更多的可能性，如订阅制、广告模式、虚拟货币交易等。这使得价值评估和定价在数字经济中变得更加复杂和多样化。

---

① 欧阳日辉，杜青青．数据估值定价的方法与评估指标[J]．数字图书馆论坛，2022(10)：21-27.

② 左文进，刘丽君．大数据资产估价方法研究——基于资产评估方法比较选择的分析[J]．价格理论与实践，2019(8)：116-119＋148.

5.3 资产价值

高校图书馆数字特藏资源的本质特征是稀缺性和独特性，其价值体现在两个方面，一是特藏资源的特殊研究价值，二是特藏资源的珍贵稀有性质。

特藏资源的特殊研究价值主要体现在其对学术研究的重要参考价值上。这种价值不仅来源于资源本身的特殊性、独特性、完整性和典型性，而且还因为它们能够为研究者提供不可替代的资源，从而支持重点学科的发展。对高校图书馆数字特藏资源建设现状进行调查与分析，可以看出这些资源对于重点学科支持具有重要作用。此外，特藏资源的数字化建设也是为了更好地服务于社会，直接服务于尖端学科、稀有学科、特色学科，从而吸引校内外乃至国内外研究力量，提升国家的文化实力。

特藏资源的珍贵稀有性质则更多地体现在其类别、品种、数量、现存状况等因素上。这些资源中包含了很多珍贵的艺术品和手稿，是历史文化的见证。特藏资源的珍贵稀有性质不仅是图书馆的财富，也是推动学术研究和文化传承的重要力量。这些特征使得特藏资源成为图书馆及其所属机构不可或缺的一部分，对于促进优秀传统文化创造性转化和创新性发展，以及提升国家文化软实力具有重要意义。

数字资源资产的价值类型指的是评估结果的价值属性，是影响和决定数字特藏资源资产评估的重要因素。首先，价值类别与资源资产的性质紧密相连。不同的数字资源资产可能具有不同的价值属性，例如教育价值、学术价值、文化传承价值、经济价值和技术创新价值等。这些价值属性反映了数字资源资产在各个领域的应用和贡献，因此，在进行评估时，需要综合考虑这些不同的价值类型。其次，价值类型在一定程度上决定了评估方法的选择。不同的价值类型可能需要采用不同的评估方法和指标体系来进行评估。例如，对于具有较高社会价值的资源资产，可能需要更多地考虑其对社会的影响和贡献；而对于具有较高经济价值的资源资产，则需要更多地关注其经济效益和市场潜力等方面。因此，明确价值类型有助于选择合适的评估方法，从而更准确地反映数字资源资产的真实价值。最后，明确价值类型可以更清楚地表达评估结果。通过明确的价值类型，评估结果可以更加具体和明确地表达出来，使读者能够更好地理解和把握数字资源资产的价值属性。这对于决策者、投资者和相关利益方来说都具有重要意义，有助于他们更好地利用和管理数字资源资产。从价值属性上看，数字特藏资源的价值包括实体价值、知识产权价值、品牌价值、情感价值、生态价值、技术创新价值等。

5.3.1 实体价值

数字特藏资源是指通过数字化技术对图书馆的珍贵书籍、手稿、档案等实体资源进行处理和保存后形成的资源。这些特藏资源具有丰富的实体价值，主要包括文献价值和设备价值。

文献价值主要体现在数字特藏资源所包含的文献内容上。这些文献的价值不仅在于其内容本身，还包括了其历史价值、学术价值、文化价值等。比如，一些珍贵的古籍、手稿等，其文献价值是无法用金钱衡量的。文献价值在于它们所承载的历史文化信息，以及它们在学术研究中的重要地位。因此，文献价值是评估数字特藏资源价值的重要因素之一。

设备价值主要体现在数字特藏资源的获取、处理和传播过程中所使用的各种设备和工具。这些设备和工具的价值不仅体现在其购买价格上，还包括了其使用寿命、维护成本、更新换代速度等因素。比如，对于图书馆来说，购买和维护数字特藏资源的设备，如扫描仪、服务器、数据库管理系统等，都需要投入大量的资金。同时，这些设备的使用寿命和更新换代速度也会直接影响到数字特藏资源的获取和传播效果。因此，设备的实体价值是评估数字特藏资源价值的重要因素之一。

在评估数字特藏资源的实体价值时，需要采用综合价值评价方法[①]。这种方法不仅考虑了设备的物理价值，也考虑了文献的内在价值。同时，还需要考虑其他因素，如设备的维护成本、更新换代速度、文献的保存状况等。只有综合考虑了这些因素，才能准确评估数字特藏资源的实体价值。

数字特藏资源具有丰富的实体价值，评估这些价值的方法也应当是综合的。只有这样，才能准确地反映出数字特藏资源的实际价值，从而更好地保护和利用这些特藏资源。

5.3.2 知识产权价值

数字特藏资源是图书馆经过长期积累、具有独特性且高价值的手稿、书籍以

① 任河.网络原生数字资源保存价值评价研究[D].长春:东北师范大学,2014.

及档案等资源。这些资源的数字化,不仅使得这些珍贵的文化遗产得以保存和传播,同时也赋予了它们新的知识产权价值。这些价值主要包括版权价值和潜在的商业价值。

(1) 版权价值。数字特藏资源的数字化版本,无论是在形式上还是在内容上,都构成了对原作品的新创作。这些新创作的数字化版本,其知识产权价值主要体现在著作权方面。数字特藏资源的版权价值主要体现在其对原作品的再创作以及其传播权、信息网络传播权等方面。

(2) 潜在的商业价值。数字特藏资源的知识产权价值不仅体现在其直接的版权价值上,还体现在其潜在的商业价值上。例如,数字特藏资源的传播可以吸引更多的读者,从而提高图书馆的借阅率,增加图书馆的资源采购经费。此外,数字特藏资源的传播也可以吸引更多的捐赠者,进一步丰富图书馆的特藏。

对数字特藏资源的知识产权进行价值评估,可以采用多种方法,如版权价值评估、品牌价值评估和潜在商业价值评估等。版权价值评估主要是对数字特藏资源的创造性、原创性等方面进行评估;品牌价值评估主要是对数字特藏资源的知名度和影响力进行评估;潜在商业价值评估是对数字特藏资源的传播能力、吸引读者能力等进行评估。这些评估方法既可以全面地评估数字特藏资源的知识产权价值,也可以为图书馆的数字特藏资源管理提供科学、公正的依据。

5.3.3 品牌价值

数字特藏资源作为图书馆的一种新型资源形式,其品牌价值的评估和挖掘具有重要的意义。品牌价值不仅体现了数字特藏资源的经济价值,更反映了其在教学、科研等领域的实际应用价值。

数字特藏资源的品牌价值主要体现在其影响力、知名度和实际应用价值。影响力主要体现在其对学科发展的推动作用上,提供丰富的数字特藏资源可以促进学科间的交流和合作,提高学术研究的水平;知名度则体现在其是否能被广大用户所认知和接受,有效的品牌推广策略可以提高数字特藏资源的知名度,从而吸引更多的用户访问和使用;实际应用价值则体现在其是否能满足用户的需求,丰富的数字特藏资源可以为用户提供多样化的学习、研究和娱乐方式,提高用户体验。

评估数字特藏资源的品牌价值,可以采用多种方法。一种方法是影响力评估,主要通过分析数字特藏资源在学科发展中的推动作用,评估其在学术界的地位和影响力。另一种方法是知名度评估，主要通过分析数字特藏资源的用户认知度和接受度，评估其品牌知名度和影响力。此外，还可以采用实际应用价值评估，主要通过分析数字特藏资源的使用情况和用户反馈，评估其品牌实际应用价值。

为了提高数字特藏资源的品牌价值，图书馆可以采取一系列措施。一方面，要丰富数字特藏资源的种类和数量，提供更多、更全面、更优质的数字特藏资源，满足用户的需求。另一方面，要通过有效的品牌推广策略，提高数字特藏资源的知名度和接受度，吸引更多的用户访问和使用。此外，还要积极听取用户反馈，不断优化数字特藏资源的提供和使用方式，提高用户体验。

总的来说，数字特藏资源的品牌价值评估和挖掘对于提高图书馆的服务水平和用户满意度具有重要意义。图书馆应积极探索有效的评估方法和策略，提高数字特藏资源的品牌价值①，更好地服务于教学、科研和用户需求。

5.3.4 情感价值

相较于传统特藏资源，数字特藏资源具有更高的传播速度、更广泛的获取范围和更便捷的更新途径，因此其在满足人们情感需求方面具有独特优势。

首先，数字特藏资源能够满足人们对知识需求的情感价值。传统特藏资源往往具有较高的历史价值和文化价值，而数字特藏资源则将这些价值以更为直观和易读的方式呈现出来，使人们能够更加深入地了解和欣赏这些特藏资源所承载的文化信息。同时，数字特藏资源还可以通过大数据分析，挖掘出人们对于特藏资源的深层次需求，从而更好地满足人们对于知识需求的情感价值。

其次，数字特藏资源能够满足人们对审美需求的情感价值。传统特藏资源往往以实体形式存在，而数字特藏资源则可以通过图像、音频、视频等多种方式进行呈现，使得人们可以更加直观地感受和欣赏特藏资源的审美价值。例如，在艺术领域，数字特藏资源可以通过高清图像和视频的形式，让人们更好地欣赏和理解艺术作品的精髓。

最后，数字特藏资源能够满足人们对历史需求的情感价值。传统特藏资源往往以纸质或实体形式存在，而数字特藏资源则可以通过数字化技术进行保存和传播，使得人们可以随时随地查阅和了解历史。例如，在历史研究领域，数字

---

① 陈永东. 数字藏品的价值发掘及提升策略[J]. 青年记者，2022(17)：51-53.

特藏资源可以通过时间线、地图等方式，帮助人们更好地理解和掌握历史事件的发展脉络。

情感价值的评估方法，通常需要考虑历史价值、文化价值等因素。历史价值主要评估特藏资源在历史上的重要性和影响力，以及其对历史事件、人物、思想等方面的贡献。文化价值主要评估特藏资源在文化传承、创新、交流等方面的作用，以及其对文化多样性和文化认同的影响。

总的来说，数字特藏资源具有很高的情感价值，其在满足人们对于知识、审美、历史等的需求方面具有独特优势。同时，情感价值的评估方法也需要综合考虑历史价值、文化价值等因素，以更全面地评估数字特藏资源的情感价值。

5.3.5　生态价值

数字特藏资源的生态价值主要体现在节能减排和绿色阅读两个方面。一方面，特藏资源的数字化和开放利用可以大大降低图书馆的能源消耗。传统的纸质书籍和手稿需要占用大量的空间和资源，而数字化后的特藏资源可以以电子形式存储，大大减少了图书馆的物理空间需求。同时，数字特藏资源的传播和利用方式也更加环保。另一方面，特藏资源的绿色阅读也可以有效提高用户的阅读体验。传统的纸质书籍和手稿需要用户在特定的环境中阅读，如光线充足、温度适中等，而数字特藏资源可以在任何时间、任何地点进行阅读，大大方便了用户。同时，数字特藏资源的检索和阅读方式也更加高效，大大提高了用户的阅读效率。

对于特藏资源的生态价值评估，可以采用多种方法。一种是节能减排法，通过对特藏资源的数字化和开放利用，可以大大降低图书馆的能源消耗，从而评估特藏资源的生态价值。另一种是绿色阅读法，通过对特藏资源的数字化和开放利用，可以大大提高用户的阅读效率，从而评估特藏资源的生态价值。此外，还可以结合其他生态评估方法，如碳排放评估法、环境污染评估法等，对特藏资源的生态价值进行全面评估。

特藏资源的生态价值评估不仅可以提高图书馆的服务质量和效率，还可以促进绿色阅读和节能减排，具有重要的生态和社会价值。因此，特藏资源的生态价值评估是一个值得研究的课题。

5.3.6 技术创新价值

随着信息技术的不断发展，高校图书馆的数字特藏资源也在不断更新和完善。这些资源不仅包含了丰富的内容信息，还体现了先进的信息技术和管理理念。通过对这些资源的开发、利用与评估，可以推动图书馆信息技术的发展和创新，提高图书馆的服务水平和效率。

首先，数字特藏资源的创建和管理离不开先进的数字化技术①。高校图书馆通过数字化技术对文献、档案、图片、音频、视频等资源进行数字化处理，实现在线展示和访问，为用户提供更为便捷的检索和浏览体验。数字特藏资源需要进行详细的元数据标注，以方便用户检索和利用。高校图书馆在元数据标准、管理系统等方面进行技术创新，不断提高数字特藏资源的组织和检索效率。数字特藏资源的数字化保存需要采取保护措施，防止资源被篡改、盗用或损坏。高校图书馆在数字版权管理、数字水印技术、数字资源加密等方面进行技术创新，提高数字特藏资源的安全性和稳定性。数字特藏资源的虚拟展示技术为用户带来沉浸式的文化体验。通过虚拟现实、增强现实等技术，高校图书馆可以打造更加生动、互动的数字展览和在线学习环境，推动数字文化和教育的创新。数字特藏资源的数据量庞大，高校图书馆可以利用数据分析和数据挖掘技术，深入挖掘资源中隐藏的信息和规律。通过对用户访问数据和使用行为的分析，高校图书馆可以优化资源展示和服务模式，提升用户体验和满意度。

其次，数字特藏资源促进了图书馆技术的升级和创新。随着数字化技术的不断发展，图书馆需要不断适应和引入新技术，以满足用户对数字特藏资源的需求。这一过程中，图书馆不仅更新了自身的技术设备，还推动了相关技术的创新和应用。例如，图书馆通过引入大数据、云计算、人工智能等先进技术，对数字特藏资源进行深度挖掘和分析，提高了资源的利用效率和价值。

再次，数字特藏资源推动了图书馆服务模式的创新。传统的图书馆服务模式以实体馆藏为基础，而数字特藏资源的出现使得图书馆能够提供更加便捷、个性化的服务。图书馆可以通过构建数字特藏资源平台，为用户提供在线检索、下载、打印等服务，同时还可以根据用户的需求和兴趣，提供定制化的资源推荐和信息服务。这种服务模式的创新不仅提高了用户的满意度，还增强了图书馆的

① 黄健铭，苗禾. 文化遗产数字化与云计算技术应用[J]. 中国文化遗产，2016(2)：39-43.

竞争力和影响力。

最后，数字特藏资源还为图书馆的技术研发和创新提供了丰富的素材和灵感。数字特藏资源中包含了大量的历史文献、古籍善本、专利技术等珍贵资源，这些资源为图书馆的技术研发和创新提供了重要的参考和借鉴[①]。图书馆可以利用这些资源进行技术研发和创新，加强与相关企业和研究机构的合作，开发出更加先进、实用的技术产品和服务，共同推动数字特藏资源技术的创新和发展，进一步推动图书馆事业的发展。

评估数字特藏资源的技术创新价值需要全面考虑其技术创新的深度、用户体验、学术研究支持、可持续发展能力以及文化传播效果等多个维度。这些因素共同决定了一个数字特藏资源库是否能够在学术界和公众中产生深远影响，并推动文化遗产保护与传承事业的发展。

5.4　评估流程

为保证数字资产价值评估的结果客观、严谨、可靠，应当建立规范化的数字资产价值评估流程。资产评估程序是资产评估机构和人员执行资产评估业务、形成资产评估结果所履行的系统性的工作步骤，根据《资产评估基本准则》的规定，通常包括以下基本程序：明确业务基本事项、订立业务委托合同、编制资产评估计划、进行评估现场调查、收集整理评估资料、评定估算形成结论、编制出具评估报告、整理归集评估档案。资产评估机构及其资产评估专业人员不得随意减少资产评估基本程序。

进行数字特藏资源资产价值评估时，也应遵循这一资产评估基本程序，评估流程大致包括成立资产价值评估小组、明确评估基本事项、签订资产评估委托合同、编制资产评估计划、现场调查、收集资产评估资料、评定估算、撰写资产评估报告、档案归集等步骤。

5.4.1　成立资产价值评估小组

资产评估是使用专业的理论和方法对资产的价值进行定量的估计和判断的

① 蔡迎春.数字人文视域下的图书馆特藏资源数字化建设——以“民国时期文献目录数据平台”为例[J].图书馆建设，2018(7)：31-36+41.

过程，资产评估人员需要具备该方面的专业技能和素养。高校图书馆数字特藏资源资产价值评估的团队，既要具备资产评估方面的专业知识，又要对图书馆资源建设和评估有所了解，即需要具备图书馆学、经济学、会计学、管理学、社会学等不同学科的知识和技能。

数据资产价值评估通常是由资产占有者（一般情况下即企业）出于资产交易、使用权或经营权转让、会计要求、侵权损失评估、并购估价等目的，主动委托第三方专业评估机构进行。由于高校图书馆并非营利性企业，所建设的数字特藏资源主要是为高校师生的教学活动开展、学术科研的需要、历史文化的传承等服务，具有公益性质，对数字特藏资源进行资产价值评估的目的是指导资源有效管理、促进资源开发利用、深入挖掘资源价值等，因此高校图书馆数字特藏资源开展资产价值评估的情况较为特殊，涉及的评估主体除第三方专业评估机构外，还包括高校和研究机构、文化市场机构等。在进行数字特藏资源资产价值评估时，应根据实际情况决定采用何种方式组织评估人员，成立资产价值评估小组，可以委托有资质的第三方评估机构，也可以另行委托专家，成立由来自多个机构、多个学科领域的专业人员组成的评估团队。无论采取哪种方式，都应确保评估小组的专业素养达到对应要求，这样才能使资产价值评估的结果坚实可信。

5.4.2 明确评估基本事项

明确资产价值评估基本事项是资产价值评估首先需要解决的问题，具体需要明确的事项如下。

①明确资产价值评估相关当事方基本状况。应明确资产价值评估过程中所涉及的所有主体，如委托方、资产占有方、资产评估报告使用方、其他利益相关方等的基本情况。

②明确资产评估目的。资产评估目的决定了评估对象的用途，进而影响到评估范围的界定、价值类型的选取、评估方法的运用等，应尽可能清晰具体地明确评估目的。常见的资产评估目的包括资产交易、使用权或经营权转让、会计要求、侵权损失评估、并购估价、法律要求等，评估人员需要根据评估目的选取资产评估方法。对于数字特藏资源，当评估目的是发掘和提升其商业价值、为文化产业创造经济效益时，应优先考虑数字特藏资源的经济价值和潜在收益；当评估目的是优化其管理策略、提升管理效率时，应优先考虑数字特藏资源的成本价值。

不同的评估目的可能会使针对同一评估对象开展的资产价值评估结论也存在差异。

③明确评估对象和评估范围。应明确评估对象的基本特征和权益状况，即对资产的边界和权益边界做出界定。进行数字特藏资源资产价值评估时，一是要明确评估对象的物理状况和技术特征，数字特藏资源属于非实体的无形资产，通常需要保存在一定的载体上，可能需要结合特定技术才能发挥作用。二是要明确评估对象的权属状况，即数字特藏资源的所有权、使用权及所涉及的知识产权等情况。

④明确评估价值类型。资产的价值类型是评估结果的价值属性，可分为货币化价值和非货币化价值，货币化价值是狭义上的资产价值，包括交换价值、使用价值、成本价值等，非货币化价值则包括社会价值、效用感知价值、绩效价值等[①]。数字特藏资源资产性质较为特殊，其中一些资产可以直接转化为货币收益，另一些则需要经过复杂分析才能转化为数字经济利益，因此更需要根据数字特藏资源的实际情况，按照价值类型考虑选择适当的评估方法。

⑤明确评估假设。评估假设是对评估所依据的事实或前提条件作出的合理假定，是评估结论成立的前提条件。评估假设应当以现有条件为依据，通过合理推断确定，具有针对性和相关性，存在发生的可能性。常见的评估假设包括交易假设、公开市场假设、现状利用假设、最佳利用假设等，交易假设指假定评估对象已经处于市场交易的过程中，公开市场假设指假定评估对象可以在一个充分竞争的市场上自由交易，现状利用假设指按照评估对象当前的使用方式和状态进行评估，最佳利用假设指按照评估对象在法律、技术和经济允许范围内能实现最高价值的使用方式进行评估。对于数字特藏资源，应基于评估目的合理地选用评估假设。

⑥明确资产评估基准日。评估基准日是确定评估对象状态、评估相关参数、衡量评估结论的时间基准，数字特藏资源的价值可能会随着时间推移、设备更新、技术迭代、市场和政策环境变化而改变，因此只有明确资产评估基准日，才能保证评估结果的时效性，使评估结论有效服务于评估目的。

⑦明确评估报告的提交期限和使用范围。应明确资产评估报告使用方、用途、评估结论使用有效期等情况。

---

① 汤珂.数据资产化[M].北京：人民出版社，2023：93.

⑧明确其他需要明确的事项。

5.4.3 签订资产评估委托合同

如果是由第三方评估机构来进行数字特藏资源资产价值评估，委托方应与评估机构签订资产评估委托合同，以便资产价值评估工作顺利完成，减少和避免不必要的纠纷，资产评估委托合同应当包含以下重要内容：委托方和资产评估机构基本信息、资产评估目的、资产评估对象、资产评估基准日、评估报告的提交期限、评估报告的使用范围、资产评估费用、双方的权利义务及违约责任、签字或盖章时间和应当约定的其他事项等。

5.4.4 编制资产评估计划

在编制资产评估计划前，应对资产价值评估对象的基本状况进行鉴定，这是制定计划、执行评估的基础工作。对于高校图书馆数字特藏资源，应当确定的基本状况包括以下信息。

①数字特藏资源名称。

②摘要，即对数字特藏资源的简要介绍。

③数字特藏资源相关背景资料，由于高校图书馆数字特藏资源的本质特征是稀缺性和独特性，具有重要的学术研究价值，例如珍贵的古籍善本、珍本或主题特色文献。应准备相关背景资料，说明这些稀缺资源的现存数量、分布状况等。

④时间范围，即数字特藏资源中的数据覆盖的时间范围。

⑤数据规模，即数据所占据的存储空间大小。

⑥数据格式，即数据是以何种格式存储。

⑦是否涉密，即数字特藏资源是否涉及个人信息、商业秘密、国家机密等。

⑧相关权属关系。

完成数字特藏资源基本状况初步鉴定后，需要编制资产评估计划。资产评估计划是评估人员根据评估对象基本状况编制的工作计划和方案，清晰详细的资产评估计划是合理安排工作进度、人员分工调配的重要依据，是资产价值评估工作顺利完成、评估报告按时提交的重要保证。数字特藏资源资产评估计划应当涵盖评估开展的全过程，对具体步骤、时间进度、人员分工、技术方案等作出合理安排，具体应当包含的内容如下。

①数字特藏资源基本状况及背景资料。

②数字特藏资源项目规模,数据的结构、类别、数量及分布状况。

③评估价值类型和相应采用的评估方法,应有具体的技术思路和方案。

④评估团队的人员配备情况,包括专业背景、评估经验、技术专长等。

⑤评估工作全过程的时间进度安排。

⑥相关管理部门对评估开展过程中的管理规定。

5.4.5 现场调查

现场调查是资产评估人员对评估对象进行现场勘查以收集执行资产评估所需的基础资料的过程,是资产评估不可或缺的环节。对数字特藏资源进行现场调查时的具体注意事项如下。

①应确认数字特藏资源的基本状况与事先从委托方获取的相关资料是否有出入,数字特藏资源是否能够正常运行和使用。

②由于数字特藏资源需存储于一定的载体上,应检查数字特藏资源所使用的硬件设备是否正常运行,是否有损坏、老化。

③现场调查时可通过询问、访谈、核对、勘察、检查等方法收集评估资料。

5.4.6 收集资产评估资料

资产评估资料是评估人员收集的评估对象相关资料,是执行资产价值评估的依据,资产评估资料是否全面、翔实、可靠是影响到资产评估能否顺利进行、评估结论是否真实可信的关键因素,也在很大程度上体现着评估人员的专业能力是否过硬。对数字特藏资源进行资产评估时,评估人员应通过多种方式收集评估所需的基础资料,所收集的评估资料包括从委托方获取的资料、通过现场调查独立获取的资料,以及从政府部门、各类专业机构和其他相关部门获取的资料等。从形式来看,评估资料包括检查记录、询价结果、行业资讯、鉴定报告、专业报告、政府文件、产权归属证明等多种具体形式。从内容来看,评估资料主要包括数字特藏资源的数据来源、数据结构、元数据标准、数据权属、数据安全、建设成本、应用场景、获利方式、用户需求、类似产品等方面的相关资料。

5.4.7 评定估算

评定估算是以资产评估资料为分析依据,选择恰当的评估方法对评估对象的资产价值进行判断，形成资产评估结论的过程。评定估算的具体步骤如下。

①对收集到的资产评估资料进行全面系统的整理分析，确定其可靠性、相关性、合法性，保证评估资料已通过签字确认、书面审查、实地调查等方式进行核验，对于超出评估人员专业能力范畴而难以核验的事项，应由其他专业机构或人员出具意见。

②根据评估目的和评估的价值类型，选择恰当的具体评估方法，每种评估方法都有其优点和适用条件，需要结合实际情况决定。传统的资产价值评估方法主要有成本法、收益法、市场法，其中，成本法以资产的重置成本为依据，较为适合应用于数字特藏资源的资产价值评估；收益法主要根据资产的预期收益进行评估；市场法要求资产存在于一个较为活跃的市场环境，高校图书馆的数字特藏资源主要是为教学和科研服务，尽管具有一定的获利能力，但主要目的并非营利，因此这两种方法应用起来较为困难，应根据数字特藏资源的特殊性质和实际情况，考虑综合运用多种方法，或引入一些新型的评估方法和技术手段，以便得出科学合理的评估结论。

③经评定估算得出资产评估结论后，应对结论进行复核，需要审核的内容包括：评估程序是否完整合理；评估资料是否真实、可靠、合法，是否经过现场调查的核验，评估人员无法核验的部分是否已由其他专业机构出具意见；评估方法的选择是否恰当，是否与评估目的、价值类型、评估对象的客观条件相适应，评定估算公式、参数选取、计算过程是否正确无误等。

5.4.8 撰写资产评估报告

评估报告是资产评估结论的载体，是评估人员对于评估对象在特定条件下的价值判断的书面表达。撰写评估报告是梳理资产评估全过程并将其以书面形式呈现的过程，语言上应客观、简洁、明确，结构上应具备标题、摘要、正文、附件等完整结构，内容上具体应阐述的信息主要包括以下几点。

①评估对象的基本情况、应用场景、权属关系。

②对评估要素的分析过程。

③评估目的和价值类型，评估所基于的前提、假设及限定条件。

④评估方法的选取理由，公式和参数的确定依据，评定估算的详细计算过程。

⑤评估结论的有效期限、评估报告的适用范围。

5.4.9 档案归集

档案归集是完整的资产评估流程的最后一个环节，评估人员应根据法律法规、档案管理制度、资产评估准则等相关规定要求，对工作底稿、评估报告和评估过程中涉及的所有相关资料进行整理、编制，形成评估档案。评估档案应记录清晰、真实完整，能够如实反映评估执行情况，支持评估结论，具体来说要包括资产评估委托合同、资产评估计划、现场调查记录、收集的评估资料、评定估算记录、资产评估报告、评估报告审核意见等内容，其中尤为重要的是要收集留存评估执行过程中的重大问题处理记录、对评估结论有重大影响的现场调查记录等，以备未来查考。评估档案应根据相关管理制度确定保存期限。

5.5 评估方法

资产评估方法是资产评估工作的技术手段，传统的资产评估方法主要有成本法、收益法和市场法。在执行资产评估时，评估人员需要结合行业背景、评估目的和价值类型、评估对象自身情况、不同评估方法的适用条件等多方面因素，综合考虑选择适当的一种或多种评估方法，分析测算形成合理的资产评估结论。

高校图书馆数字特藏资源是以数字化形式保存、展示和提供的历史文献、古籍、文化遗产等珍贵资源的集合，作为一种全新的资产类型，数字特藏资源资产具有多方面的价值，除经济价值以外，还包括教育价值、学术价值、文化传承价值和技术创新价值等。对数字特藏资源进行资产价值评估时，一方面应当考虑到数字特藏资源属于数据资产，在技术属性和内容属性上与无形资产相近，可以参考无形资产评估的做法，考虑采用相对成熟的传统资产评估方法，即成本法、收益法、市场法这三种基本方法及其衍生方法；另一方面，由于数字特藏资源具有许多难以直接通过货币来衡量的价值类型，不完全符合传统资产评估方法的适用条件，因此也可考虑引入一些新型的评估方法和技术手段，从而对数字特藏资源资产的价值进行合理的测算。

5.5.1 成本法

成本法是对评估对象的重置成本进行估算，以此确定评估对象的价值的评估方法。成本法的基本思路是首先对在评估基准日重新购置或生产出一个全新的评估对象所需的各项成本进行计算，然后确定评估对象的各种贬值因素，估测评估对象已产生的各项价值损耗，最后将价值损耗从重置成本中扣除，从而得出评估对象资产价值的估值。

成本法是基于资产重置成本的评估方法，使用的基本前提主要包括以下几点：评估对象可再生；评估对象处于继续使用状态，可持续为持有主体带来收益；评估对象具备可利用的历史资料；评估对象的价值会随着时间推移发生一定的贬值。数字特藏资源符合这几项基本前提，使用成本法所需的重置成本、价值损耗等方面信息也较为容易获取，因此可以采用成本法进行数字特藏资源的资产价值评估。

成本法的基本公式如下：

评估对象资产价值＝重置成本－实体性贬值－功能性贬值－经济性贬值

或者

评估对象资产价值＝重置成本×(1－贬值率)

将成本法应用于数字特藏资源的资产价值评估时，首先应确定数字特藏资源的重置成本包含哪些项目。结合数字特藏资源的建设流程，可以将其成本划分为建设成本、运行维护成本、管理成本等三个部分。建设成本即数字特藏资源开发设计和实施建设阶段的成本，具体包括需求分析、数据库设计、设备购置、数据采集、数据清洗、数据标引等方面的成本支出；运行维护成本即数字特藏资源运行和日常维护阶段的成本，具体包括数据存储、数据维护、数据备份、安全管理、数据分析等方面的成本支出；管理成本即贯穿于数字特藏资源建设全流程的其他成本支出，具体包括人员培训、行政管理、外聘专家等方面的成本支出。

其次，应确定数字特藏资源的贬值因素。如基本公式所示，应用成本法进行资产价值评估需要确定的贬值因素主要包括实体性贬值、功能性贬值、经济性贬值三种。实体性贬值又称有形损耗，是指由于使用及自然力的作用导致资产的物理性能的损耗或下降而引起资产的价值损失①；功能性贬值是指由于技术进步引起的资产功能相对落后而造成的资产价值损失；经济性贬值又称外部损失，是指由于外部条件的变化造成的资产价值损失，如国家政策、市场需求变化造成

① 李谦，潘华.资产评估[M].上海：立信会计出版社，2016：44.

的影响等[①]。对数字特藏资源的贬值因素进行考察时，由于数字特藏资源属于数据资产，一般不考虑实体性贬值，主要考虑功能性贬值和经济性贬值。如果由于技术进步，数字特藏资源的效用降低，或现行重置成本低于最初建设时的成本，则需考虑功能性贬值；如果由于需求减少等外部原因造成数字特藏资源使用量下降，则需考虑经济性贬值。然而，功能性贬值和经济性贬值往往难以单独计算和准确量化，因此另一种行之有效的方法是由专家对数字特藏资源的技术先进性、功能适用性进行鉴定，估算一个贬值率。

成本法的优点在于简单易用，计算成本费用所需的信息可以直接从会计记录等资料中获取，因此客观可靠，可行性强，在数据资产价值评估中适合用于新近研发或外购的数据资产的评估[②]，因此也适合用于同样缺乏市场参照物的数字特藏资源的资产价值评估。但是，由于成本法仅从资产的重置成本出发，不计算资产能够为持有主体带来的收益，而数据资产的一大特点就在于其在用价值、市场价值可能大大高于成本价值[③]，因此成本法只能反映数字特藏资源资产价值的下限，不能充分反映、衡量数字特藏资源能够带来的潜在收益。此外，数据资产的价值和成本具有弱对应性的特点，资产价值变动受到使用场景、市场需求等因素影响较大，因此，并非成本花费越大的数字特藏资源的使用价值就越高，数字特藏资源的价值还可能因研究热点变化带来的使用需求上升而突发增值，因此将成本法应用于数字特藏资源资产价值评估存在一定的缺陷。

针对成本法只能反映资产价值下限，不能反映潜在收益，且未考虑质量、流通程度、垄断程度等其他数字特藏资源资产价值影响因素的缺陷，存在一种对成本法的改进思路，即以重置成本为基础的同时，引入价值修正系数，公式如下：

$$V = TC \times U \qquad (式 5.1)$$

式中，V 表示评估对象资产价值，TC 表示重置成本，U 表示价值修正系数。价值修正系数是考虑其他资产价值影响因素确定的系数，计算方法如下：

$$U = \alpha \times \beta \times (1 + l) \times (1 - r) \qquad (式 5.2)$$

式中，U 表示价值修正系数，α 表示质量系数，β 表示流通系数，l 表示垄断系数，

① 姜楠. 无形资产评估[M]. 北京：中国财政经济出版社，2015：94.

② 周艳秋. 数字经济驱动下数据资产价值评估研究[D]. 北京：首都经济贸易大学，2022.

③ 汤珂. 数据资产化[M]. 北京：人民出版社，2023：97.

r 表示价值实现风险系数。

质量系数是反映数字特藏资源质量的系数，根据数字特藏资源质量评估的结果确定；流通系数反映数字特藏资源中数据的公开流通程度，数字特藏资源主要是为高校师生科研、学习服务，具有公益性质，一般属于开放共享资源，部分可能需要付费使用，流通系数要根据数字特藏资源的开放程度、开放数据量、传播广度等情况确定；垄断系数根据数字特藏资源中的数据量占该类型数据总量的比例确定，例如古籍特藏资源应基于库中所包含的古籍数量占同类型古籍现存总量的比例确定垄断系数；价值实现风险系数表示影响数字特藏资源价值实现的风险因素。

5.5.2　收益法

收益法是对评估对象的预期收益进行估算，以此确定评估对象的价值的评估方法。收益法的基本思路是：首先对评估对象的预期收益进行预估计算，然后选取适当的折现率或资本化率，再结合评估对象能够取得预期收益的持续时间，将预期收益折现，得到评估对象的资产价值。

收益法涉及的三个基本因素分别是评估对象的预期收益、折现率或资本化率、评估对象的预期寿命，因此使用的基本前提主要包括以下几点：评估对象的未来预期收益可以合理预测，并可以用货币计量；评估对象在获得预期收益过程中所存在的风险可以预测；评估对象的预期寿命可以合理预测。由基本前提可见，收益法仅能适用于直接或间接产生经济收益的数据资产的价值评估，即具有明确的应用场景、获益方式，预期收入流较为平稳，折现率和预期寿命可以合理预测，而开发过程中的或仅供持有方内部使用的数据资产，由于没有明确的获利渠道，获利能力存在不确定性，就不适合采用收益法进行资产价值评估。

高校图书馆的数字特藏资源主要是为教学和科研服务的，具有公益性质，供读者免费使用的数字特藏资源不符合收益法的适用条件，但如果是能够通过某些方式获得经济收益的数字特藏资源，例如提供有偿访问服务、知识产权转让或合作开发等，就可以考虑采用收益法进行价值评估。

收益法的基本公式如下：

$$V=\sum_{t=1}^{n}\frac{R_t}{(1+r)^t} \qquad (式 5.3)$$

式中，V 表示评估对象的资产价值，n 表示评估对象的预期收益年限，R_t 表示评估对象第 t 年的预期收益，r 表示折现率。

将收益法应用于数字特藏资源的资产价值评估时，首先应对数字特藏资源获得经济收益的能力和情况进行充分的鉴定分析，具体步骤如下。

①资源独特性评估。应对数字特藏资源的稀缺性和独特性进行评估，以便考察数字特藏资源在学术研究行业市场中的不可替代性。

②市场需求分析。通过市场调研了解目标用户群体，即学者、科研人员、高校师生等对数字特藏资源的需求情况，以便分析数字特藏资源未来的使用量增长情况，是否可能出现新的市场需求。

③明确应用场景和获利渠道。数字特藏资源可能的获利渠道包括：提供有偿访问服务，收取订阅费、下载费等费用；知识产权转让，向有需求的买家转让或授权使用数字特藏资源；合作开发，数字特藏资源具有学术价值、教育价值，可与科研机构、出版社、公共图书馆、政府部门等合作开发衍生产品，如相关教材、专业书籍、在线课程等。应对数字特藏资源产生经济收益的场景和渠道进行充分考察，收集访问服务费用、衍生产品盈利情况等数据。

④风险识别。应结合应用场景，对数字特藏资源实现预期收益的过程中可能存在的风险因素进行识别和评估，包括技术风险、市场风险、法律风险等，风险因素将影响折现率的选取。

其次，应选取适当的方法确定数字特藏资源的预期收益。通常，确定预期收益的方法包括直接收益法、分成收益法、超额收益法、增量收益法等，具体适用条件如下。

①直接收益法是指对预期收益进行直接预测，适用于数字特藏资源主要是以提供访问服务或知识产权转让的方式获得收益的情况。在这种情形下，由于应用场景相对独立，所产生的服务、授权等费用是由数字特藏资源独立产生的直接收益，不需要其他资产的参与，可以直接预测数字特藏资源的预期收益。

②分成收益法是指采用分成率计算预期收益，适用于数字特藏资源是以合作开发衍生产品的方式获得收益，产生经济利益的过程中需要合作方的其他资产要素的参与，且其他资产要素产生的收益无法单独计量的情况。在这种情形下采用分成收益法，即先计算总收益，再评估数字特藏资源在产生总收益过程中的贡献程度，确定一个合理的分成率，以此估算数字特藏资源的预期收益。

③超额收益法适用于数字特藏资源是以合作开发衍生产品的方式获得收

益，产生经济利益的过程中需要合作方的其他资产要素的参与，且其他资产要素产生的收益可以单独计量的情况。在这种情形下采用超额收益法，即先计算总收益，再将其他资产要素贡献的收益从总收益中扣除，将剩余收益确定为超额收益，即数字特藏资源的预期收益。

④增量收益法通常适用于被评估资产能够使资产持有方产生可计量的额外收益的情况，具体方法是将资产持有方获得的总收益与另一个不具有该资产的主体的总收益进行对比，或将资产持有方的总收益与假设持有方并未持有该资产的情况下的总收益进行对比，二者的差值确定为被评估资产所创造的增量收益。由于适用条件限制，增量收益法不太适用于数字特藏资源的价值评估，但如果数字特藏资源能够为高校图书馆带来可计量的成本节约，例如通过将纸质文献资料电子化节省了空间、维护、人力等成本，可以根据实际情况考虑选用增量收益法。

再次，需要确定数字特藏资源的折现率或资本化率。折现率是一个期望的投资报酬率，是将未来有限期的预期收益折算成现值的比率，资本化率则是将未来永续性预期收益折算成现值的比率，二者在本质上是相同的。折现率口径要与预期收益口径保持一致。折现率通常由无风险报酬率和风险报酬率组成，无风险报酬率是投资无风险资产所获得的投资回报率，一般用政府发行的多种长期国债的到期收益率表示，因为通常只有政府信用才能保证没有投资违约风险，符合无风险投资的要求[①]；风险报酬率则是对超过无风险报酬率部分给予风险补偿的投资回报率，取决于数字特藏资源在实现预期收益的过程中可能存在的各种风险因素，具体包括技术风险、管理风险、市场流通风险、法律风险等。数字特藏资源的折现率可采用层次分析法、专家评定法等方法对各项风险因素进行评定，然后采用累加法估算，其基本公式如下：

$$r = r_0 + \sum_{i=1}^{n} r_i \qquad \text{（式 5.4）}$$

式中，r 表示折现率，r_0 表示无风险报酬率，n 表示风险项数量，r_i 表示第 i 项风险项的风险报酬率。

最后，需要确定数字特藏资源的预期收益年限。预期收益年限是指数字特藏资源能够持续获利的时间，受到多种因素的影响，需要根据数字特藏资源的类

① 姜楠. 无形资产评估[M]. 北京：中国财政经济出版社，2015：72.

型、特性、市场需求、应用场景等实际情况确定,预期收益年限的具体影响因素如下。

①知识产权。数字特藏资源是对文献、书籍、手稿、艺术品等作品的数字化,其原始创作者享有著作权,《中华人民共和国著作权法》等相关法律法规规定了相应的著作权保护期限,影响数字特藏资源的法定生命周期。

②合同期限。数字特藏资源通过知识产权转让、合作开发衍生产品等方式获得经济收益,需要签订相应的商业合同,例如许可证合同、开发利用合同、转让价格协议等,这些商业合同的有效期限也是数字特藏资源预期寿命的影响因素。

③技术寿命。数字特藏资源依托先进的数字化技术,包括数字化处理、数字资源存储、数字资源展示、数字资源加密等方面,技术创新价值是数字特藏资源重要的价值类别之一,因此数字特藏资源的技术寿命也会影响到其预期收益年限。随着技术的不断发展,新的存储、展示或交互方式可能出现,当更先进的数字化技术能够提供更高质量、更多功能、更能满足用户需求的数字特藏资源时,采用旧技术的数字特藏资源的预期寿命就会相应地缩短。

④时效性。数字特藏资源是否还在持续更新内容,更新频率如何,也会影响数字特藏资源的预期收益年限。

收益法的优点在于直接根据评估对象能够带来的经济收益进行价值评估,其评估结论更容易为各方所接受。但是,只有具备明确的价值实现路径的数据资产才能使用收益法进行评估,一方面,数字特藏资源的开发建设目的通常是服务教学科研和文化传承,并非出于商业目的而开发,目前许多数字特藏资源属于免费使用,较难满足收益法的适用条件;另一方面,收益法所需的预期收益、折现率、预期收益年限等关键参数都需要由评估人员进行评定,主观性较强,数字特藏资源又缺乏成熟的交易市场和相似可类比的产品以供参考,确定相关参数对评估人员的专业水平和经验积累存在一定的考验。

5.5.3 市场法

市场法是选取与评估对象相同或相似的资产,参考其近期或往期成交的价格,以此确定评估对象的价值的评估方法。市场法的使用前提是具有公开并活跃的交易市场,由于高校图书馆的数字特藏资源主要是为教学科研服务,通常不参与市场交易,目前并不具备成熟的市场条件,因此难以使用市场法进行资产价值评估。但是,市场法仍有其讨论意义,一方面,对于少量特殊的数字特藏资源,可能能够找到可供参照的数据资产，例如对古籍进行数字化处理的特藏资源，市面上许多企业也开发过古籍数字化产品；另一方面，2023 年以来，中国数字资产交易平台、上海数据交易所等平台已纷纷开始数据资产交易试点，未来存在能够满足市场法的适用条件的可能性，因此在这里对市场法的原理也进行简要介绍。

市场法的基本思路是，首先在市场上寻找、筛选出与评估对象相同或相似的资产作为参照物，然后通过比较评估对象和参照物之间的差异，确定一个修正系数，根据参照物的近期或往期成交价格和修正系数确定评估对象的价值。市场法的基本公式如下：

$$V=P\times k \quad \text{（式 5.5）}$$

式中，V 表示评估对象资产价值，P 表示参照物资产的成交价格，k 表示修正系数。如果有多个参照物，基本公式如下：

$$V=\frac{\sum_{i=1}^{n}P_i k_i}{n} \quad \text{（式 5.6）}$$

式中，V 表示评估对象资产价值，n 表示参照物数量，P_i 表示第 i 个参照物资产的成交价格，k_i 表示第 i 个参照物资产的修正系数。

将市场法应用于数字特藏资源的资产价值评估时，首先应充分收集市场上类似的数据资产交易案例，所收集的信息要包括数据类型、数据用途、交易价格、交易时间、交易条件等，根据数字特藏资源的类型、特征、功能、数据规模、应用场景等选择相同或相似的数据资产作为参照物。然后，应对比数字特藏资源与选定的参照物之间的差异，确定修正系数，应当考虑的因素包括质量差异、数据规模差异、功能差异、时间差异等，修正系数的计算公式如下：

$$k=\alpha\times\gamma\times\delta\times\lambda \quad \text{（式 5.7）}$$

式中，k 表示修正系数，α 表示质量修正系数，γ 表示容量修正系数，δ 表示功能修正系数，λ 表示期日修正系数。

其中，质量修正系数是反映数字特藏资源与参照物资产的质量差异的系数，可根据数字特藏资源质量评估的结果确定；容量修正系数是反映数字特藏资源与参照物资产的数据规模差异的系数，一般情况下数据容量越大，数据资产的总价值越高，可通过计算评估对象与参照物的容量的比值确定；功能修正系数是反映数字特藏资源与参照物资产的功能和用途差异的系数；期日修正系数是考虑到评估基准日与参照物交易日期的不同带来的资产价值差异而引入的系数，用于对比的案例的交易日期离评估基准日越近，越能反映当前市场下的成交价格，价值差异越小。根据实际情况，还可加入其他价值修正系数，以便反映数字特藏资源与参照物在市场需求、资源稀缺性、价值密度等方面存在的差异。

市场法的优点在于评估结论容易被各方认可、接受，缺点在于参照物的筛选和各项修正系数的量化、调整较为困难，最重要的是，目前我国数据资产交易市场的建设还处于起步阶段，而只有在一个公开且活跃、参照物和交易活动丰富多样的成熟的市场上，参考相似资产交易价格所得到的价值评估结果才是最客观公允、接近当前商业环境下评估对象真实价值的。尽管目前还不具备相应的条件，但未来随着数据资产交易市场的发展、完善、成熟，市场法也可能将在数字特藏资源的资产价值评估中得到应用。

5.5.4　数据势能法

成本法、收益法、市场法这三种传统评估方法由于相对成熟，在资产评估领域得到广泛应用，对数据资产这一全新的资产类别进行价值评估时，也往往优先考虑使用传统评估方法及其衍生方法。然而，传统评估方法及其衍生方法也有缺陷，一方面，由于数字特藏资源以服务教学科研而非营利为主要目的，公共性、普惠性较强，往往不收取费用，也不参与数据资产交易，其资产价值难以通过利润或交易价格来表示，其特殊性质决定了传统评估方法在数字特藏资源的资产价值评估中具有一定的局限性，应用起来困难重重；另一方面，数字特藏资源为高校师生和科研人员提供了丰富的学术资源，具有显著的教育价值、学术价值、文化传承价值，蕴含巨大的社会效益，传统评估方法无法反映这类不易量化的因素对资产价值的影响。因此，在对数字特藏资源进行资产价值评估时，应当考虑引入新的方法和技术手段。

数据势能法是一种由普华永道提出的针对公共开放数据价值评估的方法，借鉴了物理学中的势能概念，在结合传统评估方法思路的基础上，尝试对公共开放数据的社会效益进行评估①。数字特藏资源的公益性、不参与资产

① 普华永道．开放数据资产估值白皮书[EB/OL]．(2021-07-13)[2024-03-18]．https://www.vicsdf.com/doc/e8f4b8e9f4baef47.

交易等特点与公共开放数据相似，因此可以参考数据势能法进行资产价值评估。

数据势能法的基本思路认为，公共数据的价值实现过程与势能的概念相似，势能是指储存于一个系统内的潜在能量，这种能量既不会凭空产生，也不会消失，可以释放或转化为其他形式的能量，而公共数据的价值也处于一种存储积累、蓄势待发的状态，将随着数据总量增加、数据质量提升、使用次数增长、应用场景丰富而不断积累、提升，最终以各种形式实现其潜在的经济和社会效益。数据势能法参考物理学中重力势能的计算方法，提出了数据势能的计算公式。

应用数据势能法进行高校图书馆数字特藏资源的资产价值评估时，计算公式如下：

$$V = m \times g \times h \qquad \text{（式 5.8）}$$

式中，V 表示评估对象资产价值，m 表示数据开发价值，g 表示潜在经济价值呈现因子，h 表示潜在社会价值呈现因子。

数据开发价值对应重力势能公式中的“质量”，即相对固定的因素，计算公式如下：

$$m = C \times \alpha \qquad \text{（式 5.9）}$$

式中，m 表示数据开发价值，C 表示开发成本，α 表示质量修正系数。

数字特藏资源的开发成本包含建设成本、运行维护成本、管理成本三个部分，可参考成本法思路进行计算；质量修正系数是反映数字特藏资源质量的修正系数，由专家从数据的准确性、完整性、及时性、时效性、唯一性等五个维度逐一进行打分评价，再进行加权计算确定。

潜在经济价值呈现因子对应重力势能公式中的“重力加速度”，计算公式如下：

$$g = (1 + g_e)^x \qquad \text{（式 5.10）}$$

式中，g 表示潜在经济价值呈现因子，g_e 表示数字经济名义增长率，x 表示应用修正系数。

数据资产价值与数字经济的发展情况呈显著正相关性，高校图书馆的数字特藏资源具有一定的经济价值，能推动相关产业的发展、驱动创新、为企业和社会赋能，因此在计算潜在经济价值时可将数字经济名义增长率作为参数之一。应用修正系数是反映评估对象应用场景多样性的修正系数，由专家对数字特藏资源应用场景多样性进行评分确定，越是能够广泛运用于不同的使用场景，数字特藏资源就越是能够充分发挥潜在经济价值。

潜在社会价值呈现因子对应重力势能公式中的“高度”。高校图书馆的数字特藏资源将许多历史文献、古籍、手稿、档案等以数字化形式保存和展示，为师生和科研人员提供丰富的学术资源、独特的教学和科研条件，促进学术研究发展、学术交流合作，同时保护了珍贵的文化遗产，为文化的保护和传承、传播和交流提供助力，数字特藏资源的教育价值、学术价值、文化传承价值即其潜在社会价值。潜在社会价值呈现因子应通过专家对数字特藏资源进行多方面考察评估确定，需要考虑的因素包括：资源的稀缺性；学术界对该资源的需求程度；用户的使用情况，尤其是可量化的指标，如数字特藏资源的访问量、浏览量、下载量等数据。

数据势能法将公共开放数据的价值实现过程视为一个从“蓄能阶段”到“释放阶段”的过程，认为公共开放数据在开发阶段时的潜在价值不能得到充分利用，处于价值不断积累的阶段，而当其进入释放阶段后，随着公众对这些数据的认识和关注度提升，公共开放数据的使用次数不断增加、应用场景日益丰富，其潜在价值不断释放。数据势能法强调了数据资产的价值往往高于其开发成本，在进行价值评估时尝试纳入社会价值这一不易通过货币计量的影响因素，为不参与市场交易、持有方不从事经营性活动的公共开放数据提出了一种价值评估方法，是公共开放数据价值评估领域的有益尝试，其思路可以为高校图书馆数字特藏资源资产价值评估所参考。

5.5.5　多属性综合评价法

多属性综合评价法是一种近年来受到较多关注和研究的评估方法，是一种将主观评价和客观量化相结合的方法。多属性综合评价法的基本思路是首先构建数字特藏资源的资产价值评估指标体系，其次对指标进行赋权、量化，最后通过综合评价确定评估对象的资产价值。由此可见，多属性综合评价法的核心在于分析数字特藏资源资产价值的影响因素，确定数字特藏资源的价值维度，从而构建科学的资产价值评估指标体系。

确定数字特藏资源的价值维度，可以参考目前对数据资产价值维度的研究。

Viscusi 和 Batini 通过对 140 篇数字信息资产评估相关文献进行梳理分析，认为信息效用和信息容量是信息价值的核心组成部分①。张志刚等提出数据资产的成本和应用是影响价值的主要因素，从成本和应用两个维度出发建立了共计 9 个指标的数据资产价值评估指标体系②。上海德勤资产评估有限公司与阿里研究院发布的报告中，从质量、应用、风险三个维度分析了数据资产价值的影响因素③。倪渊等构建了数据特质因素、数据法律因素、数据市场因素三维数据资源价值评估指标体系④。闭珊珊等将数据资产的价值维度归纳为成本费用、固有价值、市场供求和环境约束四方面因素，基于这四个维度建立了数据资产价值评估指标体系⑤。黄倩倩等从成本、数据质量、应用价值和品牌价值四个维度建立了数据产品价值评估指标体系⑥。《电子商务数据资产评价指标体系》(GB/T 37550—2019)是我国数据资产领域首个国家标准⑦，该标准构建的电子商务数据资产评价指标体系由数据资产成本价值和数据资产标的价值两大类指标构成，成本价值包括建设成本、运维成本、管理成本等 3 项二级指标，标的价值包括数据形式、数据内容、数据绩效等 3 项二级指标，每项二级指标又包括若干三级指标。

构建数字特藏资源资产的价值评估指标体系时，应遵循的基本原则如下。

①全面性与系统性：评估指标应全面考虑影响数字特藏资源资产价值的各个因素，各评估指标之间应既相互独立又彼此联系，构成的评估指标体系是一个有机整体。

---

① VISCUSI G , BATINI C. Digital information asset evaluation: characteristics and dimensions [C]// Caporarello L, et al. Smart Organizations and Smart Artifacts. Cham: Springer International Publishing, 2014: 77-86.

② 张志刚，杨栋枢，吴红侠. 数据资产价值评估模型研究与应用[J]. 现代电子技术，2015，38(20)：44-47+51.

③ 上海德勤资产评估有限公司，阿里研究院. 数据资产化之路——数据资产的估值与行业实践[EB/OL]. (2021-04-18)[2024-07-05]. https://13115299.s21i.faiusr.com/61/1/ABUIABA9GAAgkYOlsAYo7Ny_3AM.pdf.

④ 倪渊，李子峰，张健. 基于 AGA-BP 神经网络的网络平台交易环境下数据资源价值评估研究[J]. 情报理论与实践，2020，43(1)：135-142.

⑤ 闭珊珊，杨琳，宋俊典. 一种数据资产评估的 CIME 模型设计与实现[J]. 计算机应用与软件，2020，37(9)：27-34.

⑥ 黄倩倩，王建冬，陈东，等. 超大规模数据要素市场体系下数据价格生成机制研究[J]. 电子政务，2022，(2)：21-30.

⑦ 全国电子业务标准化技术委员会. 电子商务数据资产评价指标体系：GB/T 37550—2019[S]. 北京：中国标准出版社，2019：2.

②合理性与典型性：评估指标应基于合理的逻辑推理，具有代表性，能够客观、准确地反映数字特藏资源的资产价值。

③可操作性：评价指标应具有实际可操作性，能够通过数据收集、分析或专家判断进行度量。

④灵活性：评估指标体系应具有一定的灵活性，能够根据数字特藏资源自身特性、市场需求、发展趋势的变化进行相应调整。

⑤层次性和结构性：评估指标体系应具有一定的层次性和结构性，能够反映不同评估指标间的逻辑关系，评估指标和结论易于理解和解释。

对数字特藏资源价值的影响因素进行考察，基于评估指标体系的构建原则，参考目前数据资产价值维度和评估的相关研究，可以从质量、成本、应用、发展几个维度出发，构建数字特藏资源资产的价值评估指标体系。评估指标体系包含质量维度、成本维度、应用维度、发展维度等 4 项一级指标。质量维度包含准确性、完整性、规范性、易获得性、可理解性等 5 项二级指标，成本维度包含建设成本、运行维护成本、管理成本等 3 项二级指标，应用维度包含稀缺性、时效性、用户需求、使用场景、用户满意度等 5 项二级指标，发展维度包含技术支持、更新频率、可持续发展等 3 项二级指标，评估指标体系构成如图 5-1 所示。

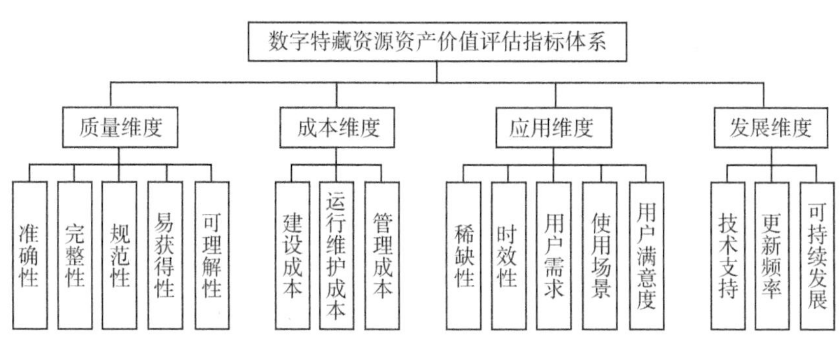

图 5-1　数字特藏资源资产价值评估指标体系

构建资产价值评估指标体系时，还应根据数字特藏资源的类型和特性、评估目的等实际情况进行相应的调整，选取最为恰当的评估指标。完成数字特藏资源资产价值评估指标体系构建后，一般采用层次分析法对其进行赋值。层次分析法将与决策有关的元素分解成目标、准则、方案等多个层次，并在此基础上进行定性和定量分析，是一种解决多目标的复杂问题的层次权重决策分析方法。

使用层次分析法为数字特藏资源资产的价值评估指标体系赋值的具体步骤如下。

①构建评估指标体系。

②构造标度表。对于各个指标的权重，采取专家打分法，对同一层次的多个因素之于上一层的重要性进行两两比较，在进行比较时需要有定量的标度，标度表如表 5-1 所示。

表 5-1　标度表

标度	含义
1	表示两个因素相比，具有同等的重要性
3	表示两个因素相比，一个因素比另一个因素稍微重要
5	表示两个因素相比，一个因素比另一个因素明显重要
7	表示两个因素相比，一个因素比另一个因素强烈重要
9	表示两个因素相比，一个因素比另一个因素极端重要
2,4,6,8	为上述相邻判断的中值

③构造判断矩阵，根据专家打分的结果收集数据并构造判断矩阵，判断矩阵表示各评估指标之间的相对重要性，对判断矩阵进行一致性检验，如果一致性检验不通过，需要重新调整判断矩阵。

④计算各项评估指标的权重。

完成评估指标体系的赋权后，根据评估指标体系收集数字特藏资源的质量、成本费用、应用情况等相关评估资料，由专家或评估人员对数字特藏资源的各项评估指标得分进行评估，根据各评估指标的权重进行加权计算，最终得到数字特藏资源的资产价值评估分数。该资产价值评估分数反映的是数字特藏资源的相对价值水平①，如果要将其转化为用货币衡量的资产价值，仍需结合成本法、收益法等传统评估方法。

多属性综合评价法的优点在于分析数字特藏资源资产价值的影响因素，构建系统性的评估指标体系，具体评估指标还能根据实际情况的需要进行相应调整，能够全面、准确、灵活地评估数字特藏资源的价值，可以针对一些数字特藏资

① 尹传儒，金涛，张鹏，等. 数据资产价值评估与定价：研究综述和展望[J]. 大数据，2021，7(4)：14-27.

源特有的、传统评估方法未涉及的难以量化的因素进行分析评估，如资源的稀缺性、学术价值、用户需求等；缺点则在于前期评估指标的选取受到评估人员的主观影响，后期具体评估指标得分由专家打分确定，主观性较强。为了弥补主观性较强的缺陷，存在一些结合其他定量方法的改进思路，如结合模糊综合评价法①、熵值法②等。

模糊综合评价法是一种基于模糊数学理论的综合评价方法，能对受到多种因素制约的事物进行分析并做出一个总体的评价，具有结果清晰、系统性强的特点，适用于解决难以量化的问题。结合模糊综合评价法的具体步骤如下。

①构建数字特藏资源资产价值评估指标体系，采用层次分析法确定评估指标权重。

②基于构建好的资产价值评估指标体系，将评估指标进行归集，作为数字特藏资源资产价值影响因素，确定为评价因素集；将评估指标权重确定为权重集。

③确定评语集，将对每个具体资产价值影响因素的评价等级分为四个级别，如“高”“较高”“较低”“低”，建立评价分数表，每个级别对应一个分数。

④构建模糊综合评价矩阵，采取专家打分法，由专家对每个影响因素进行打分，确定各因素在各评价等级上的隶属度，形成模糊综合评价矩阵。

⑤进行模糊综合评价，将权重集与模糊综合评价矩阵相乘，得到综合评价向量，结合评价分数表计算得到一个百分数，即数字特藏资源资产价值评估分数。

熵值法又称熵权法，是一种多指标综合评价方法。熵的概念起源于物理学，指代物体中分子之间无序的热运动状态，是对该物体的系统状态不确定性的度量，在信息论中熵可用于度量数据所提供的有效信息。熵值法是依据各指标值所包含的信息量的多少确定指标权重的客观赋权法，某个指标的熵越小，提供的信息量越多，则该指标在综合评价指标体系中的权重也应越大。结合熵值法的具体步骤如下。

①构建数字特藏资源资产价值评估指标体系，采用层次分析法确定评估指标权重。

---

① 梁艳. 互联网企业数据资产价值评估[D]. 石家庄：河北经贸大学，2020.

② 汪京. 基于综合赋权法的数据资产价值评估研究——以中国联通为例[D]. 呼和浩特：内蒙古财经大学，2022.

②采用专家打分法，由专家对数字特藏资源的各项评估指标得分进行评估。

③采用熵值法对专家评价数据进行客观权重分析，对数据进行标准化处理，得到原始数据矩阵，计算第 j 个指标下第 i 个样本所占的权重：

$$\boldsymbol{P}_{ij}=\frac{x_{ij}}{\sum_{i=1}^{n}x_{ij}} \tag{式 5.11}$$

④计算第 j 个指标的信息熵：

$$\boldsymbol{E}_{j}=-\frac{1}{\ln(n)}\sum_{i=1}^{n}\boldsymbol{P}_{ij}\ln(\boldsymbol{P}_{ij}) \tag{式 5.12}$$

⑤计算第 j 个指标的权重：

$$\boldsymbol{W}_{j}=\frac{1-\boldsymbol{E}_{j}}{\sum_{j=1}^{n}(1-\boldsymbol{E}_{j})} \tag{式 5.13}$$

⑥将通过层次分析法和熵值法分别求得的各项指标的权重综合分析，计算得到最终的评估指标权重。

5.5.6 条件价值法

条件价值法(Contingent Valuation Method，简称为 CVM)又称意愿调查价值评估法，最早由 Ciriacy Wantrup 于 1942 年提出，是一种广泛应用于非市场价值评估的方法，适用于环境资源、生态等公共物品或服务的价值评估。条件价值法的基本思路是构建一种假想的市场环境，直接询问受访对象为使用或保护某种给定的物品或服务所愿意支付的最大货币数量，即支付意愿(Willingness To Pay，简称为 WTP)，或者愿意接受作为失去某种物品或服务的补偿的最小货币数量，即接受补偿意愿(Willingness To Accept，简称为 WTA)，最后计算出群体的总 WTP 或 WTA，得出评估对象的价值评估结论。

条件价值法一般应用于公共物品的价值评估，公共物品指的是具有非排他性及非竞争性且不能依靠市场实现资源有效配置的产品，只要一项公共物品已经得到供给，那么再多一个人使用该公共物品的边际成本为零，且没有人会被排除在对其的享用之外，因此这项公共物品的效用等于所有人消费该公共物品所得到的效用的总和[①]。高校图书馆的数字特藏资源具有公益性质，大多为免费使用，不参与市场交易，具备公共物品的相应特征，每个用户对数字特藏资源的使用不会对其效用造成损害，下一个用户仍能获得相同的效用，符合条件价值法的适用条件，因此可以考虑采用条件价值法进行数字特藏资源的资产价值评估。

使用条件价值法进行资产价值评估的具体步骤如下。

①根据评估目的，对数字特藏资源的用户群体、使用场景等情况进行分析，确定调查对象、调查背景、调查目的、调查方式等。

②设计并发放调查问卷。

③汇总数据，确定计算模型，计算数字特藏资源的资产价值。

可以看到，使用条件价值法进行资产价值评估的关键在于选取恰当的调查对象，并设计出全面、合理的调查问卷。在选取调查对象时，应考虑到数字特藏资源的主要用户群体为高校师生、科研人员和部分社会读者，不同用户群体的经济状况、资源需求程度有所不同，例如学生的支付能力和支付意愿可能较弱，而调查对象的选取关系到后续指标的选取和调查问卷的设计，可以根据不同调查对象设计相应的问卷。

在设计调查问卷时，首先需要确定 WTP 和 WTA 这两个评价指标的选择。尽管两者都是条件价值法可采用的指标，但仍存在适用性的差异，WTP 与受访者的收入水平、经济状况关系较大，可能会引发受访者的排斥、抗议，而 WTA 不受经济状况的影响，更适用于学生等收入较低或社会读者等对资源的使用需求不高的用户群体。此外，相关研究表明，分别采用 WTP 和 WTA 针对同一问题进行询问，两者的调查结果会存在较大差异，WTA 将会高于 WTP[②]。因此，对于 WTP 和 WTA 中哪一个指标更能反映数字特藏资源的客观价值，还需要根据实际情况进一步考察决定。

其次，需要选择适当的问卷格式。条件价值法的问卷格式通常包括开放式、支付卡式、单边界二分式、双边界二分式等类型。其中，开放式问卷不提供任何定价范围提示，完全由受访者填写愿意支付的金额；支付卡式问卷提供数个预先设置好的定价，由受访者从中选择愿意支付的最大金额和不愿意支付的最小金

---

① 胡莲香，杨卫红．国内运用条件价值法(CVM)评估图书馆价值的研究述评[J]．农业图书情报学刊，2012，24(12)：70-75.

② AABØS. Valuing the Benefits of Public Libraries[J]. Information Economics and Policy，2005，17(2)：175-198.

额;单边界二分式问卷给出一个初始投标值,询问受访者是否愿意支付该金额;双边界二分式是在单边界的基础上,根据受访者的首次回答,给出更高或更低的投标值,再次询问受访者是否愿意支付。开放式问卷自由度较高,能够收集到受访者的主观想法,但受访者受到对背景和市场不了解、缺乏公共物品或服务估值经验等因素的限制,未必能给出较为准确的价格;支付卡式能够为受访者提供具体数值参考,更便于受访者选择,但也可能由于预先设置了选项范围而产生一定偏差;双边界二分式比单边界二分式更精确、灵活,能通过多次询问提高结果的准确性,但可能使受访者受到初始投标值的影响而在第二次回答时偏离真实的支付意愿,并且由于双边界二分式不能直接获得受访者愿意支付的金额,后续计算更为复杂。通常,对于数字特藏资源的资产价值评估,采用支付卡式或双边界二分式问卷较为合适,应根据评估目的和资源条件等因素进行综合考虑,在需要更直观的调查结果的情况下考虑选用支付卡式,在需要更准确的评估结果并且能承受较高的数据处理成本的情况下则考虑选用双边界二分式,以便得到更能满足实际需要的调查结果。

最后,需要考虑可能存在的偏差及相应的修正方法。使用条件价值法可能产生的偏差主要包括假想偏差、信息偏差、策略性偏差、支付方式偏差等。其中,假想偏差指由于受访者面对的是一个假设出来的市场,受访者可能会给出较为随意的支付意愿,与面对真实市场时的行为存在偏差;信息偏差指由于受访者所掌握的信息不足或不准确而产生的偏差;策略性偏差指受访者出于某种策略考虑而故意改变其支付意愿而产生的偏差;支付方式偏差指由于支付方式不同可能对支付意愿有一定影响而产生的偏差。为了尽量减少这几种偏差产生,可采取的措施包括:在正式调查前先进行广泛的预调查,根据预调查结果设计问卷;正式调查时采取匿名方式,并为受访者发放小礼品,鼓励受访者认真考虑支付意愿,给出尽可能真实准确的结果;在问卷中提供详细的背景资料和明确的支付方式,以便受访者充分掌握信息后再回答;予以适当的心理引导,防止受访者因担心个人利益受损而夸大或缩小支付意愿。

完成问卷设计和发放后,在对回收的结果进行数据分析时,应考虑进行可靠性检验。条件价值法易出现偏差,进行可靠性检验有助于保证调查结果准确、可靠,排除偶然因素造成的偏差。进行可靠性检验的具体方式有两种:一是在完成调查一段时间后,以同样的问卷和调查方式对同样的受访者进行再次调查,检验两次调查结果的一致性;二是在同一时间、同一条件下,以同样的问卷和调查方式对同一调查对象群体中两个不同的样本组进行调查。

条件价值法的优点在于通过直接询问受访者的支付意愿或接受补偿意愿进行价值评估，适用于不参与市场交易、难以直接定价的公共物品或服务的价值评估，并且能够对传统评估方法难以覆盖的非市场价值进行评估，因此尤其适用于数字特藏资源，能够较为真实地反映用户对数字特藏资源资产价值的认知和实际的支付能力；缺点则在于评估结果依赖于受访者的主观判断，可能存在一定的主观偏差，如果受访者群体的选择不够恰当，就会影响到评估结果的准确性和有效性。

5.6 评估保障

5.6.1 政策支持

政策支持是开展数字特藏资源资产价值评估的重要保障，能够通过制定相关标准和指南、出台配套政策等为数字特藏资源资产价值评估提供明确的依据和方向，推动评估体系建设，推动评估工作发展，推动评估实践顺利进行，增强社会各界对数字特藏资源的认识、对其资产价值评估工作和评估结果的认可和支持。

近年来，国家高度重视数据已经成为重要的新型生产要素的现状，已发布了一系列政策文件、规范指南对数据资产管理、评估工作加以规范，推动数字经济发展。2022 年 12 月发布的《中共中央 国务院关于构建数据基础制度更好发挥数据要素作用的意见》(简称“数据二十条”)对加快构建数据基础制度体系作出了全面部署，其中明确提出要推进数据资产合规化、标准化、增值化，有序培育数据资产评估等第三方专业服务机构，依法依规维护数据资源资产权益。财政部发布的《关于印发〈关于加强数据资产管理的指导意见〉的通知》旨在规范和加强数据资产全过程管理，明确提出明晰数据资产权责关系、完善数据资产相关标准、健全数据资产价值评估体系等主要任务。《“数据要素×”三年行动计划(2024—2026 年)》是为充分发挥数据要素乘数效应，赋能经济发展而制定的行动计划，其中明确提出要推动文物、古籍、美术、非物质文化遗产等数据资源依法开放共享和交易流通，挖掘文化数据价值。中国资产评估协会于 2019 年制定了《资产评估专家指引第 9 号——数据资产评估》，对数据资产评估的评估对象、评估方法、评估报告编制进行了说明，并分析了各行业数据资产的特征、数据资产的商业模式等，为资产评估机构及人员提供参考。2023 年又在财政部指导下制定了《数据资产评估指导意见》，对数据资产进行了明确定义，对评估对象、操作要求、评估方法、披露要求等均进行了详细的规定。此外，《中华人民共和国数据安全法》《数字中国建设整体布局规划》等其他相关政策法规也为数据资产化提供了法律基础和指导方向。

除国家政策外，各地也根据实际情况制定了许多数据资产化、数据资产管理相关的政策措施。天津市制定了《天津市数据知识产权登记办法（试行）》，对数据知识产权登记和管理进行了规范。上海市制定了《上海市公共数据开放实施细则》，为提升公共数据社会化的开发利用水平，对公共数据开放、获取和利用作出了规定。广东省发布了《广东省数据要素市场化配置改革行动方案》，明确了释放公共数据资源价值、激发社会数据资源活力、加强数据资源汇聚融合与创新应用、促进数据交易流通等主要任务。各地的地方政策是在国家政策的基础上，具体针对本地实际情况进行了细化和落实，为数据资产化的推进提供了有力的支持。

随着数据作为新型生产要素的重要性日益凸显，国家和地方政府都在积极出台相应的政策措施、规范指南、指导意见等，为数据资产管理、确权、评估、交易、利用等环节提供规范和保障，为数据资产化的推进指明方向。

高校图书馆的数字特藏资源是数据资产中较为特殊的一种，还应针对数字特藏资源予以更加细化的政策支持，以便数字特藏资源资产价值评估工作能够顺利推进。政策支持能够为数字特藏资源资产价值评估提供的保障主要体现在以下方面。

①明确评估标准与方向。现有的数据资产管理和评估相关的标准规范和指导意见大多针对企业数据资产和政府部门数据资产，数字特藏资源的基本特征、使用场景都与其存在较大差异，亟须全面系统的指导意见的指引。应制定相关政策、标准规范和指南，对数字特藏资源的分类、评估方法的选择、评估指标体系的构建等进行规范和指导，为数字特藏资源的资产价值评估工作开展提供明确的依据和方向，确保价值评估工作有序开展，得出科学合理的评估结论。

②推动评估体系建设。应通过政策支持推动高校图书馆建立完善的数字特藏资源资产价值评估体系，包括建立专业的评估团队、引入先进的评估方法和技术、制定详细的评估流程等，促进高校图书馆深入挖掘分析数字特藏资源价值，

提高建设、管理、评估数字特藏资源的能力，从而有针对性地制定改进措施和发展规划，提升高校图书馆资源建设和服务水平。

③促进资源共享与合作。应制定相关政策和法律法规，对数据资源和数据资产开放共享和交易流通予以规范，促进高校图书馆之间以及高校图书馆与其他学术文化机构之间的资源共享与合作，推动文物、古籍、非物质文化遗产等具有学术价值和文化传承价值的数据资源流通，使数字特藏资源得到更广泛的利用；促进数据资源资产评估、文化遗产保护等领域的知识和经验交流融合，为数字特藏资源的价值提升、创新利用提供新的思路。

④增强社会认可，助力文化传承。适当的政策引导能够提高社会各界对高校图书馆数字特藏资源的关注度，让社会公众了解数字特藏资源蕴藏的丰富教育价值和深厚历史文化内涵，同时提高数字特藏资源资产价值评估结论的社会认可度，促进相关行业与高校图书馆合作开发数字特藏资源衍生产品，使其价值得到充分发挥，为中华优秀传统文化传承助力。

5.6.2 技术支撑

技术保障在数字特藏资源资产价值评估中发挥着不可或缺的支撑作用。数据资产作为一种新型的资产类别，具有许多区别于一般资产的特点，例如数据资产的在用价值、市场价值可能远高于成本价值，价值实现更多基于合法使用数据资源而非直接控制数据资产，使用过程中不会或极少产生价值损耗等。由于数据资产的特殊性，传统的资产评估方法在应用于数据资产价值评估时存在许多局限性，难以科学客观地反映数据资产的价值，很多非结构化、非数字化、非显性的价值难以被准确评估[①]。而数字特藏资源又不同于一般的数据资产，不参与市场交易，难以直接用货币计量的教育价值、学术价值、文化价值等是其价值的重要组成部分。为了更好地解决数字特藏资源资产价值评估工作中存在的困难，应当引入新的数字化技术，建立以关键技术和算法模型为基础的完整的技术体系，保障资产价值评估工作顺利开展，得出更加科学、合理、可靠的价值评估结论。

数字特藏资源资产价值评估的技术支撑应涵盖的关键技术主要包括以下

① 叶露，潘立，丁昱尹．数据资产质量评价及价值评估技术研究进展[J]．中国资产评估，2023(8)：50-59.

内容。

（1）机器学习

人工智能是新一轮科技革命和产业变革的重要驱动力量，是研究、开发用于模拟、延伸和扩展人的智能的理论、方法、技术及应用系统的一门新的技术科学，人工智能系统可以处理和分析大量数据，自主学习和优化算法。机器学习是人工智能领域的研究分支之一，并且处于核心地位。机器学习旨在让计算机模拟人类的学习活动，通过算法自动从数据中学习规律和模式，从而改善系统性能，实现预测和分类等功能，常见的机器学习算法包括决策树、线性回归、贝叶斯、支持向量机等。深度学习是机器学习的一个子方向，通过搭建深层的神经网络模型来处理实际任务，常见的深度学习模型包括卷积神经网络、循环神经网络等。

近年来，机器学习技术快速进步，在各个领域取得了显著的研究成果，展现出强大的处理任务能力和广泛的应用前景。在数据资产价值评估领域，也出现了基于机器学习算法的数据资产价值评估方法。倪渊等采用双层优化思路，通过自适应遗传算法（AGA）优化传统 BP 神经网络，构建出 AGA-BP 神经网络智能化数据资源价值评估模型，并运用该模型，以武汉东湖大数据交易中心为例进行了实证分析①。严鹏使用机器学习方法分别建立 BP 神经网络和随机森林模型进行数据资产价值评估，发现通过机器学习构建的模型预测准确度远高于多元线性回归模型②。党雪宁等构建了 GA-BP 神经网络模型，对百度搜索引擎进行了数据资产价值评估③。这些研究进行了将机器学习运用到数据资产价值评估中来的尝试，所构建的价值评估模型具有预测稳定性强、预测精度高的优点，证明了这一方向的可行性，为未来数据资产价值评估研究和实践提供了新的思路。尽管目前此类数字化估值技术和方法还不够成熟，不能直接应用到实践中，但可以预见的是，机器学习技术在数据资产价值评估领域大有可为，未来进一步完善后将会在数字特藏资源资产价值评估工作中发挥重要作用。

（2）自然语言处理

自然语言处理是人工智能领域的一个重要研究方向。自然语言处理旨在让

---

① 倪渊，李子峰，张健. 基于 AGA-BP 神经网络的网络平台交易环境下数据资源价值评估研究[J]. 情报理论与实践，2020，43(1)：135-142.

② 严鹏. 基于机器学习的数据资产价值评估研究[D]. 昆明：云南大学，2022.

③ 党雪宁，李明. 基于 GA-BP 神经网络的搜索引擎数据资产价值研究[J]. 商展经济，2023(2)：126-129.

计算机处理自然语言，从文本数据中提取信息，从而执行各种实际任务。自然语言处理的基本原理涉及语言模型、词法分析、句法分析、语义分析等方面，在实际应用中，自然语言处理能够广泛应用于机器翻译、信息检索、智能客服、问答系统、舆情分析、情感分析等领域。在数字特藏资源资产价值评估中，利用自然语言处理技术，能够对海量的评价文本数据进行自动处理和分析，确定评价数据呈现出正面还是负面的情感倾向，分析得出相应的评估分数，使价值评估结果更为客观可信，同时还能应用于处理分析问卷调查和访谈结果，了解用户对数字特藏资源的需求和满意度等情况。

(3) 区块链

区块链是一种分布式数据库技术，它以“块”的形式存储数据，并使用密码学方法保证数据的安全性和完整性。区块链集成了分布式网络、加密技术、智能合约等多种技术，是发展数字经济的重要技术支撑。区块链的技术原理涉及链式数据结构、加密技术和共识机制等多个方面，其核心思想是建立一个去中心化、不可篡改的分布式账本，在这个账本上所有的交易都被记录下来，并通过加密技术保护，使得数据不易被篡改或伪造，数据的存储和传输变得更加安全。区块链可分为公有链、私有链和联盟链等多种类型，公有链是完全开放的区块链类型，任何人都可以参与，所有数据都公开可见，没有中心化的管理机构，通常用于加密货币交易等；私有链是由单个组织控制和管理的区块链网络，参与者需要经过授权才能加入，通常用于企业内部数据管理、跨境支付和结算等场景；联盟链是由多个组织共同控制和管理的区块链网络，通常用于跨组织的数据共享和协作，如供应链管理等。不同类型的区块链具有各自特定的特点，能够满足不同行业、不同领域、不同使用场景的需求，因此区块链技术的应用场景十分广泛，正在为各行各业带来变革。

区块链技术同样可以应用到数字特藏资源资产价值评估领域。首先，区块链技术的显著优势在于高度的安全性和不可篡改性，能够确保数据的准确性和完整性，能在数据质量评估中发挥作用，数据质量是数字特藏资源的价值影响因素之一。其次，区块链技术能够实现数据溯源，对数据的来源和历史轨迹进行追溯、监测和分析，有助于确定数据的权属关系，能够提供更加全面、丰富的信息作为数字特藏资源的资产价值评估资料，提高对历史数据的验证能力。再次，区块链技术的安全性能够降低数据泄露、数据丢失、数据篡改等风险，使数据在安全可信的范围内进行评估，提高了评估结果的可信度。最后，区块链的透明性、去中心化等特点，增强了评估的独立性，数字特藏资源的每一次评估、交易及其他行为都将被永久记录，提升了资产价值评估全过程的透明度。

深圳市信息服务业区块链协会于 2023 年 10 月发布了《基于区块链的数据资产评估实施指南》，规定了基于区块链对数据资产进行评估的框架、评估过程、评估内容，为各类组织基于区块链开展数据资产评估提供了依据；2023 年 12 月又发布了《数据资产评估定价方法》，针对数据资产的特殊性，基于区块链技术提出了“权识计量法”，即以区块链技术对数据资产一比一映射形成权识，以权识的市场价格对数据资产进行定价的方法。尽管“权识计量法”无法直接为数字特藏资源资产价值评估所参考，区块链技术的实际运用也存在技术门槛高、有一定法律风险等缺点，但这两份标准规范充分说明了运用区块链工具进行数据资产价值评估的可行性，为数据资产价值评估提供了新的视角和方向，区块链技术的去中心化、可追溯性、安全性等显著优势将会为数据资产管理、评估、交易的全过程提供更加坚实可靠的支撑，未来随着区块链技术的进一步发展和完善，其在数字特藏资源资产价值评估中的应用前景也将更加广阔。

(4) 数据挖掘

数据挖掘又称知识发现，是从大量的数据集中发现模式和其他有价值信息的过程，是基于机器学习、模式识别、统计学、数据可视化、数据库等技术，高度自动化地对数据进行分析，从中挖掘出潜在模式和信息，帮助决策者减少风险，做出正确决策的一种技术。数据挖掘通常包括数据清理、数据变换、数据挖掘、模式评估、知识表示等具体步骤，常用的方法主要有分类、回归分析、聚类分析、关联规则、变化和偏差分析等。

数据挖掘能够运用于数据质量评价，即利用数据挖掘技术对数据集进行聚类、分类和关联分析，从大量数据中识别出异常值，据此对数据集的质量进行评估[①]。同时，数据挖掘还能运用于信息系统风险评估，即利用数据挖掘技术识别信息系统内部存在的危险因素，从而确定系统的薄弱环节和存在的安全威胁[②]。在数字特藏资源资产价值评估中，数据挖掘技术可用于评估数字特藏资源的数据质量、数据安全等方面情况。

① 叶露，潘立，丁昱尹. 数据资产质量评价及价值评估技术研究进展[J]. 中国资产评估，2023(8)：50-59.

② 柴文光. 基于数据挖掘的信息系统风险评估体系框架研究[D]. 武汉：武汉大学，2009.

5.6.3 人才培养

数字特藏资源作为全新的资产类别，其形态、价值类别、使用场景都与一般资产存在区别，传统的资产评估方法难以适应数字特藏资源的特点，数字特藏资源的资产价值评估对评估人员的专业素养提出了很高的要求。评估人员既要具备资产评估方面的专业知识，又要对图书馆资源建设和评估有所了解，还要对人工智能等前沿技术、数据资产相关知识和法律法规等都有较为深刻的理解。符合数字特藏资源资产价值评估要求的专业人才，需要具备跨学科的综合素养，能够整合图书馆学、经济学、统计学、会计学、管理学、社会学等不同学科领域的知识和技能，并熟练运用先进的信息技术、数据分析方法和模型工具，对数字特藏资源进行全面而深刻的分析评估，此外还应具有良好的职业素养和创新能力①。满足条件的新型资产评估专业人才的缺失是目前数据资产评估领域的重点难点，因此，人才培养是数字特藏资源资产价值评估工作顺利开展的重要基础和保障。

国家重视人才在数据资产评估和数字经济发展中的基础性作用，发布了一系列相关政策文件：《关于加强数据资产管理的指导意见》中明确提出要健全数据资产价值评估体系，培养跨专业、跨领域数据资产评估人才；《加快数字人才培育支撑数字经济发展行动方案（2024—2026 年）》提出要从优化培养政策、健全评价体系、完善分配制度、提高投入水平、畅通流动渠道、强化激励引导等方面扎实开展数字人才培育，满足数据要素市场持续高涨的人才需求，《“数据要素×”人才培养评价体系》标准目前也已立项，正在起草中。

数据资产评估人才的培养是一项系统工程，需要构建并不断优化人才培养体系，系统性地培养具备专业知识和职业素养、创新能力强、熟悉前沿技术的高素质复合型评估人才。在高等教育方面，高校资产评估专业人才培养应积极响应数字化转型趋势，调整和完善人才培养方案，加强大数据、区块链、人工智能、数据资产等相关课程建设，培养适应社会需要的新型评估人才，同时还应注重跨学科交流和人才培养，数字特藏资源资产价值评估涉及多个学科领域的知识，需要更多学科共同参与。在继续教育方面，应积极开展数据资产评估相关的培训

① 马娱.数字经济时代资产评估应用型人才培养方案优化研究[J].中国集体经济，2024(15)：113-116.

和认证工作，可以短期培训班的形式开展教育，例如上海市资产评估协会举办数据资产培训班，培训内容包括数据资产评估实务、评估指导意见、报备要求等，清华大学、中央财经大学等高校也举办了各类数据资产化、数据资产评估的专题短期培训班。还应鼓励资产评估协会、专业评估机构、高校、企业之间加强合作，开展联合培养，同时应注重产学研结合，为人才提供丰富的实践机会。此外，建立科学合理的人才认证与评价体系是保障评估人才质量的关键，应进一步完善人才评价标准和方法，确保评价结果能够真实反映人才的专业能力和综合素养，以便培育高水平的数据资产价值评估人才队伍，从而满足数字特藏资源资产价值评估的需要。

6 高校图书馆数字特藏资源资产化评估管理与评估机制

6.1 评估管理现状

6.1.1 数据资源资产化管理现状

在数据、信息和内容被作为资产进行管理之前，信息、数据和内容还没有机会在组织内发挥其潜力[①]。1994 年，霍利委员会在一份报告中正式提出将数据作为资产，并将数据资产界定为已经记录或应该记录的、有价值或潜在价值的数据[②]。国际数据管理协会(DAMA)将数据资产管理界定为：企业或组织为保证数据资产的安全、完整、合理配置及有效利用，所采取的各种管理活动，从而提升经济效益[③]。2019 年，美国《开放政府数据法》将数据资产定义为一系列能够合法结合在一起的数据要素或数据集合。

随着技术不断发展、产业不断创新，数据已成为重要的新型生产要素，数据资源资产已成为重要的战略资源，构建并完善数据资产相关制度体系，加强数据资产管理，是有序推进数据资产化、更好地释放数据资产价值、发挥海量数据资源优势的重要举措。在我国，为深入贯彻落实党中央关于构建数据基础制度的决策部署，规范和加强数据资产管理，更好推动数字经济发展，2023 年 12 月，财

---

① LADLEY J. Making enterprise information management (EIM) work for business[M]. San Francisco: Morgan Kaufmann Publishers Inc., 2010: 1-35.

② HORNE N W. Information as an asset-The board agenda[J]. Computer Audit Update, 1995(9): 5-11.

③ DAMA International. The DAMA guide to the data management body of knowledge[EB/OL]. (2009-03-11)[2021-10-26]. http://dl.acm.org/doi/book/10.5555/1593444.

政部制定并印发了《关于加强数据资产管理的指导意见》，明确了数据的资产属性，强调要审慎推进数据资产化，加强数据资产全过程管理，进一步发挥数据资产价值[①]。数据资源资产不同于实物性资源及传统的无形资产，具有非实体性、依托性、可共享性、可加工性、价值易变形等特征[②]，规范数据资源资产化管理与评估工作，对于数据资源分级分类管理、高质量建设、高价值流通交易等具有重要意义。

6.1.1.1 国内外数据资源资产化管理现状

目前国外很多发达国家，如加拿大、英国、美国等已经将政府数据资源作为一种重要资产来管理，并且出台相应的法律法规与政策文件。国外数据资源资产化的管理手段主要是对数据资源资产进行登记，并且随着数据资源资产化管理不断深入，涌现出数据市场、数据银行等数据应用新业态[③]。在数据资源资产管理方式上，主要采用集中式、分散式、基于网络的配置等，其中集中式配置是指数据的采集、分析、汇报主要由中央管理者统一执行，分散式配置强调不同管理者在数据收集和分析中的自主性，基于网络的配置是指建立网络以协同开展数据分析与管理[④]。总体来看，国外在数据资源资产化管理方面的工作相对更加成熟规范：其一，有着较为精细规范的数据资产清单管理，如美国、英国、澳大利亚等国家对数据资产清单的编制、审核、更新等内容制定了明确规定；其二，通过标准化管理加强数据互操作性和数据共享，如设置专门的管理机构或职能部门、出台法治保障、吸纳多主体参与标准的制定等；其三，不断推动数据资源资产价值释放，包括鼓励不同来源数据资源的整合融合、构建数据资源资产生态体系、创新数据资源开发利用模式等；其四，重视数据资源资产的保护与安全，主要采取的办法有注重法律法规建设、利用先进技术手段确保数字基础设施及数据共享环境安全可靠、采用多样化管理手段加强数据保护与安全等[⑤]。

---

① 财政部.关于印发《关于加强数据资产管理的指导意见》的通知[EB/OL].(2023-12-31)[2024-02-21].https://www.gov.cn/zhengce/zhengceku/202401/content_6925470.htm.

② 董碧娟.迈向数据资产化之路[N].经济日报，2023-11-28(7).

③ 穆勇，王薇，赵莹，等.我国数据资源资产化管理现状、问题及对策研究[J].电子政务，2017(2)：66-74.

④ SONCIN M，CANNISTRA M. Data analytics in education：are schools on the long and winding road? [J]. Qualitative Research in Accounting & Management，2022，19(3)：286-304.

⑤ 徐娜，范舒雯，尹文渊.数据资产管理的国际经验及启示[J].服务外包，2024(7)：58-62.

我国关于数据资产相关概念的研究始于 20 世纪，此后，在数据资源价值评估、数据资源资产交易等数据资源资产化管理方面已有探索。国家层面和地方层面均已出台数据资源资产管理相关政策文件，使得相关工作有据可依、有序开展。实践方面，国内已成立众多大数据交易平台、数据资产评估中心、数据资产投资机构等，如中国电子技术标准化研究院牵头建设了全国数据资产登记服务平台、江苏无锡大数据交易公司牵头搭建了全国首家以企业数据资产化服务为核心的无锡数据资产服务平台、武汉东湖大数据科技股份有限公司和青岛市数据资产登记评价中心合作建立了全国首个数据资产登记评价平台等。目前我国数据资源资产化管理存在的问题主要集中在数据资源的资产属性不明确、数据资源的权利归属未界定、数据资源的交易活动不规范、数据资源资产化管理机制不够完善等。

国内外数据资源资产化管理的现状与问题表明，越来越多的行业领域已认识到数据资源资产的重要性，并通过各种方式策略不断推动数据资源资产化管理和数据资源资产价值实现。

6.1.1.2 推进数据资源资产化管理的策略

数据资源资产化管理是一个系统复杂的工作，涉及众多环节问题，为推动数据资源资产化管理工作有序进行，需要相关领域不断开展理论研究与实践探索，需要国家层面、地方层面、企事业单位等多方主体的共同努力。数据资源资产管理推进策略可以借鉴国外优秀经验，具体可以从以下几方面入手。

第一，加强数据资源资产化管理理论研究。鼓励相关领域学者围绕“数据资源资产化管理”开展理论研究，国家级、省部级设立适量的相关方向科研专项，组织引导科研机构、高等院校、企业等多方力量合作开展项目研究，特别是在数据资源资产属性、权属界定、管理规范等关键问题方面，促使数据资源资产化管理问题在法律层面上得到有效解决。通常认为，数据资源作为资产需拥有三个基本条件，即资源所有权明确、资源具备稀缺性以及资源拥有经济效益。数据资源资产的存在形态与处置方式有着自身的独特特点，既不适合作为传统的无形资产或知识产权，更不同于固定资产。数据资源资产权属界定的关键在于厘清数据资源的拥有者、服务者、服务对象之间的关系，再根据相关法律法规、各权益主体间的相关约定进行确定。

第二，完善数据资源资产化管理顶层设计。一方面，要从国家层面强化法治保障，相关部门单位应当在现有政策文件的基础上，科学研究制定数据资源资产化管理法律法规，明确数据资源资产管理的责任主体、工作机制、标准规范等，为各级政府、各类型市场主体开展数据资源资产管理工作提供有力的法治保障。另一方面，要细化管理部门责任分工，成立国家数据资源资产管理领导小组，并由其统筹协调数据资源资产管理的重大战略决策，设置财政部、市场监管部等各部门相应的职责分工，通过统筹协调、分工合作的模式，保障数据资源资产化管理工作有序进行。此外，要构建数据资源资产化管理评估制度，将数据资源资产化管理情况作为政府绩效考核体系内容之一，通过定时定量的统计与监测，客观评估数据资源资产规模、结构、应用情况，为相关管理决策提供参考支撑。

第三，建立完善的数据资源资产化管理体系。数据资源资产化管理过程是复杂曲折的，需要建立较为规范完善的数据资源资产化管理体制机制，以逐步推进数据资源资产化管理，促进数据资源开放与共享、传播与利用，促进数据资源价值提升。利用资源资产化管理的思路与方法，促进数据资源管理体系的创新改革，通过资源资产登记、价值评估、财务管理等工作，准确掌握数据资源在采集、利用、共享、维护等过程的实际情况，及时发现数据资源建设与使用过程中存在的问题，从而改善数据资源建设绩效。通过数据资源资产化管理试点工作，开展数据资源采集与加工核算、数据资源共享核算、数据资源运维核算、数据资源归档核算等内容，不断改进与完善数据资源资产化管理体系。

第四，重视数据资源资产登记与价值评估。数据资源资产化管理的生命周期包括数据资源获取、加工、利用、归档等阶段，在各个流程阶段中，均需要对数据资源进行登记管理，从而清楚地记录并掌握数据资源在每个环节的真实情况，避免数据资源资产无序混乱甚至流失。数据资源资产登记管理时需要对资源属性及财务属性一同登记，可以通过借鉴美国、英国、澳大利亚等国家经验，制定统一规范的数据资源资产登记模板，明确登记内容、更新频率等，逐渐形成国家、地方、行业、企业互联互通的数据资源资产登记体系。此外，数据资源在资产化管理的过程中，价值评估是不可缺少的内容。常见的数据资源资产价值评估方法有收益法、市场法、成本法等。

第五，强化数据资源交易活动规范与监管。数据资源交易活动是数据资源作为资产的必要环节，为了使得交易活动相对规范化、合理化，需要建设数据资源资产合规治理体系，培育正规的数据资源交易市场，同时遏制不良非法交易活动的进行。首先,通过建立科学规范的数据资源资产治理体系,规范数据资源确权、开发利用活动,避免数据来源不合规、数据质量不高等问题,继而影响数据资产化、价值化。其次,大力培育数据资源交易市场,能够支持数据资源交易持久发展,具体的培育办法可以有:适度控制全国各地的数据资源交易所、交易平台数量;鼓励探索数据资源交易中心的转型发展;推动制定数据资源质量标准、评估机制、交易规则等一系列规范措施;提高对数据资源交易市场的扶持力度;支持利用新技术研究数据资源交易新模式。最后,依法严厉打击地下数据资源非法交易活动,能够促使数据资源交易健康发展,特别需要加强数据资源交易对象个人信息的有效保护。

第六,推动数据资源开放与安全,深化数据资源价值释放机制。数据资源开放共享、安全利用是数据资源资产化管理的重要内容之一,可以通过建立健全数据资源分类分级保护制度、逐步完善数据资源安全监管机制、鼓励应用先进的数据安全技术、强化数据资源基础设施安全防护等措施,来统筹促进数据资源的开放共享与安全利用。数据资源价值的充分释放是数据资源资产化管理的重要目的之一,政府层面应当出台相关政策,通过建立高效的数据资源交换共享机制,引导推动不同部门数据资源实现互联互通、开放共享、深度融合,从而更好地释放数据资源的聚合价值。此外,各类型企业、行业也拥有大量的数据资源资产,应当重视并加强政企数据资源融合贯通,充分发挥政府的公信力优势,通过建立政企数据资源合作机制或者政府整合特定产业链的全流程数据资源,赋能企业、行业数据资源价值创造,为产业链协同、企业精准决策、供需精准对接等方面提供丰富、可靠的数据支撑,例如在依法合规、确保安全的前提下,允许企业向政府购买脱敏后的公共数据,用于商业开发,催生新业态新模式;探索建立政府数据资产授权运营机制,允许第三方机构参与政府数据的脱敏、清洗、分析等增值服务。

6.1.2 高校数字资源资产化评估管理现状

高校在科研产出与管理、人才引进与培养、学科建设与发展等长期工作过程中,积累了大量高价值的数字资源,随着高校信息化建设的快速发展,校园内数字资源量也呈现几何级增长。数字资源的评估管理对于资源建设与管理、资源评估与利用、资源服务与传播等各方面工作有着重要作用与意义。国内外在数字资源的绩效评估方面已有大量研究,包括数字资源评价指标体系、数字资源评估方法与模型、数字资源服务绩效评估等。目前已有相关的数字资源评价标准，例如国际标准化组织（ISO）发布的国际图书馆统计标准 ISO 2789：2013，在 2013 年修订版的附录 A 中，制定了图书馆数字资源及其服务的使用评价与指标体系[①]；美国国家信息标准组织（NISO）发布的图书馆统计标准 ANSI/NISO Z39.7-2013，制定了图书馆数字资源评价相关标准[②]等。

高校数字资源资产是指高校组织机构与人员产生、管理、服务等各项事项形成的，由高校拥有或控制的，预期能够产生一定积极影响的数字资源[③]。2021 年 9 月，中国图书馆学会印发了《中国图书馆学会“十四五”发展规划纲要（2021—2025 年）》，提出推进图书馆行业数据建设与应用，不断提高图书馆治理支持能力和精准服务水平[④]，体现出图书馆领域对于数据要素开发利用的重视。高校数字资源资产管理是指高校图书馆等数字资源管理机构根据自身条件，利用现有技术主动收集、存储、加工、挖掘、使用具有潜在价值的数字资源资产，通过业务工作、数据管理、技术实现等相互融合，实现数字资源资产的可利用、可共享，创造数字资源价值转化与增值条件。高校数字资源资产化管理是以高校图书馆为主要管理机构，联合校内财务处、资产处等相关职能部门，面向本校图书馆数字资源开展资产化管理全流程工作，使得数字资源更好地服务师生教学与科研工作，能够助力高校图书馆转型发展，促进智慧校园的建设，推动高校创新高质量发展，是当前教育信息化发展的重要组成部分。重视并挖掘、管理数字资源资产，是高校图书馆数字化转型、掌握未来发展主动权的重要工作之一。

目前我国在高校数字资源资产化评估管理方面的研究尚处于起步阶段。2017 年之前主要将数字资源作为固定资产进行管理，如艾华探讨了高校数字资源作为固定资产管理的现状、存在问题、完善策略[⑤]；赵立冰、高景山提出图书馆

---

① ISO. ISO 2789：2013 Information and documentation — International library statistics[EB/OL]. (2013-12-01)[2024-07-01]. https://www.iso.org/obp/ui/#iso:std:iso:2789:ed-5:v1:en.

② NISO. ANSI/NISO Z39.7-2013 Information services and use：metrics and statistics for libraries and information providers—data dictionary[EB/OL]. (2013-03-26)[2024-07-01]. https://groups.niso.org/higherlogic/ws/public/download/11283.

③ 张兴旺，廖帅，张鲜艳. 图书馆大数据资产的内涵、特征及其合理利用研究[J]. 情报理论与实践，2019，42(11)：15-20.

④ 中国图书馆学会. 中国图书馆学会“十四五”发展规划纲要（2021—2025 年）[EB/OL]. (2021-09-09)[2024-07-01]. https://www.lsc.org.cn/cns/contents/1299/15358.html.

⑤ 艾华. 关于高校电子资源资产管理问题的探讨——以淮海工学院为例[J]. 大学图书情报学刊，2011，29(5)：68-71.

数字资源应当作为国有固定资产进行管理[①]；董梅香研究了高校图书馆文献资源的固定资产管理，指出要强化数字资源资产的管理[②]；李波设计并构建了一套高校作为固定资产的数字资源资产管理系统[③]；徐淋楠、邵波基于 NLSP 平台探究了图书馆数字资源全生命周期管理流程，包括产品试用、采购、安装使用、管理、维护与评估五个阶段[④]；刘文波、刘依霏则从试用论证、预算采购、入账使用、折旧(摊销)、报废处置等流程探讨了高校图书馆数字资源资产的全生命周期管理方式[⑤]；胡琳基于数据管理知识体系理论，构建了图书馆数据资产建设框架及管理体系[⑥]；熊拥军等基于数据中台理念规划了高校图书馆数据资源资产管理架构[⑦]。

6.2 评估管理体系

6.2.1 高校图书馆数字资源资产化管理体系

6.2.1.1 高校图书馆数字资源资产化管理意义

从数字资源建设与管理上升到具有战略意义的数字资源资产化管理，体现出人们对于数字资源管理思想、价值认知的提高，也反映出数字化时代中数字信息资源已成为重要资产，高校数字资源的资产化管理，包括建设、存储、组织、利用等工作，对于数字图书馆、数字经济、数字社会发展具有深远的现实意义。

(1) 数字资源资产管理是数字经济发展的重要牵引

数字经济以数据基础设施、数字技术、人才、经费等为基础保障条件，以数据资产开发利用为核心。从数字经济的产生来看，数据资产管理是产业数据化的必然结果，是数据产业化的前提条件，数字资源资产管理使得图书馆馆藏资源不

---

① 赵立冰，高景山. 图书馆电子资源资产管理的思考[J]. 内蒙古科技与经济，2012(9)：158-159.

② 董梅香. 试论高校图书馆文献资源的固定资产管理[J]. 情报探索，2014(7)：96-98+101.

③ 李波. 高校数字资产管理系统的设计与应用[D]. 长沙：湖南大学，2016.

④ 徐淋楠，邵波. 新一代图书馆服务平台环境下电子资源生命周期管理流程探究——以 NLSP 为例[J]. 图书馆学研究，2021(12)：44-50.

⑤ 刘文波，刘依霏. 高校图书馆电子资源资产全生命周期管理探讨[J]. 文化产业，2022(35)：97-99.

⑥ 胡琳. 大数据背景下图书馆数据资产的建设框架与管理体系[J]. 图书馆理论与实践，2019(3)：82-86.

⑦ 熊拥军，白瀚祯，张廷成. 基于数据中台的图书馆数据资产管理架构[J]. 图书馆学研究，2023(8)：36-47.

再只是作为教学科研活动的辅助资源，还作为教学科研成果生产要素直接参与价值创造，使资源与服务嵌入到教学科研的各个环节。从数字经济的发展来看，不同于传统馆藏利用，作为生产资料和价值载体，数字资源资产应当按照资产管理规程，经过收集、整理、加工、审核等流程，保证资源质量、价值、版权安全等方面问题。总之，建立高质量数字资源资产，需要有相对规范成熟的数据治理规则、资产管理体系来约束和平衡不同类型数字资源资产的建设。

(2) 数字资源资产管理是图书馆馆藏资源管理的理论优化

从纸本资源管理、多媒体资源管理、数字资源管理到当前的数据治理，图书馆馆藏资源管理理论随着信息资源的载体、加工方式、处理技术的发展而不断演进，逐步形成了馆藏资源数据采集、存储、加工、分析、利用的贯穿资源全生命周期管理的较为完整的理论体系。随着信息技术不断发展、大数据时代的到来，数字资源激增，数字加工技术层出不穷，数据资源价值日益重要，这些都逐渐凸显了数字资源的资产属性，改变了传统图书馆馆藏资源管理理论中以“藏”为主的思想。新的背景环境下，要求图书馆在基于传统的专业化馆藏资源建设、内向型馆藏资源服务、垂直性馆藏资源流程管理等理论上，转变思路，重视“藏”“用”并重，聚焦对数字资源资产管理、数字资源数据生态治理等方面，并构建包括数字资源传播、运营、监管等理论以及规范化数字资源描述标准、标引技术、组织方法等整体性开放式理论体系，为数字资源资产管理流程与业务流程的融合与价值实现提供科学合理的理论指导。

(3) 数字资源资产管理是图书馆数字化智能化发展的必然要求

数字社会建设与发展需要以数据为中心，保证高效有序的数据流动，形成科学稳定的数据资产管理体系。图书馆馆藏资源建设中，数字资源资产理念能够提升馆员数据意识、数据素养，在数据价值的内生动力与外部需求的作用下，馆员职业结构中数据处理、数据分析、数据共享等内容会逐渐增加，有利于优化馆藏配置、融合业务流程、创新服务手段、拓展服务内容等，满足数字时代读者更丰富的知识需求，形成需求牵引供给、供给创造需求的更高水平的资源供需动态平衡。此外，图书馆数字资源资产管理以社会效益最大化而非经济收益最大化为价值导向，在社会效益最大化过程中重视数字资源资产价值链管理，深入挖掘数字资源的内在价值。因此，制定数字资源建设与管理规则、遵循数据资产管理规律至关重要。

6.2.1.2 高校图书馆数字资源资产化管理原则

数字资源资产化管理原则是确保数字资源资产得到有效管理与利用的一系列准则。基于2023年财政部发布的《关于加强数据资产管理的指导意见》中关于对数据资产管理原则的要求,可将高校数字资源资产化管理原则设置为以下几方面。

第一,要重视资源安全与合规利用相结合。图书馆等数字资源管理机构应当统筹数字资源建设发展与资源安全等内容,科学处理数字资源资产安全、数字资源资产利用、用户个人信息保护等关系,防止资源的丢失、损坏、非法篡改等问题。一方面,应以数字资源安全保障为前提,对涉密、重要等需严格保护的资源,要谨慎开展资产化过程;另一方面,对可公开利用的资源,要支持合规开展资产化过程,包括资源的获取、存储、利用等方面,以促进资源资产价值的发挥。

第二,要重视分级分类与权益平衡相结合。图书馆等数字资源管理机构应当对不同类型数字资源进行分级分类管理,建立不同级别、不同类型资源的权限及使用规范,这样既能有效保护资源的安全,又能更充分地利用资源。同时,应当全面考虑作者、出版者、读者、管理者等不同类型权益主体的合法权益,在平衡好各权益主体权限利益的同时,实现资源的合理利用。

第三,要关注资产化工作与用户需求相结合。图书馆在开展数字资源资产化的工作过程中,不仅要考虑本馆及本校的实际情况,包括政策环境、技术设备、资源情况、人员组成、发展要求等方面,同时也要兼顾本校师生用户的实际需求,以用户为中心,探索多样化资源利用方式,拓展用于创新科研、校企合作等数字资源资产的有条件有偿使用,促进知识资源共享与价值创造。

第四,要加强制度建设与监管反馈相结合。图书馆等数字资源管理机构在推进数字资源资产化的进程中,应当强化馆际合作、校馆协作,促使资源共建与优势互补,加强管理制度建设,不断完善数字资源资产管理相关的体制机制。另外,应当注重数字资源资产化全过程监管,确保资源管理的公开性、公正性。通过加强数字资源资产的全过程管理,结合资源评价与用户反馈,进行必要的调整,使图书馆能够不断提高数字资源资产化质量、提升数字资源资产的经济价值与社会价值。

6.2.1.3 高校图书馆数字资源资产化管理体系内容

规范合理地开展数字资源资产管理，探索数字资源资产应用场景与利用方式，有利于推动数字资源资产的合规化、标准化、增值化建设，丰富和提升数字资源资产的价值，促进高校图书馆资源与服务的转型升级，助力高校高质量教学工作、创新型科研发展。高校图书馆数字资源资产化管理是一项长期化、复杂性的系统工程，需要以图书馆为主的管理部门统筹规划、逐步落实。具体来讲，高校数字资源资产化管理体系主要包含以下几方面内容。

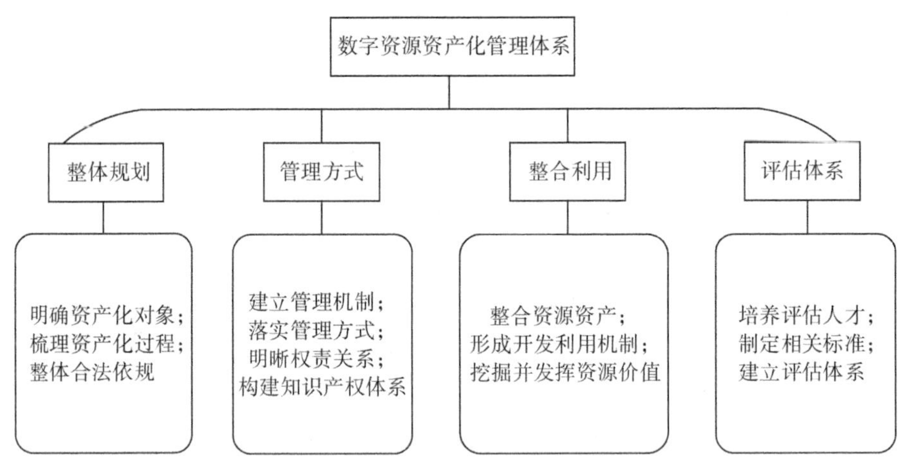

图 6-1 高校数字资源资产化管理体系

首先，建立数字资源资产管理整体规划，合法依规管理资产。明确数字资源资产管理的对象，即应当依据资源资产的概念与特征，将图书馆拥有的且预期能够产生管理服务潜力或带来经济利益的数字资源，作为数字资源资产进行管理。对于涉及国家安全、商业秘密、个人隐私等的资源，则按照法律法规及其他明文规定的权限、程序进行管理。梳理数字资源资产化过程，包括资源收集、数字化、存储、评估、加工、管理、共享等，为数字资源资产管理做好整体规划。

其次，确定数字资源资产管理方式，明晰权益主体权责关系。根据数字资源资产的内容范围、格式类型、服务对象、版权情况等方面，建立健全数字资源资产全流程管理机制，落实数字资源资产管理各环节管理方式，定期更新维护数字资源资产，加强资源安全保护能力，不断提升数字资源管理效率、管理能力，促进数字资源资产的开放共享与传播利用，推动自动化、智能化的大数据资产管理。明晰并保护各类权益主体在依法开展数字资源资产化过程中的各项权益及权责边界。基于数字资源属性类型，通过分级分类、确权授权等工作，落实资源持有权、加工使用权、经营权等权利分置要求，构建科学的数字资源资产知识产权体系，保证资源资产使用安全可追溯。

再次，逐步整合数字资源资产，不断推动资产开发利用。图书馆通过梳理分析馆藏数字资源资产，将数字资源按照资源类型、收录来源、资源范围、学科属性等进行划分与整合，逐步整合数字资源资产，有利于对资源资产的有序化管理与高效利用。并且，结合资产管理机制，逐步形成权责清晰、过程透明、风险可控的数字资源资产开发利用机制，支持对数字资源资产的合理融合加工，深度挖掘并发挥数字资源资产潜在价值。

最后，完善数字资源资产相关标准，建立资产评估体系。图书馆应当培养一批数字资源资产评估人才，基于现有资产相关标准与评估体系，结合本校、本馆实际情况，制定并建立具有本校特色的数字资源资产标准与评估体系。通过分析识别数字资源资产评估影响因素，建立评估机制，梳理评估流程，充分利用先进技术手段，逐步构建评估标准库、指标库、模型库、案例库等，促进资源研究与利用，不断加强数字资源资产评估能力，提升资源保障力度，保证数字资源资产的质量与价值。

数字资源资产管理作为管理模式的一种创新，为信息资源管理注入新的活力。通过数字资源资产价值评估、数字资源资产知识产权保护、数字资源资产开放共享等工作，科学合理地进行数字资源资产管理，能够充分发挥数字资源的经济价值，促进图书馆资产保值增值，对于图书馆数字资源建设具有重要意义。

6.2.2 高校图书馆数字特藏资源资产化评估管理体系

6.2.2.1 高校图书馆数字特藏资源资产化评估管理意义

数字特藏资源作为图书馆独特且价值较高的馆藏资源，其资产化评估管理能够保证资源安全准确、合理配置、有效利用，是资源价值提升的重要环节，对于图书馆提升资源竞争力、树立特色资源品牌等有着重要作用。数字特藏资源资产评估管理对于高校图书馆的意义主要有以下几方面。

①优化馆藏资源结构。通过数字特藏资源资产评估管理，能够使图书馆更好地了解资源资产情况，从而优化馆藏资源结构，改进资源建设决策，合理平衡

各类资源采购、加工、组织与建设。

②提高馆藏经费使用效率。在保证数字特藏资源资产价值，且遵循本校及本馆对于资源经费的长期或短期目标下，科学合理的资产评估管理能够有效改进馆藏资源的建设投资收益、降低资源建设成本，提高馆藏经费的使用效率。

③提升资源服务能力。经科学评估管理后的数字特藏资源资产，内容质量与加工程度都得到了进一步提高，能够有效提高读者对资源的检索效率、使用满意度，提升馆藏资源的服务能力。

④打造特藏资源服务品牌。开展数字特藏资源资产评估管理工作，是图书馆不断改进自身可持续发展目标的举措之一。通过改善资源内容质量、组织利用、服务能力等情况，图书馆能够逐渐打造本馆特藏资源服务品牌，使得自身发展及时满足新时期读者的个性化需求。

6.2.2.2 高校图书馆数字特藏资源资产化评估管理面临的问题

高校图书馆数字特藏资源资产化评估管理的重点内容在于对数字特藏资源资产相关数据的收集、管理与评价，因此高校数字特藏资源资产化评估管理面临的问题主要反映在数字特藏资源资产相关数据获取存在难度、数据描述存在不规范或无序化、资源价值转化能力弱等方面。

首先，数据获取存在难度。数字特藏资源资产化评估需要有较为全面、完整的资源数据作为基础，如此方能得到相对准确的评价结果。但通常数字特藏资源数据的获取过程会存在一定难度，这些困难主要是由数据分布分散、数据权属不明等问题所导致的。在云服务的环境下，图书馆有越来越多的资源数据是分散在本馆外部的，而非本地化存储，这使得资源数据获取的成本越来越高。此外，由于图书馆建立的数据管理系统所包含的业务功能缺失，会导致一些评估所需数据缺失或数据权属不明，包括数字特藏资源元数据、资源利用数据、资源评价分析数据等，这些未经统一管理的数据可能分散在数据商、出版商、系统商等不同主体的业务系统中，进而导致数据难以获取。这一问题是数字特藏资源资产化评估管理未来在技术、管理等层面需要重点解决的问题。

其次，数据描述存在不规范或无序化问题。数字特藏资源资产化评估相关数据的异构、分散，会使收集得到的资源数据呈现出两方面问题。其一是在数据规范化方面，不同系统中的数据所使用的数据模型、描述方案各不相同，导致得到的数据格式不统一，难以集成管理；其二是在数据质量方面，异构分散的数据未能通过有序化组织加工，可能存在数据属性不全、必备字段缺失、内容不完整等问题，导致得到的数据无序混乱、质量不佳，最终影响数字特藏资源资产化评估效果。

最后，资源价值转化能力弱。数字特藏资源资产化评估是对资源质量与价值的合理有效评估，资源价值转化能力对评估的效率效果有着一定影响。数字特藏资源的价值转化能力弱主要体现在两方面，一方面是资源数据的无序性、不规范性，导致数据的获取、加工周期变长，使得资源数据价值转化效率低下；另一方面是数字特藏资源资产和评估管理业务之间缺乏联通，图书馆馆员较为熟悉数字特藏资源的建设与服务，但对于数字特藏资源的资产化开发与评价管理则缺乏了解与理解，会使得资源数据的价值转化周期长、转化能力弱。

6.2.2.3 高校图书馆数字特藏资源资产化评估管理体系内容

数字特藏资源资产评估管理依赖于有效的数据治理，包括管理标准的确立、管理元数据的选定、管理指标的统一等，基于高校图书馆数字特藏资源资产化评估管理面临的问题分析及上文数字资源资产化管理体系内容，梳理高校图书馆数字特藏资源资产评估管理体系，主要包含以下内容。

第一，制定评估管理战略。高校图书馆数字特藏资源资产的有效管理组织、评估与利用，不同部门成员之间的协同合作，需要制定切实可行、科学合理的高校图书馆数字特藏资源资产评估管理战略，实施战略管理，以明确的战略指导组织各项数字特藏资源资产评估管理工作。①高校图书馆及相关职能部门应根据国家、行业相关战略要求，结合自身实际情况，制定出适合本校的特色数字特藏资源资产战略基本框架，确定数字特藏资源资产评估管理目标，明确数字特藏资源资产总体发展战略、分体战略、实施保障战略等。②高校图书馆及相关职能部门应组建专门团队，通过协作撰写、多轮论证等流程，编制出具体详尽的数字特藏资源资产战略规划内容，并以组织正式文件的形式进行下发。③经编制下发后的数字特藏资源资产战略，应成为本校数字特藏资源资产评估管理工作的纲领性文件，相关单位应当依据该战略文件内容分层落实工作。通过统一的领导体系、专门的管理团队、健全的制度体系、专业人才培养等系列工作，保障数字特藏资源资产评估管理工作有序、持续地开展。

第二，厘清评估管理流程。高校图书馆数字特藏资源资产评估管理流程应依从数据的全生命周期开展，覆盖从确定资源需求到最终资源剔旧去重的整个时间周期，具体包括以下几点。①数字特藏资源资产需求调研与立项：调查国内外同行业高校数字特藏资源资产建设情况，调查本校师生用户对数字特藏资源资产的需求情况，撰写并提交数字特藏资源资产建设立项申请，经相关部门审批后立项。②数字特藏资源资产分级分类审核：根据特藏资源保密程度、安全权限等，进行不同层级、不同维度的资源资产分级分类，并邀请专家学者对不同级别类型的资产进行评估审核，设置相对应的管理策略，③数字特藏资源资产公示与登记备案：根据公示流程对经过评估审核的特藏资源相关材料予以公示，包括评估审核专家、评估审核程序、评估报告摘要、评估审核结果、反馈意见收集等，根据特藏资源的类型、范围、来源、权限等不同属性特征，进行分类登记备案。④数字特藏资源资产监测管理：设置异常数据规则，做好数据资产的安全防控，定期对资源的浏览、下载、收藏等使用情况进行监测，及时发现数据异常预警问题；根据评估资源数据的使用情况，适当调整数字特藏资源内容。

第三，建立评估复核机制。在高校图书馆数字特藏资源资产评估管理过程中，评估审核的专业性决定了评估管理质量与效果，因此需要建立科学明晰的评估复核机制。①采用专家评审制，可通过专家独立审核或者召开现场评审会等方式，对特藏资源资产做出专业评审意见。②开展评估结果回头看工作，定期开展特藏资源资产评估结果与用户实际使用反馈情况的对比分析工作，不断改进特藏资源资产组织管理质量。

第四，加强评估管理人才培养。高质量的评估管理离不开高素质人才队伍，包括高校数字特藏资源资产管理人员、评估人员、审核人员等。高校图书馆可针对不同类别人员建立相应的人员库，设置对应的培训培养机制、考核管理机制等，不断提高人员管理效能。

6.3 评估机制构建

6.3.1 评估机制构建的必要性与可行性

高校图书馆数字特藏资源资产化评估机制的构建对于推动数据资源资产化，促进数据要素市场化配置具有重要意义。在数字经济时代下，数据资源已逐步成为一种极其重要的新型资产，而高校作为知识与文化传承的重要场所，其数字特藏资源具有独特的研究价值和文化意义，是高校核心竞争力的重要组成部分。

在“双一流”背景下，高校图书馆的数字资源管理面临诸多挑战，例如纸本资源与电子资源管理分离、数字资源缺乏精细化管理等，需要通过改革创新资源管理模式，以适应数字资源的特点，实现对数字资源的全周期监管，不断提升数字资源的管理和服务水平。高校图书馆在管理和组织数字特藏资源时，应当积极关注并利用新技术，例如引入关联数据技术，对特藏资源按照责任者、主题、学科等多角度进行聚合关联组织，以提高资源的可检索性、可获得性，不断提高特藏资源的数字化及在线服务能力，提升图书馆的整体服务质量与效率。此外，数字特藏资源的开放获取也是提升其价值和影响力的关键，需要在保障数据安全和合规的前提下，推动特藏资源的网络化和共享。数字特藏资源实现资产化并开展价值评估，能够有效助力数字特藏资源的管理，提升数字特藏资源的质量，促进数字特藏资源的开发利用。高校图书馆数字特藏资源资产化评估机制的构建不仅是必要的，也是可行的。通过明确资产界限、综合评估、技术应用和开放共享等措施，可以有效地推动高校图书馆数字特藏资源的资产化评估工作，进一步发挥其在数字经济中的价值和作用。

6.3.1.1 必要性

①指导评估与管理工作的实际需要。构建高校图书馆数字特藏资源资产化评估机制是指导资源资产化评估与管理工作的实际需要。高校图书馆数字特藏资源资产化评估与管理工作是相关决策与具体实施工作的支撑性、参考性工作，其中评估环节包括资源资产化意义、描述、价值等事实性问题，管理环节包括资源资产化规划、流程、复核等事务性问题，二者在评估机制的统领指引下，方能相辅相成、有序科学地开展每项工作。

②完善数字特藏资源资产化建设体系的客观需要。一直以来，数字特藏资源建设是高校图书馆资源建设的重要内容之一。随着国内外对数据资产等相关内容的关注与重视，图书馆也应当将数字特藏资源资产化工作提上日程，以进一步发挥数字特藏价值，更好地满足用户日益增长的知识信息需求。为保证数字特藏资源资产化建设中资源的质量、数量等内容，需要有一套科学合理的评估机制，因此构建数字特藏资源资产化评估机构有助于高校图书馆数字特藏资源资产化建设体系的丰富和完善。

6.3.1.2 可行性

(1) 理论基础

理论基础是支撑制度机制顺利制定并实施的内在动力。资产评估理论和资源评估理论是数字特藏资源资产化评估机制的主要理论基础,一方面指导数字特藏资源资产化合理合规地展开、运行,另一方面为图书馆数字特藏资源资产化评估提供科学依据。

在资产评估理论方面,国外资产评估发展至今已有一百多年的历史,始于市场交易需要而逐步发展。我国资产评估主要是借鉴国外较为成熟的经验而发展起来的,20 世纪 90 年代初,在国有企业改制时,为防止低价转让国有资产而对国有资产价值进行评估,之后市场主体根据特定经济行为、特殊目的进行评估,形成了交叉多元的评估格局,随着经济发展以及对资产认识的深化,评估内容进一步丰富。国际评估准则是目前最具影响力的国际性资产评估专业准则,其对资产评估管理体系、准则标准等都予以详细说明[①]。我国学者对资产评估理论也有系列研究,如余炳文等梳理并构建了资产评估理论框架[②];肖毅等研究了资产评估方法理论[③];刘灿灿等探讨了我国资产评估的理论发展[④];等等。

在资源评估理论方面,国内外图书馆界已对馆藏资源评估进行了深入系统的研究。国外高校图书馆评估始于 20 世纪 30 年代,注重多元主体评估,并随着时代环境的变化,不断更新完善资源评估机制、评估指标、评估方法等内容。我国高校图书馆评估始于 20 世纪 80 年代,内容涉及对馆藏资源、电子资源、古籍资源、数字资源等各种类型资源的评估指标、评估模型、评估工具等方面的研究[⑤]。

(2) 政策基础

政策基础是保障制度机制规范化制定的外在动力,具体包括国家、地方政府、高校等不同层级单位在数据资产管理、馆藏资源建设等方面出台的政策制

---

① 国际评估准则理事会. 国际评估准则 2011[M]. 北京:经济科学出版社,2012.

② 余炳文,姜云鹏. 资产评估理论框架体系研究[J]. 中南财经政法大学学报,2013(2):34-39.

③ 肖毅,杨艳. 资产评估方法的理论溯源研究[J]. 中国资产评估,2024(4):22-29.

④ 刘灿灿,徐明瑜,陈佳欣. 中国资产评估理论发展探讨——学者篇[J]. 中国资产评估,2021(2):8-12.

⑤ 钱婧,王锰,陈雅. 国外一流高校图书馆馆藏资源评估分析及启示[J]. 国家图书馆学刊,2022,31(5):95-103.

度。我国已出台一系列数据资产管理、数字资源管理等相关政策,例如《关于加强数据资产管理的指导意见》《关于推进数字资源保护和利用的意见》等。在此引导下,省级地方政府也陆续推出相关政策法规、优化组织架构,并开展实际工作,不断推进数据资产化、资源建设评估等工作落地落实[①]。国内外在馆藏资源建设方面均有大量的政策制度,包括数字资源、特藏资源等类型资源,例如,我国在非物质文化遗产数字化方面颁布了系列政策法规[②];北美一些高校在地理馆藏建设方面制定了发展政策[③];美国图书馆在特藏资源版权方面制定了许多政策[④];等等。

(3) 技术基础

在资产评估领域,数据获取、处理、分析等是确保评估工作科学规范和准确有效的重要保证。曾有学者指出资产评估过程中评估人员可以得到的信息技术支持非常有限,在获取全面、准确、专业的市场信息、行业数据等内容方面存在很多困难[⑤]。近年来大数据、云计算、人工智能等现代信息技术的迅猛发展,为资产评估带来了强有力的技术支撑。我国社会信息化进程也有了突飞猛进,不论是国家层面还是企事业单位,均对各种现代信息技术高度重视、充分应用。2015 年国务院颁布了《国务院关于促进云计算创新发展培育信息产业新业态的意见》,2021 年工业和信息化部发布《工业和信息化部关于印发“十四五”大数据产业发展规划的通知》,2024 年工业和信息化部等四部门联合印发《四部门关于印发国家人工智能产业综合标准化体系建设指南(2024 版)的通知》。在现有的技术背景、政策环境下,数字特藏资源资产评估机制构建的科学性、前沿性、智慧性成为可能。

6.3.2 评估机制构建的影响因素

数字特藏资源作为高校图书馆重要的以大数据技术为核心的现代信息技术,为资产评估,特别是版权资产的评估,提供了有力支撑资产。构建数字特藏

---

① 周文泓,文利君,吴一凡.我国省级政府面向数据资产化利用的推进行动调查及其启示[J].图书情报工作,2024,68(3):27-39.

② 文琴.图书馆参与非物质文化遗产数字化的政策研究[J].图书馆建设,2019(S1):156-160.

③ 宋家梅,白如江,王芳.北美高校图书馆地理馆藏建设与服务调查研究[J].图书馆,2021(2):36-42.

④ 孙涵涵,郝群,张立彬,等.美国大学图书馆特藏资源版权政策解析及服务实践研究[J].图书情报工作,2020,64(10):128-135.

⑤ 马维野,刘玉平.知识产权价值评估能力建设研究[M].北京:知识产权出版社,2011:10.

资源资产评估机制不仅能够完善图书馆馆藏资源价值评估的理论研究，而且有助于馆藏部分资源形成产业链。分析数字特藏资源资产评估机制构建影响因素对于评估机制构建有重要意义，考虑目前高校图书馆数字特藏资源资产评估研究与实践均较少，单一评估方法与指标均不适合，因此在分析现有其他资源资产评估内容的基础上，选择以下因素作为图书馆对于数字特藏资源资产评估机制构建的主要内部考虑影响因素。

(1) 成本因素

高校图书馆数字特藏资源的成本指的是图书馆依托自身条件，建立本馆数字特藏资源并取得资源知识产权而付出的全部费用，具体包括资源收集与清洗、资源数字化加工、资源管理与维护、资源存储与共享、资源评估等所需费用之和。其中部分智力成本等难以用可确定的量化指标表征的，可以通过相关参与人员的教育背景、专业技能、工作经验等进行间接估算，也可以通过市场调研参考类似项目的智力成本进行估算计量。此外，在特藏资源数字化和资产化的过程中，可能会遇到技术风险、市场风险、法律风险等不确定性因素，这些风险成本可通过风险评估、保险费用、应急处理费用等内容进行估算，并且应当预留一定的风险准备金，以应对可能出现的意外情况。

(2) 效益因素

高校图书馆数字特藏资源作为自建特色馆藏，不同于公共共享馆藏资源，拥有一定的效益价值，包括经济效益、社会效益。经济效益通常是指未来能够产生的现金流能力，即将待估资产的价值界定为财产经济生命内将实现的预期净收益的现值[①]。高校图书馆数字特藏资源的经济效益是指拥有知识产权后获得的净收入，即扣除成本之后的纯收益，计算并考量数字特藏资源的净收入对价值评估有重要作用。数字特藏资源的社会效益是指该资源建成及使用后对于社会产生的积极影响。图书馆与一般市场主体相比，具有公益性。图书馆建设的数字特藏资源具有文化知识传播、学术科研交流等社会公益职能，对公众思想观念、科学发展、社会进步等方面均能带来积极影响，因此在资产评估时应当考虑其社会效益因素。

(3) 法律与经济寿命因素

高校图书馆数字特藏资源的法律因素主要是指特藏资源确权后的知识产权

① 王吉法，等．知识产权资本化研究[M]．山东：山东大学出版社，2010：25．

使用时间、使用范围、使用者等。其中法律保护期限通常依据相关法律法规确定，如著作权的保护期限一般为作者终生加上一定年限，通常是作者去世后50年至70年，不同国家法律对这一年限的规定有所不同。特藏资源的知识产权使用范围可能会受到地域、使用方式、使用目的等多种因素的限制，如某些特藏资源仅能在特定国家或地区受到保护，或者仅限于非商业性使用。特藏资源的知识产权使用者包括原始创作者、版权持有者、被授权使用资源的个人或机构，高校图书馆作为资源的管理者和提供者，需要明确自身在特藏资源知识产权体系中的角色和权利范围。高校图书馆数字特藏资源的经济寿命因素则是指特藏资源能够为知识产权拥有者带来经济收益的时间长度。一般情况下，知识产权的法律保护期限和经济寿命长短并不相同，经济寿命通常是由知识产权的社会效益来决定的，受市场需求、技术发展、社会变迁等多种因素所影响。特藏资源的教育价值、文化价值、历史价值等社会效益越高，其经济寿命往往越长，因为这些资源能够持续吸引使用者，产生经济收益。市场需求的变化直接影响特藏资源的经济收益和寿命，高校图书馆需要密切关注市场趋势，评估特藏资源的市场需求，并据此调整资源的管理和利用策略。信息技术的更新进步可能对特藏资源的经济寿命产生正面或负面的影响，如新的数字化技术和传播手段可能延长资源的经济寿命，而技术的快速迭代也可能导致某些资源迅速过时。通过深入分析法律因素与经济寿命因素，高校图书馆能够更准确地评估数字特藏资源资产价值，制定合理的管理策略，实现数字特藏资源的长期保护和有效利用。

(4) 需求应用因素

高校图书馆数字特藏资源资产化目的是更好地服务广大师生用户，提高特藏资源使用率，充分发挥馆藏特藏建设价值。因此在开展数字特藏资源资产评估工作时，需要考虑用户的需求及资源应用等因素，例如本校学科分布与发展现状、本校师生结构分布情况等。高校图书馆在进行数字特藏资源资产评估时，需要考虑本校的学科布局和发展趋势，不同学科专业的师生对资源的时空覆盖、类型格式、检索方式等需求各有不同，例如，人文学科师生可能更注重历史文献和手稿，而理工科师生则可能更关注科学数据和实验记录，部分学科或研究方向的师生可能会对特定时期或地区的资源有更高的需求。师生的职称、年龄、性别等结构分布也是评估时需要考虑的重要因素，不同职称的教师对资源的深度和广度会有不同的需求，年轻教师和学生可能更倾向于使用数字化或在线资源，师生对于资源的学术价值、教育价值等方面也各有使用偏好。因此在开展特藏资源资产评估时，要综合考虑不同类型用户的需求，进行针对性应用范围、应用效果等方面评估，以提高资源的使用率和效果，充分发挥数字特藏资源建设的价值。

此外，数字特藏资源资产化评估是一项专业度较高、评估难度较大的工作，目前国内外无形资产评估标准体系尚未形成统一规范，缺乏权威科学的评估依据。尽管各国对于资产评估相关问题已出台大量的管理规范文件，但并未形成体系化评估流程、标准化评估过程、规范化评估准则，缺乏系统性、全面性。图书馆馆藏资源有其独特的公益性，知识产权主要是权利人的专属财产，大部分资源并未市场化，数字特藏资源因其独有性、稀缺性等特征而具有商业经济价值，这些价值通常是由市场机制决定的，因此对其的评价评估结果最终需要经过市场的检验，但目前数字特藏资源缺乏完善的交易机制，著作权的交易市场远不如专利权、商标权等权利的交易市场完备。无形资产评估市场的建设落后、评估制度的规范落后、评估人才的培养落后等一系列问题，均需要作为高校图书馆数字特藏资源资产化评估机制构建的外部考虑因素。

6.3.3 评估机制构建内容

构建高校图书馆数字特藏资源资产化评估机制，需要明确数字特藏资源资产的身份与界限，建立数字特藏资源确权及资产登记管理制度，需要从数字特藏资源资产质量评估、价值评估等多个层面综合考量，制定具有针对性的评估标准，选择适当的评估方法。在数字特藏资源资产化评估环节，应当综合运用成本法、收益法、市场法等方法评估数字特藏资源资产的价值与贡献，并积极探索数字特藏资源资产价值评估方法体系的创新。总体而言，高校图书馆数字特藏资源资产化评估机制的构建可以包括以下几方面内容。

6.3.3.1 制定评估管理制度

科学合理的评估管理制度是构建高校图书馆数字特藏资源资产化评估机制的重要保障。目前尚缺乏统一规范的无形资产评估管理制度体系，会导致数字特藏资源资产评估可能存在标准不一致、方法不统一等问题，不利于数字特藏资源资产评估的科学合理性、准确全面性。因此，需要注重并完善图书馆数字特藏资源无形资产评估管理制度。我国目前已有《资产评估业务准则》，为资产评估相关工作提供了基本的指导和规范，今后可在此基础上，进一步推动图书馆、博物馆等文化单位的知识产权资产评估准则、管理制度等的建立。

首先，明确评估主体。为实现数字特藏资源资产评估的相对合理公正，应当明确负责整个评估工作的单位、团队及具体成员，设置清晰的职责分工，高校图书馆数字特藏资源资产化评估的评估主体可包括高校图书馆、资产部门、财务部门、科研管理部门等，具体情况需根据自身实际情况进行确定，形成适合本单位的数字特藏资源资产评估小组。具体数字特藏资源资产评估成员需要包括专业的评估专家、咨询人员、仲裁人等配套组成，如评估专家为资产评估提供谈判基础；咨询人员为资产拥有者和使用者提供最佳方案建议；仲裁人为最终资产价值的确定作出判断等。

其次，摆正评估立场，设立评估指南。评估主体应将评估工作作为馆藏资源建设的重要组成部分，纳入资源建设工作要点中，基于对特藏资源价值的深刻理解，重点讨论、认真对待，避免任何形式的偏见和利益冲突，确保评估结果的真实性、可靠性。针对特藏资源的独特性、珍贵性、历史性等特征，设立评估指南，具体内容包括评估目的、评估意义等。针对不同类型的数字特藏资源资产及其所有者性质、使用目的等设立多元化的评估目的；结合图书馆馆藏资源建设目的与用户对特藏资源实际需求，提出数字特藏资源资产评估意义。

再次，制定并公布评估制度方案，评估主体应基于数字特藏资源资产化流程、目的等，结合图书馆的实际情况和需求，科学制定评估制度、方案、计划，并予以及时公布，包括评估方式、评估环节、评估程序等，保证数字特藏资源资产化评估工作有序进行。设立评估基本标准、规范、准则，包括程序性准则、专业性准则，其中程序性准则是评估人员在开展评估过程时应当遵循的标准流程，如评估申请、评估委托、评估实施等；专业性准则是不同类型资源资产的针对性、规范性评估准则。

最后，完善各项制度，评估主体除制定数字特藏资源资产化评估制度外，还应补充完善其他相关的制度，例如考核制度、激励制度、人才培养制度等。组织评估成员定期开展培训交流活动，邀请行业专家和资深评估人员分享经验，促进评估团队的知识更新和技能提升。建立评估制度应该具有一定的前瞻性和战略眼光，考虑长远发展和行业趋势，确保评估机制能够适应未来的变化，明确评价的目标与导向，确保评估工作与图书馆的发展战略和目标相一致，促进资源的有效利用和管理，辅助整个评价过程科学、规范、公开、公正，确保评价结果客观真实。同时，建立评估工作的反馈与持续改进机制，收集利益相关者对评估工作的意见和建议，根据反馈和评价结果不断优化评估制度和方法。

此外，在信息化时代，评估主体可以借助大数据、云计算、人工智能等先进的信息技术手段，建立一套辅助日常评估工作的信息化评估管理系统，基于数字特藏资源资产化评估管理制度，将具体工作设计成流程化、系统化便捷操作。通过建立信息化评估管理系统，在系统中集成各种评估模板和工具，能够有效减轻评估人员日常评估工作的压力，提高数字特藏资源资产化评估的效率与质量，促进图书馆信息化发展。

6.3.3.2 建立评估方法体系

构建一套系统完整的评估方法体系是评价考量图书馆数字特藏资源资产质量与价值的有效手段，也是引导预测数字特藏资源资产化建设与服务的重要方式，对于推动数字特藏资源科学、规范实现资产化建设有重要意义。数字特藏资源资产评估方法体系主要包括的内容有：确立有效的评估流程、打造科学的评估方法等。评估流程是合理规划数字特藏资源资产化评估，并监督评估顺利实施的重要依据。评估方法是数字特藏资源资产化评估的手段依托，评估方法的选择应借鉴已有的理论研究或实践经验，结合评估对象特点，确立规范的、可行的、适用的评价方法，最终得到综合性评估结果，反映数字特藏资源资产的质量与价值。需要注意的是，整个评估体系的建立并不是一次成型、一蹴而就的，需要在实际工作中结合评估效果、反馈意见，不断修正完善，最终形成一套科学实用的数字特藏资源资产化评估体系，以保证评估过程的科学性、评价结果的客观性、评估效益的高效性。

6.3.3.3 细化评估指标体系

在图书馆数字特藏资源资产化评估工作开展中，评估指标体系的建立与完善十分关键，结合图书馆发展需求与数字特藏资源资产化工作需求，明确质量评估、价值评估中的各项指标及其权重系数，能够更加精准地评估、把握图书馆数字特藏资源资产的实际价值情况。在评估指标体系的建立中，可通过问卷调查、专家访谈、德尔菲法、层次分析法等方法途径，根据成本因素、效益因素、法律因素、需求因素等评估影响因素对不同数字特藏资源进行预估、划分等级，选取能够综合反映数字特藏资源资产化状况与全貌的指标，分层分类设置指标，并采用合理方法细化每一个指标的权重系数，对于部分重点特藏资源，可邀请相关领域专家进一步评估，确保评估工作的完整性。

6.3.3.4 完善评估反馈机制

数字特藏资源资产评估的目的主要是对进行资产化的数字特藏资源作出科学合理的评价，是考量数字特藏资源资产质量、价值的重要手段。评估主体需要对数字特藏资源资产定期开展评估工作，从建立数字特藏资源资产评估机制角度去思考，注重评估过程的细节问题，通过分析评估结果、收集评估反馈意见、借鉴国内外优秀经验等方式，有效改进未来数字特藏资源资产建设与服务工作。在得到数字特藏资源资产评估结果后，评估主体应当在一定时间范围内公开发布评估结果，为评估反馈提供依据。收集到的评估反馈意见能够对数字特藏资源的利用效果、使用满意度等进行定性定量评估。评估反馈工作一方面具有导向作用，通过评估反馈可以有意识地把数字特藏资源资产建设引导到学校人才培养、科学研究、社会服务等目标上来，引导到馆藏资源建设的总目标上来，指明资源资产化方向，发挥指挥棒与杠杆作用；另一方面具有调试作用，能够通过评估反馈对整个评估结果以及各个具体指标的评估结果形成评估报告，然后对结果不够理想的数据进行进一步系统分析，不断调整修正评估机制体系，有助于未来数字特藏资源资产化的方案制定、流程优化、质量提升，使之朝着标准化、制度化、规范化和科学化方向快速发展。

完善并细化图书馆数字特藏资源资产化评估机制构建内容，包括管理制度、方法体系、指标体系、反馈机制等方面，能够逐步推进数字特藏资源资产市场合规建设，使得高校图书馆数字特藏资源的社会效益及经济效益融入社会主义经济市场，对高校图书馆数字特藏资源资产评估问题的理论研究与实践探索均有一定借鉴意义。

6.3.4 评估机制构建路径

高校数字特藏资源资产化评估机制的构建路径是多方面的，涉及战略规划、制度建设、技术应用、人员培训等多个层面：战略规划层面包括评估能力与投入的衡量、评估目标原则的确立、评估策略的制定、评估政策的研究等，制度建设层面包括评估体系框架的设计、评估指标体系的建立、评估结果的监测反馈等等，技术应用层面包括评估方法的选择、评估系统的建设等，人员培训层面包括评估主体的组建与管理、评估成员的培训与提升、用户参与等。以下是构建评估机制的主要路径。

6.3.4.1 衡量评估能力与评估投入

在准备开展数字特藏资源资产化评估工作、构建数字特藏资源资产化评估机制伊始，高校图书馆应当结合自身资源现状、资源评估框架等，系统梳理分析本校本馆的评估能力与评估投入等，这是数字特藏资源资产化评估规划及评估实施的重要前提工作。评估能力是指针对具体的评估目标，评估主体应当具备的组织能力、管理能力、沟通协调能力等，以保证评估整体工作的有序开展；评估投入是指评估主体在评估全过程中投入的人力、物力、技术、经费等内容，确保评估过程中所需要数据信息的获取、处理、分析等工作顺利进行。根据评估能力与评估投入的衡量结果，评估主体可预估数字特藏资源资产评估工作的数据采集范围、评估实施程度，更好地统筹建设资源资产化评估机制。

6.3.4.2 协调评估目标与馆藏建设目标

数字特藏资源是高校图书馆馆藏资源的一部分，因此数字特藏资源资产化评估目标需要与图书馆馆藏资源建设目标相结合。数字特藏资源资产化评估目标能够反映图书馆在数字特藏资源建设及其资产化工作上的具体目标，也能够突出图书馆预期打造的内在核心竞争力、转型创新发展的新思路，如若脱离图书馆馆藏资源建设的总目标，容易偏离图书馆资源建设初衷，仅仅流于形式，陷入为评估而评估的窘境，更无法发现图书馆在数字特藏资源资产化建设工作中存在的问题。因此，数字特藏资源资产化要以图书馆馆藏资源建设目标为导向，建立定性与定量相结合、面向过程与结果的评估体系，让战略目标同绩效有效联结，以促进数字特藏资源资产化工作的可持续发展。

6.3.4.3 建设多元化评估主体

传统的高校图书馆资源评估工作通常是由本馆开展针对馆藏纸本资源、电子资源等评价对象的评估，评估主体较为单一。数字特藏资源资产化建设涉及的单位不仅有图书馆，还包括资产处、财务处等其他校内单位，因此数字特藏资源资产化评估工作也不应仅由图书馆参与。由于特藏资源的独特性、资产化工作的专业性，评估主体还应当包含其他相关领域的专家或机构。数字特藏资源资产化评估应当注重建设多元化结构的评估主体，包含内部评估主体、外部评估主体，其中内部评估主体主要是本校本馆相关单位与人员，外部评估主体是指本校本馆以外的评估主体，包括相关行业评估、专家评估、用户评估等，不同的评估主体有着不同的特点，在数字特藏资源资产化评估中承担不同的职责任务。建设多元化评估主体既是数字特藏资源资产化评估的需要，也是实现馆藏资源建设目标需要。通过多元化评估主体的建设与实施，能够实现多角度、充分评价资源资产化建设，保证评估工作的有效性，全面反映数字特藏资源资产化的质量与价值。

6.3.4.4　关注并鼓励用户参与

高校图书馆数字特藏资源资产化建设的最终受益者是本校师生等用户群体，在数字特藏资源资产化评估工作中，用户评估数据非常重要，质量与价值评估的重点也体现在用户的实际需求中。用户在利用资源的过程中，通过认真观察思考自身的信息资源使用体验、需求满足程度、质量感知情况等，能够对资源的质量价值做出真实客观的评估。因此，应当关注并鼓励用户更多地参与到数字特藏资源资产化评估工作中来，加强对用户需求评估数据的获取，不能仅仅停留在口号上，更应关注用户的参与意愿、评估内容在数字特藏资源资产化评估中产生的实质影响与作用。在这项工作中，应当关注的具体内容包括用户类型、用户参与范围、参与方式、扮演角色、满意度与认可度等，实现用户从参与部分评估阶段到参与评估全过程的转变，提升用户在数字特藏资源资产化评估过程中的话语权、决策权，凸显图书馆贯彻“以人为本”服务理念的价值体现，也是数字特藏资源资产化评估科学化、有效化的有力保证。

6.3.4.5　加强评估监测与反馈

高校图书馆数字特藏资源资产化评估需要建立有效的评估监测与反馈机制，其中评估监测是指在数字特藏资源资产化建设目标的指导下，通过对评估过程进行绩效管理，动态监管评估数据，不断监测控制评估效果；评估反馈是通过顺畅便捷的反馈渠道，及时获取资源用户对于资源检索、利用等方面的反馈意见。评估监测与反馈机制是数字特藏资源资产化评估得以有效实行的重要基础，也是实现数字特藏资源资产化建设目标的关键保障。通过评估监控与反馈机制，有利于加强图书馆、校内其他单位、用户之间的有效沟通，提高各评估主体的积极性，同时能够实时掌握馆藏资源资产的价值变化情况，及时发现问题，结合反馈意见提出解决方案，改进数字特藏资源资产化目标完成进程中的各种问题，促进数字特藏资源资产化评估工作高质量完成。

7 展望

当今世界正处于百年未有之大变局，以新一代信息技术为代表的科技革命方兴未艾。新时代下，我们应当拥抱新的技术浪潮，搭乘数字经济发展列车，通过数字化转型、数据智能建设助力国家治理现代化。

2021 年，我国国家"十四五"规划中专门部署"加快数字化发展，建设数字中国"任务。2023 年，中共中央国务院印发的《数字中国建设整体布局规划》中提出要"深入实施国家文化数字化战略，建设国家文化大数据体系……大力实施国家教育数字化战略行动"。数字特藏建设是重要的文化数字化建设工作，数字特藏建设能够将中华民族积淀的特色文化资源转化为具有文化内涵的数据，从中提取出具有特色知识价值的文化元素、符号与标识，丰富特藏资源的表达方式，助推特藏资源的传播与利用。

2019 年，党的十九届四中全会首次提出将数据作为生产要素参与收益分配，2022 年，中共中央、国务院印发《中共中央 国务院关于构建数据基础制度更好发挥数据要素作用的意见》，从数据产权、流通交易、收益分配、安全治理等四方面系统性构建了数据基础制度体系的"四梁八柱"，绘制了数据要素发展的长远蓝图。国家层面不断推出的战略政策，体现出数据资产作为新生产要素，从投入阶段发展到产出和分配阶段的重要战略价值，对行业领域数字化转型发展具有导向作用。将数字特藏资源进行资产化，探索特藏资源数据的经济行为及相关准则规范等，有利于推动特藏资源数据的资产性在生产要素、资产评估、审计等层面的进一步确立，促进特藏资源的数字化管理与服务。

7.1 数字经济时代不同领域资源资产化探索

党的二十大报告指出，要“加快发展数字经济，促进数字经济和实体经济深度融合，打造具有国际竞争力的数字产业集群”。从广义上来讲，数字经济几乎包括所有的经济活动，如传统行业与商业模式的数字化转型等；从狭义上来讲，数字经济是指应用信息技术、数据等产生的新型商业模式，如电商等平台经济、共享经济、应用服务等。数字经济的作用机理和逻辑运行对于经济发展格局的影响、全球竞争力的重塑、经济指标体系重构等方面都将发挥重要作用。

在数字经济时代，不同行业领域均开展了不同程度的资源数据资产化探索，这些理论研究、实践案例、工作成效等反映出数据要素的重要性，体现出数据驱动增长、数据助力发展的良性作用。政、产、学、研、用等各领域均对数据资产化及其评估开展了探索，这些均有利于推动数据智能赋能新经济。

7.1.1 政府数据资产化

政府在运行过程中，形成并积累了大量的人口数据、统计数据、教育数据、地理空间数据、环境数据等多种类型的数据资源[①]，这些数据资源具有多源性、权威性、公共性等特征，利用价值较高。政府数据资产化是指将政府产生或拥有的数据资源转化为具有经济价值的资产，通过规范化、标准化的管理和运营，实现数据价值最大化的过程。

随着大数据、区块链、人工智能等信息技术发展与应用，各国对政府数据的资产化价值愈来愈关注。我国 2022 年发布的《中共中央 国务院关于构建数据基础制度更好发挥数据要素作用的意见》，提出要充分发挥政府有序引导和规范发展的作用，打造安全可信、包容创新、公平开放、监管有效的数据要素市场环境[②]。2024 年，财政部发布的《关于加强行政事业单位数据资产管理的通知》中，指出要加强行政事业单位数据资产管理，充分发挥数据资产价值作用，保障数据

① 夏义堃，管茜．政府数据资产管理的内涵、要素框架与运行模式[J]．电子政务，2022(1)：2-13.

② 新华社．中共中央 国务院关于构建数据基础制度更好发挥数据要素作用的意见[EB/OL]．(2022-12-02)[2024-02-21]．https://www.gov.cn/zhengce/2022-12/19/content_5732695.htm.

资产安全，更好地服务与保障单位履职和事业发展[①]。

在国内外现有的理论研究中，政府数据资源的价值发现与效用挖掘一直是重要关注点，例如开放获取运动前，学界主要探讨政府数据资源的市场化再利用、开放许可、数据定价等内容；开放获取运动后，开始探讨政府数据资源的质量与评估、成本与效益等内容；数字经济时代下，数据流通、数据确权、数据垄断、市场化交易等成为政府数据资产管理关注的新内容。在政府数据资产化方面，国内外学界对政府数据资产属性、数据资产流通、数据资产监管、数据资产价值评估、数据确权、数据伦理等内容进行了研究。学者普遍认为政府数据可被视为一种资产，是因其可控制、可计量、可变现并具有直接或潜在的社会效益、经济效益属性[②]，而政府机构是数据资产的发布者、建设者和使用者；数据确权是数据资产化的基础，但数据资产不同于传统资产，其非竞争性和易复制性使确权过程较为复杂，可通过分配数据使用权、访问权等新型权利来解决确权问题[③]，以促进数据的共享和流通；元数据质量是政府数据资产使用与流通的主要因素，因此需要有规范化的政府元数据标准体系；数据价值评估是政府数据资产化的重要内容，刘柯婷系统研究了政府数据资产的价值评估指标体系[④]。

政府数据资产化的理论研究与实践工作是一个不断发展的过程，需要不断适应政策环境、新技术发展、社会需求等方面的变化。政府数据资产化需要构建“市场主导、政府引导、多方共建”的数据资产治理模式，需要建立统一规范的数据资产管理标准与制度，还需要明确数据资产在持有、加工、使用、经营等方面的权益，不断拓展政府数据资产的应用场景，提高数据资产的经济价值、社会价值。政府数据资产化是一个系统工程，涉及政策制定、技术支撑、市场运作等多方面，需要政府、社会、市场各方面的协同推进。政府数据资产化能够有效实现数据资源的管理与利用，为数字经济发展提供强大动力，促进经

① 财政部.关于加强行政事业单位数据资产管理的通知[EB/OL].(2024-02-05)[2024-07-01]. https://www.gov.cn/zhengce/zhengceku/202402/content_6931055.htm.

② 朱泽，段尧清，何丹.面向政府数据治理的数据资产价值系统仿真评估[J].图书馆论坛，2021，41(6):100-105.

③ ZECH H. Data as a tradable commodity-implications for contract law[C]//DREXL J. The New Data Ecomomy between Data Ownership, Privacy and Safeguarding Competition. Berlin: Edward Elgar Publishing, 2017:15.

④ 刘柯婷.政府数据资产价值评估——基于税务部门和交通部门数据[D].太原:山西财经大学，2023.

济社会的全面发展。

7.1.2 新兴产业数据资产化

互联网等战略性新兴产业中数据资产的商业模式、数据资产化程度等，对于产业发展非常重要，对于数字经济发展有着重要的支撑作用。

2019 年中国资产评估协会发布了《资产评估专家指引第 9 号——数据资产评估》，其中对数据资产商业模式进行了划分，共包括以下六大类：提供数据服务模式、提供信息服务模式、数字媒体模式、数据资产服务模式、数据空间运营模式，以及数据资产技术服务模式。这些不同类型的多种数据资产商业模式，体现出新兴产业所具有的规模经济效应、协同效应、双边市场效应等，对数字经济的发展有巨大的支撑作用。不同的数据资产商业模式下，对应的数据资产评估方法也各不相同。此外，加快数据资产化进程，加深数据资产化程度，是新兴产业提高数据流通及利用率的现实需要，也是推动产业结构优化调整的重要催化剂①。

7.1.3 科研数据资产化

随着大数据、人工智能等信息技术迅速发展，海量信息资源充斥于互联网世界，科学数据呈现爆发式增长速度，数据驱动日渐成为新的科学研究范式。高校、科研院所等科研机构的学术创新能力更多地取决于其自身科学数据优势，以及将数据转化为信息、知识的能力。科研机构在学术创新活动过程中产生、加工、再创造的科研数据均是重要的无形资产。在此环境下，科研数据资产化及其评估工作都将成为重要的关注内容。

2018 年，国务院办公厅印发了《国务院办公厅关于印发科学数据管理办法的通知》②，从国家层面提高了科学数据管理的重要性。此后，国内高新技术企业、科研院所、高校等机构对科研数据资产化及评估相关方面进行了探讨，具体内容如下：①强调专业化管理。科研数据资产化是一项系统工程，数据资产化一方面需要在了解数据现状的基础上，采用科学统一的描述框架规范化描述数据；另一方面需要有专门专业的管理团队负责管理数据资产，以保证准确性、专业

---

① 王伟玲，吴志刚，徐靖. 加快数据要素市场培育的关键点与路径[J]. 经济纵横，2021(3)：39-47.

② 国务院办公厅. 国务院办公厅关于印发科学数据管理办法的通知[EB/OL]. (2018-03-17)[2024-07-01]. https://www.gov.cn/gongbao/content/2018/content_5283177.htm.

性。②构建个性化评估模型。科研数据具有一定的专业性、时效性，因此需根据数据特征，采用问卷调查、访谈调研、层次分析等多种评估方法与手段，构建个性化评估模型，合理评价科研数据的重要程度、价值级别。③关注新技术应用。科研数据除了显性价值，还有很多潜在价值值得挖掘。借助数据发掘、人工智能、知识图谱等新技术手段，能够深入挖掘科研数据的更多潜在价值。④搭建科研数据资产交易平台。专业的科研数据资产交易平台有利于保障数据交易的安全性与合法性、数据管理的专业性与权威性，并能够开展有效数据资产评估工作。⑤数据资产化带动形成科研数据治理生态。国外已有高校开展了科研数据资产管理实践，发现流程化的数据资产管理能够有效提升数据质量，促进形成良好的科研数据治理生态。

7.1.4 金融领域数据资产化

随着数字经济的发展，金融机构的数字化转型已普遍加快，金融与生产生活场景深度融合，金融领域的数据资产有着标准化、公益化、高效性、风险性等特征。

金融领域的行业数据主要有管理数据、客户数据、业务数据、交易数据等类型的数据，不同类型数据的体量、格式各有差异。大数据环境下，金融领域的数字化转型需要有全面、精准、高效的数据驱动支撑，金融机构能够通过数据挖掘分析得到更多的价值，辅助业务决策制定、经营模式转型。海量异构数据需要有良好的数据治理办法，数据资产化有利于金融机构对数据进行科学合理的管理、利用、评估。

目前，我国已有金融机构探索并开展了数据资产化工作，通过成立专门团队、部门等方式，对本机构数据进行集中管理，形成统一的数据资产，继而提供更多增值服务。例如 2019 年，中国银行成立了数据资产管理部，并于 2022 年调整为数字资产管理部，开展有关数据基础、数据标准、数据价值挖掘等方面工作；2019 年，招商银行设立了数据资产与平台研发中心，旨在将数据作为核心资产，打通内外部数据，完善大数据治理体系；2020 年，交通银行成立数据管理和应用中心，同年调整为数据管理与应用部，在数据标准、数据质量、数据安全、数据中台建设等方面展开探索，推动企业级数据治理工作。

7.1.5 健康医疗领域数据资产化

健康医疗领域积累了大量的数据，主要是人们在疾病防治、健康管理等过程中产生的与健康、医疗相关的数据，包括临床数据、检验数据、检测数据、影像数据、药物数据、医疗费用数据、智能设备数据等。国家层面也已出台相关系列政策文件，以推动健康医疗领域数据的管理与利用，如 2018 年国家卫健委发布了《关于印发国家健康医疗大数据标准、安全和服务管理办法（试行）的通知》[①]。大数据、人工智能、区块链等新兴技术的出现与应用，使得健康医疗领域数据的潜在使用价值更加凸显，已成为国家重要的基础性战略资产[②]。数据资产化能够有效实现数据的开发与利用，是健康医疗领域数据发挥价值的重要途径。

健康医疗领域的数据结构复杂、关联维度多，需要进行标准化处理，方能开展有效的管理与利用工作。利用信息技术建设信息化、智慧化医疗体系，推动形成基于数据驱动的健康医疗发展生态圈，是健康医疗数据资产化的重要基础及有效途径。目前，国内对于健康医疗大数据中心建设、数据资产化影响因素、数据资产价值实现路径、数据定价机制等方面已有理论研究与实践探索，但对于数据资产管理、评估、服务等相关内容尚需要进一步更有针对性的深入研究，具体内容有：制定健康医疗数据标准与规范、构建健康医疗数据资产评估体系、建设健康医疗数据资产管理与服务平台、关注健康医疗数字资产产业应用等。

健康医疗领域的数据资产化工作对于相关产业创新、国民健康需求、社会发展等均有重要意义，通过数据资产化，医疗机构可以更有效地利用医疗数据优化诊疗流程，提高医疗服务质量；医疗工作者可以利用数据评估医疗风险，辅助临床决策，形成更为有效精准的治疗方案；数据资产化有助于健康医疗行业构筑新的数字化能力，推动健康医疗数字化转型向纵深推进；数据资产化有利于打通健康医疗产业链中的不同环节，打破数据壁垒，实现跨层级、跨地域、跨部门的数据开放、共享、流通，促进产业链协同和价值创造；通过数据资产化，健康医疗数据

---

① 国家卫生健康委员会. 关于印发国家健康医疗大数据标准、安全和服务管理办法（试行）的通知[EB/OL]. (2018-09-15)[2024-07-01]. https://www.cac.gov.cn/2018-09/15/c_1123432498.htm.

② 胡瑶琳，余东雷，王健. “健康中国”背景下的健康医疗大数据发展[J]. 社会科学家，2022(3)：79-87.

可以走向市场化、商用化，深化数据在行业治理、科学研究、公共卫生、临床医疗、教育培训等领域的应用，实现数据的经济价值与社会价值。

7.2 资源数字化转型需要新的评估机制

在数字化转型背景下，数据资产等无形资产的重要性日益提升，不同类型的无形资产需要建立新的相对应的评估机制。高校图书馆的资源数字化转型建设通常包括两方面内容：第一是商业数据库订购，第二是馆藏资源数字化，其中馆藏资源数字化是高校图书馆充分发挥馆藏资源效能的重要手段，尤其是馆藏特色资源数字化。馆藏资源数字化转型需要有科学合理的评估机制，借助先进的技术手段分析资源及其使用数据，来评估数字化资源建设的质量与价值，更好地满足读者对数字资源的内容、服务等方面的需求。

7.2.1 资源数字化转型过程中存在的问题

随着我国数字图书馆建设的日益推进，各图书馆的数字化馆藏资源越来越多，但在资源建设实际工作过程中，存在许多问题。

(1) 数字资源认知不足

数字资源主要是通过先进的电子数据技术，将文字、图片、视频、音频等多种形式的信息在光盘、磁盘中进行保存，再以互联网技术以及移动智能终端设备来还原信息①。常见的数字资源有电子图书、电子期刊、互联网资源等。与传统纸质资源、音视频资源相比，数字资源具有不受时空限制、海量增长速度、迅速传播共享、内容多元丰富等优势特征，且能够为用户提供强大的检索功能、便捷的交互功能。但是数字资源也存在一些问题，例如，①内容覆盖有限：一些价值较高或有保密要求的文献资源难以电子化；②数字资源长期保存与利用需要重视：图书馆数字化资源有很大一部分是通过购买或租赁等形式获得的，一旦合作停止，便面临关停、回收等问题，导致无法长期保存与使用；③数字资源对技术和设备有较高要求：大多数数字资源的管理、存储、使用均需要依赖信息技术和各种软硬件设备，且随着技术不断发展变化，资源的存储技术与设备也会随之更新升级，这对图书馆技术设备条件的及时更换、技术人员的能力提升等都提出了要

① 李丹.图书馆数字资源利用存在的问题及优化举措[J].办公室业务，2021(4):191-192.

求;④数字资源与纸本资源的平衡配置需要考虑:一方面,图书馆应当结合自身定位与读者需求,合理配置馆藏纸本资源与数字化资源的比重,不可盲目放弃纸本馆藏或追求纸本资源的物理收藏;另一方面,图书馆应当考虑自身经费条件,对于相同内容的纸质资源与数字资源,予以合理删减,以保证馆藏经费被更加高效、合理地利用。

(2) 数字资源管理问题

数字资源因其内容类型、格式类型、所属学科、所属馆藏地、数据库收录源等的不同,而存储在不同的网络地址当中,这样分散异构的资源,要求用户要有良好的信息检索能力、检索平台使用能力、检索结果辨别整合能力等,若能力不足,则会导致用户对数字资源的使用效果不佳,严重降低用户的资源使用体验感,影响数字资源利用率。这些都要求图书馆应当重视对数字资源的管理问题,通过对资源进行合理整合分类、优化检索平台功能、探索一站式资源发现等途径,为用户提供更加便捷、智能的检索通道,使其更快、更准地获得所需资源。

(3) 数字资源版权问题

互联网、大数据环境下,数字资源的使用、传播及版权保护是知识产权保护领域一直重点关注的问题之一[①]。数字资源因其下载便捷、复制容易等特点,易于分享与传播,却也容易带来很多版权方面的问题。如用户恶意下载数字资源、不当使用数字资源、滥用代理服务器等,均属于对数据库商及作者版权的侵权行为,会产生版权纠纷,导致数据库商对所对应图书馆或用户进行限制访问或使用权限等后果,进而影响更多用户使用该数字资源。因此,图书馆应当重视数字资源版权保护,基于国内外数字资源版权的相关规定与政策等,出台数字资源版权保护相关工作办法、规章制度,引导用户合理使用数字资源。

7.2.2 资源数字化转型需要统一规范的评估机制

建立健全数字资源评估机制,是图书馆馆藏资源数字化转型的重要内容。我国数字资源评估研究主要起步于20世纪90年代至21世纪初,这一时期电子资源评价指标体系、数字资源使用评估等是学者热门研究内容,例如肖珑等初步探索了电子资源的评价指标体系建立[②];肖希明研究了网络环境下馆藏资源的

① 洪先锋.研究范式变革下的高校图书馆数字资源服务转型——ACRL《围绕文本数据可计算研究的图书馆服务转型》报告解读与启示[J].图书馆建设,2023(3):104-113.

② 肖珑,张宇红.电子资源评价指标体系的建立初探[J].大学图书馆学报,2002(3):35-42+91.

评价标准[①]等。之后随着互联网的广泛应用，学者们对于数字资源评估的相关研究日渐增多，研究方法主要有问卷调查法、数学建模法、层次分析法等。新时期图书馆数字化、智慧化转型下，学者们对数字资源评价的研究更多地关注于资源利用与绩效评估等实际工作中，例如毕艳芳等从用户不同类型数据维度研究了不同数字资源评价方法[②]；王欢建立了高校数字资源绩效评价模型，并进行实证研究[③]；戴咏梅等从资源科研支持力视角构建了高校电子资源评价体系[④]。

总体来看，我国学者已在数字资源评价方法、评价指标、评价对象等众多方面开展了研究，但图书馆数字资源评估是一项繁杂、巨大的系统性工作，目前尚缺乏统一标准规范的评估机制，这容易导致不同图书馆的数字化馆藏资源建设内容质量良莠不齐、资源重复建设、建设经费浪费等问题。随着信息技术不断发展、智慧图书馆更新换代，读者对数字资源的要求愈发提高，内容丰富且质量较高、搜索便捷且容易获得的资源更容易吸引读者，也更容易传播共享，而内容枯燥、知识性不足、获取不易的资源则不容易吸引读者，使得资源利用率低下。相关部门机构应当借助先进的技术工具，建立健全数字资源评估机制，从资源内容质量、成本价值、资源检索方式、资源更新速度、资源利用情况、读者满意度等方面，通过数据挖掘、智能分析等方式方法，多角度全面开展数字资源评估工作，促进图书馆合理优化数字资源建设，有效提升数字资源质量，更好地满足数字经济时代下用户对资源的更高要求。

7.3 国家大数据战略对资源资产化的战略要求

大数据，是以容量大、类型多、存取速度快、应用价值高为主要特征的数据集合。随着互联网与信息技术的不断发展，海量数据的增长使得大数据已经广泛渗透到人类社会的各个方面。越来越多的行业领域认识到，大数据具有可反复使用、不断增值等特点，蕴藏着巨大价值，越来越多的国家及国际组织关注并肯

---

① 肖希明. 网络环境下的馆藏评价标准[J]. 中国图书馆学报，2002(5)：20-23.

② 毕艳芳，李泰峰. 用户数据维度的数字资源评价方法及实例——以电子科技大学图书馆为例[J]. 图书情报工作，2017，61(22)：82-88.

③ 王欢. 基于 AHP 和 GRA 的数字资源绩效评价模型及其应用——以黑龙江东方学院图书馆为例[J]. 情报探索，2019(12)：112-117.

④ 戴咏梅，邵波. 高校图书馆电子资源科研支持力评估实证研究[J]. 高校图书馆工作，2022，42(5)：46-52.

定了大数据的重要作用及发展前景。我国在大数据研究与应用方面均起步较早，并逐渐上升为国家战略，自上而下引起高度重视。2013 年，习近平总书记在视察中国科学院时，就强调要发展大数据；2015 年，党的十八届五中全会首次提出“实施国家大数据战略”；2017 年，习近平总书记在十九届中央政治局第二次集体学习时强调，“实施国家大数据战略，加快建设数字中国”；2018 年，习近平总书记在致中国国际大数据产业博览会的贺信中指出，“中国高度重视大数据产业发展”。实施国家大数据战略，旨在全面推进我国大数据发展和应用，加快建设数据强国，推动数据资源整合与开放共享，保障数据安全，更好地服务经济社会发展、改善人民生活。当前，新一轮科技和产业革命深入发展，世界主要国家都把数字化作为优先发展的战略方向。党的二十大作出加快建设网络强国、数字中国的重大部署，开启我国信息化发展新征程。我国积极发挥海量数据规模和丰富应用场景优势，加快构建数据基础制度体系，推进数据要素市场建设，不断释放数据要素潜能，助力我国数字经济迈向高质量发展新航道。

科学数据是指科研活动过程中产生的各种数据，包括监测数据、实验数据、计算数据、描述数据、统计数据、元数据等[①]。科学大数据是大数据的一个分支，有着独特的内外部特征，已逐渐成为科学研究新范式，对科技创新发展有着关键作用。信息资源数据作为重要的科学数据之一，其科学管理、利用、组织、评估是认识科学规律、发现科学现象的重要驱动。实施国家大数据战略等国家布局，不仅使开展信息资源数据等科学大数据相关研究与实践工作具备了坚实的政策、理论基础，也为科技界利用科学大数据攀登科学前沿和服务数字经济建设指明了方向。信息资源数据在国家大数据战略中也扮演着至关重要的角色，既包括存储在数据库中的结构化数据，也包括散落各处的文本、图像、音视频等非结构化数据，这些数据对于国家和地区的经济发展、社会管理、科学研究以及公众生活具有重要意义。

国家大数据战略要求充分利用大数据资源，打破数据壁垒，推动数据资源的整合与共享，提高数据资源的利用效率；要求推动数据资源的创新应用，提高数据资源的附加值，促进数据资源产业化；要求健全数据资源管理制度，保障数据资源的质量与安全，防止数据泄露与滥用。国家大数据战略的有效推动实施，需

---

① 黎建辉，沈志宏，孟小峰. 科学大数据管理：概念、技术与系统[J]. 计算机研究与发展，2017，54(2)：235-247.

要推动大数据技术产业创新发展、构建以数据为关键要素的数字经济、运用大数据提升国家治理现代化水平、运用大数据促进保障和改善民生、切实保障国家数据安全。信息资源资产化是进一步加强和规范信息资源大数据管理，提高数据管理能力水平的重要途径。通过资产化工作能够提升资源数据质量，促进资源数据开放共享，保障资源数据安全，加强资源数据版权保护，提高资源数据潜在价值，推动资源数据创新应用，同时也能使资源建设单位节约成本、降低重复建设投入，使得资源数据能够更加便捷、高效地实现开放共享、传播利用，更大更广地发挥资源价值，服务广大用户。在国家大数据战略的出台与实施背景下，各级各类图书馆等信息资源拥有与建设单位应当重视资源资产化管理、组织、评估等内容，为国家大数据战略的有效推动作出行业领域贡献。

7.4 政策建议与实践策略

数字特藏资源资产价值评估的发展对于推动我国文化资源的保护和传承，以及促进文化产业的可持续发展具有重要意义。这一领域不仅关乎文化遗产的数字化保护与传承，更是推动文化产业创新升级、实现经济价值与文化价值深度融合的关键环节。然而，目前我国数字特藏资源资产价值评估仍面临一些挑战，如评估方法不科学、数据缺乏准确性、评估标准不统一等问题。因此，以下政策建议和实践策略，有助于推动数字特藏资源资产价值评估的发展。

首先，在政策层面，应加强对数字特藏资源资产价值评估的重视，制定相应的政策法规，明确评估的标准和流程，确保评估的科学性和公正性。此外，政策层面还应加大对数字特藏资源资产价值评估技术研发的支持力度，鼓励企业、高校和研究机构进行技术研发和创新，提高评估的准确性和效率，具体包含以下内容。

①制定统一评估标准：国家文化管理部门应牵头制定统一的数字特藏资源资产价值评估标准，明确评估的指标体系、方法论和操作流程，确保评估结果的科学性、公正性和可比性。

②立法保障与政策支持：推动相关法律法规的修订与完善，明确数字特藏资源的法律地位、权属关系及评估的法律效力，为评估工作提供坚实的法律保障。同时，出台相关政策措施，如税收优惠、资金补贴等，激励更多机构和个人参与数字特藏资源的评估与保护。

③加强跨部门协作:建立跨部门协作机制,加强文化、科技、财政、税务等部门之间的沟通与协调,形成合力,共同推动数字特藏资源资产价值评估的发展。

④鼓励技术创新与应用:加大对数字特藏资源资产价值评估技术研发的支持力度,鼓励企业、高校和研究机构进行技术创新与成果转化,提升评估技术的智能化、自动化水平。

其次,在实践策略方面,应建立数字特藏资源资产价值评估的专业队伍,培养一批具有专业知识和技能的评估人员,提高评估的专业水平。同时,应加强与企业和研究机构的合作,共同推动数字特藏资源资产价值评估的发展。此外,还应积极探索数字特藏资源资产价值评估的新方法和新模型,提高评估的科学性和准确性。

再次,应加强对数字特藏资源资产价值评估的培训和教育,提高公众对数字特藏资源资产价值评估的认识和理解,促进数字特藏资源资产价值评估的普及和应用。同时,还应加强对数字特藏资源资产价值评估的宣传和推广,提高社会对数字特藏资源资产价值评估的认可度和接受度。

最后,应加强对数字特藏资源资产价值评估的数据支持和信息共享,建立数字特藏资源资产价值评估的数据库和信息平台,提高评估数据的准确性和完整性。同时,还应加强对数字特藏资源资产价值评估的知识产权保护,防止评估数据的泄露和滥用。

推动数字特藏资源资产价值评估的发展需要政策层面和实践策略的共同努力。政策层面应加强对数字特藏资源资产价值评估的重视,制定相应的政策法规,明确评估的标准和流程,并加大对数字特藏资源资产价值评估技术研发的支持力度。实践策略方面,应建立数字特藏资源资产价值评估的专业队伍,加强与企业和研究机构的合作,积极探索数字特藏资源资产价值评估的新方法和新模型,加强培训和教育,提高公众对数字特藏资源资产价值评估的认识和理解,加强对数字特藏资源资产价值评估的数据支持和信息共享,以及加强对数字特藏资源资产价值评估的知识产权保护。通过这些政策建议和实践策略的实施,有望推动数字特藏资源资产价值评估的发展,为我国文化资源的保护和传承,以及促进文化产业的可持续发展作出更大贡献。

参考文献

[1] 袁润，梁爽. 高校数字资产的形成与管理策略[J]. 图书情报工作，2012，56(23):43-49.

[2] PETERSON R E. A cross section study of the demand for money: the United States, 1960-62[J]. The Journal of Finance. 1974(1):73-88.

[3] 朱扬勇，叶雅珍. 从数据的属性看数据资产[J]. 大数据，2018，4(6):65-76.

[4] 王力. 关于数字资产的若干思考[J]. 银行家，2020(10):4-5.

[5] MEYER H. Tips for safeguarding your digital assets[J]. Computers and Security，1996，15(7):576-588.

[6] GOLDFINGER C. Intangible economy and its implications for statistics and statisticians[J]. International Statistical Review. 1997, 65(2), 191-220.

[7] YAKEL E. Digital assets for the next millennium[J]. OCLC Systems and Services: International Digital Library Perspectives, 2004, 20(3): 102-105.

[8] GLADEN P J, HARDING C H, SHEDD E. Digital age unlocks true value of intellectual property[J]. International Tax Review, 2002(8): 19-25.

[9] 吕玉芹，袁昊，舒平. 论数字资产的会计确认和计量[J]. 中央财经大学学报，2003(11):62-65.

[10] ALTMAN E, GOYAL S, SAHU S. A digital media asset ecosystem for the global film industry[J]. Journal of Digital Asset Management, 2006(2):6-16.

[11] NIEKERK A V. A methodological approach to modern digital asset

management: an empirical study [C]//Allied Academies International Conference, International Academy for Case Studies, 2006:1-13.

[12] 张启望.数字资产核算[J].财会通讯(学术版),2006(2):112-114.

[13] MCKINNON L. Planning for the succession of digital assets[J]. Computer Law and Security Review, 2011, 27(4):362-367.

[14] TOYGAR A, ROHM C E T, ZHU J. A new asset type: digital assets [J]. Journal of International Technology & Information Management, 2013, 22(4):113-119.

[15] GENDERS R, STEENA A. Financial and estate planning in the age of digital assets: a challenge for advisors and administrators[J]. Financial Planning Research Journal, 2017(1):75-80.

[16] 胡晓玲.数字资产研究综述与展望[C]//中国旅游研究院. 2023 中国旅游科学年会论文集(下),2023:211-219.

[17] 林扬,白士泮,张治.分布式数字资产监管科技平台的研究与实现[J].科技智囊,2020(10):10-17.

[18] 佘其凤,陈振标,刘敏榕.区块链技术在图书馆数字资产管理中的应用探讨[J].数字图书馆论坛,2018(7):30-36.

[19] 叶雅珍,刘国华,朱扬勇.数据资产相关概念综述[J].计算机科学,2019,46(11):20-24.

[20] 徐青梅,陶蕊,叶继元.数字资源与电子资源:概念辨析及术语规范探讨[J].图书情报工作,2021,65(18):3-14.

[21] 白英彩,章仁龙.英汉信息技术大辞典[M].上海:上海交通大学出版社,2014.

[22] 丘东江.图书馆学情报学大辞典[M].北京:海洋出版社,2013.

[23] 向安玲,高爽,彭影彤,等.知识重组与场景再构:面向数字资源管理的元宇宙[J].图书情报知识,2022,39(1):30-38.

[24] American Institute of Accountants. Accounting and reporting standards for corporate financial statements: 1957 revision[J]. The Accounting Review, 32(4):536-546.

[25] International Accounting Standards Board. Conceptual framework for financial reporting[R/OL]. (2018-03-29)[2024-07-01]. https://ifrs.

org/content/dam/ifrs/publications/pdf-standards/english/2021/issued/part-a/conceptual-framework-for-financial-reporting. pdf.

[26] 财政部. 财政部关于修改《企业会计准则——基本准则》的决定[EB/OL]. (2014-07-23)[2024-05-16]. https://www. gov. cn/gongbao/content/2014/content_2775514. htm.

[27] 财政部. 企业会计准则第 6 号——无形资产[EB/OL]. (2006-03-01)[2024-05-16]. https://www. mof. gov. cn/zhengwuxinxi/zhengcefabu/2006zcfb/200805/t20080519_23149. htm.

[28] 瞭望智库,中国光大银行. 2023 商业银行数据资产估值白皮书[EB/OL]. (2021-08-08)[2023-09-13]. https://www. docin. com/p-4522116367. html.

[29] 李斌,王宁,张赟玥. 高校图书馆电子书资产化管理策略探究[J]. 图书馆工作与研究,2021(6):69-73+88.

[30] 中国电子技术标准化研究院. 数据资产评估指南[M]. 北京:电子工业出版社,2022.

[31] 王刊良. 数字化产品的经济特征、分类及其定价策略研究[J]. 中国软科学,2002(6):58-62.

[32] 魏大威,李志尧,刘晶晶,等. 基于区块链技术的智慧图书馆数字资源管理研究[J]. 中国图书馆学报,2022,48(2):4-12.

[33] 袁润,梁爽,王正兴. 高校数字资产过程管理研究[J]. 图书馆学研究,2013(1):68-72.

[34] 汤珂. 数据资产化[M]. 北京:人民出版社,2023.

[35] 周文骏. 图书馆学百科全书[M]. 北京:中国大百科全书出版社,1993.

[36] JACKIE M D, KATHERINE L. Taking our pulse: the OCLC research survey of special collections and archives[EB/OL]. (2010-11-15)[2024-03-26]. http://www. oclc. org/research/publications/library/2010/2010-11. pdf.

[37] Association of Research Libraries. The unique role of special collections [EB/OL]. (2003-02-06)[2024-03-26]. https://www. arl. org/wp-content/uploads/2003/02/special-collections-statement-of-principles-2003. pdf.

[38] 王一心.从图书馆特藏到特色馆藏的演变考析[J].图书馆研究，2016，46(3)：8-11.

[39] 张红扬.弘扬文化传统彰显个性特色——试论近年来高校图书馆特藏的发展[J].大学图书馆学报，2007(2)：83-87.

[40] 王雨卉. 图书馆特藏概念廓清[J]. 图书馆论坛，2012，32(5)：105-108+46.

[41] 王乐.略论高校图书馆特色馆藏建设的价值与发展方向[J].大学图书馆学报，2020，38(3)：12-17.

[42] 韩松涛. 特藏建设：新思路、新方法、新实践——以浙江大学图书馆为例[J]. 图书馆杂志，2021，40(11)：57-63.

[43] 韩姗姗，赵淑君.高校图书馆特藏数字化建设策略研究[J].国际公关，2023(10)：26-28.

[44] 王彦力，杨新涯，冉蔚然.图书馆数字特藏建设的紧迫性与发展路径研究[J].中国图书馆学报，2023，49(6)：15-26.

[45] 张毅，赵晨鸣，陈丹.数字人文在高校图书馆特藏资源建设中的实践与思考——以近代中译本全文特藏库建设为例[J].国家图书馆学刊，2023，32(1)：68-78.

[46] 段东升.缩微胶片档案数字化[M].北京：中国文史出版社，2014.

[47] 韩松涛，黄晨.大数据时代数字特藏建设探索——以中国写本文献数字资源库建设为例[J].文献与数据学报，2023，5(3)：42-51.

[48] 李书宁，吕岩彦，杨春燕，等.985 高校图书馆数字特藏建设现状调查与分析[J].图书馆杂志，2011，30(8)：58-63.

[49] 马妮妮.对香港地区九所高校图书馆特色馆藏建设的调查与分析[J].图书馆，2024(4)：88-94.

[50] 鄂丽君.香港高校图书馆特色馆藏建设与服务调查分析[J].国家图书馆学刊，2016，25(1)：45-51.

[51] 曹玲，薛春香. 农业历史文献数字化建设研究[M]. 芜湖：安徽师范大学出版社，2013：55.

[52] 陈琳.台湾地区高校图书馆特藏资源开放共享的现状与启迪[J].图书馆工作与研究，2009(12)：36-39.

[53] 王春迎，朱坤豪，李春秋，等.美国高校图书馆文化遗产数字化实践及启示[J].图书馆，2023(6)：64-74.

[54] 梁昊光,兰晓. 文化资源数字化[M]. 北京:人民出版社,2014.

[55] 鄂丽君. 英国高校图书馆特色馆藏建设与服务调查分析[J]. 大学图书馆学报,2016,34(4):43-50.

[56] 孟银涛,赵蕾霞. 英国高校图书馆特藏建设与服务研究——以 17 所英国高校图书馆为例[J]. 图书情报工作,2021,65(9):127-137.

[57] 赵婷. 日本一流高校图书馆文化遗产特色馆藏建设与服务研究[J]. 新世纪图书馆,2021(1):81-87.

[58] 刘淑琴. 无形资产评估[M]. 大连:东北财经大学出版社,2020.

[59] 刘小峰. 无形资产评估:理论与实务[M]. 北京:北京大学出版社,2017.

[60] 康旗,吴钢,陈文静,等. 大数据资产化[M]. 北京:人民邮电出版社,2016.

[61] 叶雅珍,朱扬勇. 数据资产[M]. 北京:人民邮电出版社,2021.

[62] 美国国税局. 数字资产[EB/OL]. (2024-05-20)[2024-10-31]. https://www.irs.gov/zh-hans/businesses/small-businesses-self-employed/digital-assets.

[63] 杨东,梁伟亮,杨翰方,等. 元宇宙与数字资产[M]. 北京:中译出版社,2023.

[64] PETERSON R E. A cross section study of the demand for money: the United States, 1960-1962[J]. The Journal of Finance, 1974,29(1): 73-88.

[65] ALGAN U. Anatomy of an E&P data bank: practical construction techniques[J]. The LeadingEdge,1997, 16(6): 901-902.

[66] FISHER T. The data asset: how smart companies govern their data for business success[J]. NewYork: WileyPublishing,2009.

[67] 中国资产评估协会. 中评协关于印发《资产评估专家指引第 9 号——数据资产评估》的通知[EB/OL]. (2020-01-09)[2024-06-10]. http://www.cas.org.cn/ggl/61936.htm.

[68] 胡剑光,郭姝,张奎,等. “数智”背景下高校图书馆特藏资源库的建设与利用[J]. 图书馆,2023(11):106-111.

[69] 赵治纲,曾家瑜. 数据资产化的理论逻辑与现实挑战[J]. 中国卫生信息管理杂志,2024,21(3):331-335+360.

[70] 孔少华,师晓娟. 从资源驱动转向要素驱动的公共文化数据资产化管理

[J]. 福建论坛(人文社会科学版),2023(6):57-64.

[71] 欧阳日辉. 数据资产化与金融化融合发展的理论机理和实现路径[J]. 延边大学学报(社会科学版),2024,57(3):48-58+141.

[72] 朱继军,刘洋,许志勇. 数据资源资产化入表风险探讨[J]. 财会通讯,2024(13):91-96.

[73] 黄雯越,王铮. 数字环境下研究型图书馆的特藏建设:内涵、趋势与实践案例[J]. 图书情报工作,2016,60(17):40-46.

[74] 资产评估的工作原则[J]. 中国资产评估,2021(5):54.

[75] 中国资产评估协会. 中国资产评估协会关于印发《资产评估职业道德准则——独立性》的通知[EB/OL]. (2013-03-19)[2024-02-21]. https://www.cas.org.cn/pgzc/41421.htm.

[76] 胡劲为. 提升资产评估专业人员业务胜任能力之研究[J]. 中国资产评估,2019(7):24-31.

[77] 左文进,刘丽君. 大数据资产估价方法研究——基于资产评估方法比较选择的分析[J]. 价格理论与实践,2019(8):116-119+148.

[78] 徐宽,任河. 数字资源长期保存的内容价值判断依据研究[J]. 图书情报工作,2013,57(13):72-75+100.

[79] 赵艳,王文举,倪渊. 基于 GCA-RFR 模型的数字内容资源价值评估方法研究[J]. 统计与信息论坛,2022,37(2):12-22.

[80] 马晓亭. 基于成本收益分析的大学数字资源采购评估指标体系研究[J]. 图书馆理论与实践,2011(7):63-65.

[81] 马海群,宗诚. 政策法规视角的数字信息资源国家宏观规划与管理[J]. 图书情报工作,2007(12):84-87.

[82] 新华社. 中共中央办公厅 国务院办公厅印发《关于推进实施国家文化数字化战略的意见》[EB/OL]. (2022-05-22)[2024-02-21]. https://www.gov.cn/zhengce/2022-05/22/content_5691759.htm.

[83] 朱玲,崔海媛. 高校图书馆电子资源使用监控与统计系统数据获取质量评估方法探讨[J]. 图书情报工作,2016,60(5):51-57.

[84] 文化部,财政部. 文化部 财政部关于进一步加强公共数字文化建设的指导意见[EB/OL]. (2011-11-15)[2024-02-21]. https://zwgk.mct.gov.cn/zfxxgkml/zcfg/gfxwj/202012/t20201204_906206.html.

[85] 新华社. 中共中央 国务院关于构建数据基础制度更好发挥数据要素作用的意见[EB/OL]. (2022-12-02)[2024-02-21]. https://www.gov.cn/zhengce/2022-12/19/content_5732695.htm.

[86] 财政部. 关于印发《关于加强数据资产管理的指导意见》的通知[EB/OL]. (2023-12-31)[2024-02-21]. https://www.gov.cn/zhengce/zhengceku/202401/content_6925470.htm.

[87] 中国资产评估协会. 中评协关于印发《数据资产评估指导意见》的通知[EB/OL]. (2023-09-08)[2024-02-21]. https://www.cas.org.cn/fgzd/pgzc/cd884ef9c8aa4c88adf1e12ecc7cc038.htm.

[88] 国管局. 国管局关于印发《中央行政事业单位国有资产管理暂行办法》的通知[EB/OL]. (2009-07-02)[2024-02-21]. https://www.gov.cn/gongbao/content/2010/content_1547228.htm.

[89] 财政部. 关于印发《行政事业单位内部控制规范(试行)》的通知[EB/OL]. (2012-11-29)[2024-02-21]. http://kjs.mof.gov.cn/zhengcefabu/201212/t20121212_713530.htm.

[90] 教育部. 普通高等学校图书馆规程[EB/OL]. (2002-02-21)[2024-02-21]. http://www.moe.gov.cn/srcsite/A08/moe_736/s3886/200202/t20020221_110215.html.

[91] 李彦霖,王乐. 面向数字人文应用的高校特藏通用标引方案探索与建议[J]. 图书情报工作,2023,67(24):111-121.

[92] 王思怡. 高校图书馆数字资源服务评价研究——以扬州大学图书馆为例[D]. 扬州:扬州大学,2023.

[93] 王莲芬,许树柏. 层次分析法引论[M]. 北京:中国人民大学出版社,1990.

[94] 张毅,陈丹. 全球100所知名高校图书馆特藏资源调查与分析[J]. 图书馆杂志,2023,42(5):71-81.

[95] 陈思和. 试论高校图书馆特藏建设的意义[J]. 杭州师范大学学报(社会科学版),2020,42(1):1-6.

[96] TORRE M E. Why should not they benefit from rare books? Special collections and shaping the learning experience in higher education[J]. Library Review,2008(2):36-41.

[97] 陈芳,余谦. 数据资产价值评估模型构建——基于多期超额收益法[J]. 财

会月刊,2021(23):21-27.

[98] 何雨昆.基于特征维度的数字资产价值评估研究[D].南昌:江西财经大学,2020.

[99] 普华永道.开放数据资产估值白皮书[EB/OL].(2021-07-13)[2024-03-18].https://www.vicsdf.com/doc/e8f4b8e9f4baef47.

[100] 欧阳日辉,杜青青.数据估值定价的方法与评估指标[J].数字图书馆论坛,2022(10):21-27.

[101] 任河.网络原生数字资源保存价值评价研究[D].长春:东北师范大学,2014.

[102] 陈永东.数字藏品的价值发掘及提升策略[J].青年记者,2022(17):51-53.

[103] 黄健铭,苗禾.文化遗产数字化与云计算技术应用[J].中国文化遗产,2016(2):39-43.

[104] 蔡迎春.数字人文视域下的图书馆特藏资源数字化建设——以"民国时期文献目录数据平台"为例[J].图书馆建设,2018(7):31-36+41.

[105] 李谦,潘华.资产评估[M].上海:立信会计出版社,2016.

[106] 姜楠.无形资产评估[M].北京:中国财政经济出版社,2015.

[107] 周艳秋.数字经济驱动下数据资产价值评估研究[D].北京:首都经济贸易大学,2022.

[108] VISCUSI G, BATINI C. Digital information asset evaluation: characteristics and dimensions[C]// Caporarello L, et al. Smart Organizations and Smart Artifacts. Cham: Springer International Publishing, 2014:77-86.

[109] 张志刚,杨栋枢,吴红侠.数据资产价值评估模型研究与应用[J].现代电子技术,2015,38(20):44-47+51.

[110] 上海德勤资产评估有限公司,阿里研究院.数据资产化之路——数据资产的估值与行业实践[EB/OL].(2021-04-18)[2024-07-05].https://13115299.s21i.faiusr.com/61/1/ABUIABA9GAAgkYOlsAYo7Ny_3AM.pdf.

[111] 倪渊,李子峰,张健.基于AGA-BP神经网络的网络平台交易环境下数据资源价值评估研究[J].情报理论与实践,2020,43(1):135-142.

[112] 闭珊珊,杨琳,宋俊典.一种数据资产评估的 CIME 模型设计与实现[J].计算机应用与软件,2020,37(9):27-34.

[113] 黄倩倩,王建冬,陈东,等.超大规模数据要素市场体系下数据价格生成机制研究[J].电子政务,2022(2):21-30.

[114] 全国电子业务标准化技术委员会.电子商务数据资产评价指标体系:GB/T 37550-2019[S].北京:中国标准出版社,2019.

[115] 尹传儒,金涛,张鹏,等.数据资产价值评估与定价:研究综述和展望[J].大数据,2021,7(4):14-27.

[116] 梁艳.互联网企业数据资产价值评估[D].石家庄:河北经贸大学,2020.

[117] 汪京.基于综合赋权法的数据资产价值评估研究——以中国联通为例[D].呼和浩特:内蒙古财经大学,2022.

[118] 胡莲香,杨卫红.国内运用条件价值法(CVM)评估图书馆价值的研究述评[J].农业图书情报学刊,2012,24(12):70-75.

[119] AABØS. Valuing the Benefits of Public Libraries[J]. Information Economics and Policy, 2005, 17(2):175-198.

[120] 叶露,潘立,丁昱尹.数据资产质量评价及价值评估技术研究进展[J].中国资产评估,2023(8):50-59.

[121] 严鹏.基于机器学习的数据资产价值评估研究[D].昆明:云南大学,2022.

[122] 党雪宁,李明.基于 GA-BP 神经网络的搜索引擎数据资产价值研究[J].商展经济,2023(2):126-129.

[123] 柴文光.基于数据挖掘的信息系统风险评估体系框架研究[D].武汉:武汉大学,2009.

[124] 马娱.数字经济时代资产评估应用型人才培养方案优化研究[J].中国集体经济,2024(15):113-116.

[125] LADLEY J. Making enterprise information management (EIM) work for business[M]. San Francisco: Morgan Kaufmann Publishers Inc., 2010.

[126] HORNE N W. Information as an asset-The board agenda[J]. Computer Audit Update,1995(9):5-11.

[127] DAMA International. The DAMA guide to the data management body

of knowledge[EB/OL]. (2009-03-11)[2021-10-26]. http://dl. acm. org/doi/book/10. 5555/1593444.

[128] 董碧娟. 迈向数据资产化之路[N]. 经济日报,2023-11-28(7).

[129] 穆勇,王薇,赵莹,等. 我国数据资源资产化管理现状、问题及对策研究[J]. 电子政务,2017(2):66-74.

[130] SONCIN M, CANNISTRA M. Data analytics in education: are schools on the long and winding road? [J]. Qualitative Research in Accounting & Management, 2022,19(3):286-304.

[131] 徐娜,范舒雯,尹文渊. 数据资产管理的国际经验及启示[J]. 服务外包,2024(7):58-62.

[132] ISO. ISO 2789:2013 Information and documentation — International library statistics[EB/OL]. (2013-12-01)[2024-07-01]. https://www. iso. org/obp/ui/#iso:std:iso:2789:ed-5:v1:en.

[133] NISO. ANSI/NISO Z39. 7-2013 Information services and use: metrics and statistics for libraries and information providers—data dictionary [EB/OL]. (2013-03-26)[2024-07-01]. https://groups. niso. org/higherlogic/ws/public/download/11283.

[134] 张兴旺,廖帅,张鲜艳. 图书馆大数据资产的内涵、特征及其合理利用研究[J]. 情报理论与实践,2019,42(11):15-20.

[135] 中国图书馆学会. 中国图书馆学会“十四五”发展规划纲要(2021—2025 年)[EB/OL]. (2021-09-09)[2024-07-01]. https://www. lsc. org. cn/cns/contents/1299/15358. html.

[136] 艾华. 关于高校电子资源资产管理问题的探讨——以淮海工学院为例[J]. 大学图书情报学刊,2011,29(5):68-71.

[137] 赵立冰,高景山. 图书馆电子资源资产管理的思考[J]. 内蒙古科技与经济,2012(9):158-159.

[138] 董梅香. 试论高校图书馆文献资源的固定资产管理[J]. 情报探索,2014(7):96-98+101.

[139] 李波. 高校数字资产管理系统的设计与应用[D]. 长沙:湖南大学,2016.

[140] 徐淋楠,邵波. 新一代图书馆服务平台环境下电子资源生命周期管理流程探究——以 NLSP 为例[J]. 图书馆学研究,2021(12):44-50.

［141］ 刘文波，刘依霏．高校图书馆电子资源资产全生命周期管理探讨［J］．文化产业，2022(35)：97-99.

［142］ 胡琳．大数据背景下图书馆数据资产的建设框架与管理体系［J］．图书馆理论与实践，2019(3)：82-86.

［143］ 熊拥军，白瀚祯，张廷成．基于数据中台的图书馆数据资产管理架构［J］．图书馆学研究，2023(8)：36-47.

［144］ 国际评估准则理事会．国际评估准则 2011［M］．北京：经济科学出版社，2012.

［145］ 余炳文，姜云鹏．资产评估理论框架体系研究［J］．中南财经政法大学学报，2013(2)：34-39.

［146］ 肖毅，杨艳．资产评估方法的理论溯源研究［J］．中国资产评估，2024(4)：22-29.

［147］ 刘灿灿，徐明瑜，陈佳欣．中国资产评估理论发展探讨——学者篇［J］．中国资产评估，2021(2)：8-12.

［148］ 钱婧，王锰，陈雅．国外一流高校图书馆馆藏资源评估分析及启示［J］．国家图书馆学刊，2022，31(5)：95-103.

［149］ 周文泓，文利君，吴一凡．我国省级政府面向数据资产化利用的推进行动调查及其启示［J］．图书情报工作，2024，68(3)：27-39.

［150］ 文琴．图书馆参与非物质文化遗产数字化的政策研究［J］．图书馆建设，2019(S1)：156-160.

［151］ 宋家梅，白如江，王芳．北美高校图书馆地理馆藏建设与服务调查研究［J］．图书馆，2021(2)：36-42.

［152］ 孙涵涵，郝群，张立彬，等．美国大学图书馆特藏资源版权政策解析及服务实践研究［J］．图书情报工作，2020，64(10)：128-135.

［153］ 马维野，刘玉平．知识产权价值评估能力建设研究［M］．北京：知识产权出版社，2011.

［154］ 王吉法，等．知识产权资本化研究［M］．山东：山东大学出版社，2010.

［155］ 夏义堃，管茜．政府数据资产管理的内涵、要素框架与运行模式［J］．电子政务，2022(1)：2-13.

［156］ 财政部．关于加强行政事业单位数据资产管理的通知［EB/OL］．(2024-02-05)［2024-07-01］．https://www.gov.cn/zhengce/zhengceku/

202402/content_6931055. htm.

[157] 朱泽,段尧清,何丹. 面向政府数据治理的数据资产价值系统仿真评估[J]. 图书馆论坛,2021,41(6):100-105.

[158] ZECH H. Data as a tradable commodity-implications for contract law [C]//DREXL J. The New Data Ecomomy between Data Ownership, Privacy and Safeguarding Competition. Berlin: Edward Elgar Publishing, 2017.

[159] 刘柯婷. 政府数据资产价值评估——基于税务部门和交通部门数据[D]. 太原:山西财经大学,2023.

[160] 王伟玲,吴志刚,徐靖. 加快数据要素市场培育的关键点与路径[J]. 经济纵横,2021(3):39-47.

[161] 国务院办公厅. 国务院办公厅关于印发科学数据管理办法的通知[EB/OL]. (2018-03-17)[2024-07-01]. https://www. gov. cn/gongbao/content/2018/content_5283177. htm.

[162] 国家卫生健康委员会. 关于印发国家健康医疗大数据标准、安全和服务管理办法(试行)的通知[EB/OL]. (2018-09-15)[2024-07-01]. https://www. cac. gov. cn/2018-09/15/c_1123432498. htm.

[163] 胡瑶琳,余东雷,王健. "健康中国"背景下的健康医疗大数据发展[J]. 社会科学家,2022(3):79-87.

[164] 李丹. 图书馆数字资源利用存在的问题及优化举措[J]. 办公室业务,2021(4):191-192.

[165] 洪先锋. 研究范式变革下的高校图书馆数字资源服务转型——ACRL《围绕文本数据可计算研究的图书馆服务转型》报告解读与启示[J]. 图书馆建设,2023(3):104-113.

[166] 肖珑,张宇红. 电子资源评价指标体系的建立初探[J]. 大学图书馆学报,2002(3):35-42+91.

[167] 肖希明. 网络环境下的馆藏评价标准[J]. 中国图书馆学报,2002(5):20-23.

[168] 毕艳芳,李泰峰. 用户数据维度的数字资源评价方法及实例——以电子科技大学图书馆为例[J]. 图书情报工作,2017,61(22):82-88.

[169] 王欢. 基于 AHP 和 GRA 的数字资源绩效评价模型及其应用——以黑龙

江东方学院图书馆为例[J].情报探索,2019(12):112-117.

[170] 戴咏梅,邵波.高校图书馆电子资源科研支持力评估实证研究[J].高校图书馆工作,2022,42(5):46-52.

[171] 黎建辉,沈志宏,孟小峰.科学大数据管理:概念、技术与系统[J].计算机研究与发展,2017,54(2):235-247.